田径运动训练理论与方法研究

齐建国 著

辽宁大学出版社 | 沈阳
Liaoning University Press

图书在版编目（CIP）数据

田径运动训练理论与方法研究/齐建国著. --沈阳：辽宁大学出版社，2024.12. --ISBN 978-7-5698-1639-6

Ⅰ.G820.2

中国国家版本馆 CIP 数据核字第 2024UK0189 号

田径运动训练理论与方法研究

TIANJING YUNDONG XUNLIAN LILUN YU FANGFA YANJIU

出 版 者：	辽宁大学出版社有限责任公司
	（地址：沈阳市皇姑区崇山中路 66 号　　邮政编码：110036）
印 刷 者：	定州启航印刷有限公司
发 行 者：	辽宁大学出版社有限责任公司
幅面尺寸：	170mm×240mm
印　　张：	14.5
字　　数：	230 千字
出版时间：	2024 年 12 月第 1 版
印刷时间：	2024 年 12 月第 1 次印刷
责任编辑：	金　华
封面设计：	高梦琦
责任校对：	张　茜

书　　号：ISBN 978-7-5698-1639-6

定　　价：88.00 元

联系电话：024-86864613
邮购热线：024-86830665
网　　址：http://press.lnu.edu.cn

前　言

　　田径运动作为一项古老的体育项目，一直以来都是各大体育赛事的重要组成部分。随着科技的发展和社会的进步，田径运动面临着前所未有的机遇和挑战。现代科技特别是生物技术和信息技术的快速发展，对运动员的训练方法、技术分析以及伤病预防与康复等方面产生了深远的影响。因此，在田径运动这一领域，每一项进步都伴随着无数教练员和运动员的不懈努力与创新。本书以此为背景，对田径运动训练的理论和方法进行系统性论述，具体包括以下几章内容。

　　第一章深入分析了中国田径运动发展的概况，探讨了我国现有的体育体系及优化措施、我国田径运动发展的特点、现代科技对田径运动的影响以及我国田径运动发展面临的机遇与挑战，为读者提供了一个宏观的视角，帮助读者理解田径运动在当今社会中的地位和作用。

　　第二章探讨了田径运动的生理与心理基础。这些是优化训练效果、提升运动能力的关键。第二章通过深入分析田径运动技术形成的生理基础、心理因素在田径运动中的作用以及田径运动员的心理训练方法，为教练员提供了科学训练的理论依据，强调了身心统一在田径运动训练中的重要性。

　　第三章从训练负荷理论入手，探讨了运动负荷的科学分配对于运动员体能、技能提升的重要性。在此基础上，本章进一步分析了运动生理学在田径运动训练中的应用，旨在为教练员和运动员揭示运动生理学原理与训练实践相结合的重要性。

第四章深入分析了田径运动的基本训练方法、技术训练的重要性以及现代科技在训练中的应用。首先，本章从田径运动的多样性出发，详细介绍了不同项目的训练方法和技巧，强调了训练方法选择的多样性和针对性。其次，本章通过对技术训练的重要性进行深入分析，指出了技术训练在提高运动成绩中的核心地位，并提供了系统的技术训练指导。最后，本章介绍了现代科技在田径运动训练中的优势和应用价值，帮助教练员和运动员理解现代科技的重要性。

为了提高训练计划的科学性和实时性，第五章详细论述了田径运动训练计划的制订与实施以及训练效果的评估与反馈，为教练员和运动员提供了一个全面的指导框架，帮助运动员更有效地实施和调整训练计划，确保训练活动的目标性和针对性。

第六章对常见田径运动伤病及其预防、田径运动中的康复训练以及如何运用科技手段提高伤病预防与康复训练效果进行了深入研究，为运动员的健康提供了有力的保障，也为教练员提供了科学的康复指导方法。

第七章总结了全书的主要内容，提出了研究启示与建议，并对未来田径运动训练的研究方向进行了展望。这不仅为本领域的研究者提供了有益的参考，还为田径运动的未来发展指明了方向。

齐建国
2024 年 3 月 15 日

目　录

第一章　中国田径运动概述 …………………………………… 001

　　第一节　我国现有体育体系的选拔机制及优化 …………… 001

　　第二节　我国田径运动发展的特点 ………………………… 004

　　第三节　现代科技对田径运动的影响 ……………………… 007

　　第四节　我国田径运动发展的机遇与挑战 ………………… 014

第二章　田径运动的生理与心理基础 ………………………… 020

　　第一节　田径运动技术形成的生理基础 …………………… 020

　　第二节　心理因素在田径运动中的作用 …………………… 029

　　第三节　田径运动员的心理训练方法 ……………………… 033

第三章　田径运动训练的理论基础 …………………………… 041

　　第一节　训练负荷理论 ……………………………………… 041

　　第二节　运动生理学与田径运动训练 ……………………… 067

第四章　田径运动的训练方法与技巧 ·············· 076
第一节　田径运动的基本训练方法 ·············· 076
第二节　技术训练在田径运动中的重要性 ·············· 085
第三节　现代科技在田径运动训练中的应用 ·············· 089

第五章　田径运动的训练计划与训练效果 ·············· 105
第一节　田径运动训练计划的制订 ·············· 105
第二节　训练计划的实施与调整 ·············· 133
第三节　训练效果的评估与反馈 ·············· 140

第六章　田径运动员的伤病预防与康复训练 ·············· 157
第一节　常见田径运动伤病及其预防 ·············· 157
第二节　田径运动中的康复训练 ·············· 171
第三节　运用科技手段提高伤病预防与康复训练效果 ·············· 181

第七章　总结与展望 ·············· 196
第一节　研究总结 ·············· 196
第二节　研究启示与建议 ·············· 199
第三节　我国田径运动训练研究的成果及未来展望 ·············· 206

参考文献 ·············· 220

第一章 中国田径运动概述

第一节 我国现有体育体系的选拔机制及优化

在中国的体育体系中，短期集训是一个多层次、系统性的过程，涵盖从基层运动队到省级、国家级集训队的全面衔接。这种体系的核心在于通过层层选拔和培养，形成一个有效的人才发掘和技能提升的闭环系统。这一体系不仅确保了运动人才的持续供应，还保障了运动员在不同发展阶段能够得到科学、系统的指导和训练。在此体系下，普通业余体校和基层运动队构成了人才发掘的基础层。在这一层级，教练员可对运动员（特别是少儿运动员）的基本技能、体能以及心理素质等方面进行全面的训练，通过对基础运动技能进行教学，为运动员奠定坚实的运动基础，同时注重培养运动员的兴趣和爱好，激发运动员对专项运动的热情。随着运动员技能水平的逐渐提升，部分优秀的运动员将有机会被选拔到更高一级的体校或者运动队进行进一步的专业训练。在这个阶段，训练内容将更加专业化和个性化，教练员会根据每个运动员的具体情况，制订更为精细的训练计划，最大限度地挖掘和提升运动员的潜力。此时，技术训练、战术训练以及心理调适等方面会更加重要，训练强度和负荷也会相应增加。

中国体育体系的层层选拔机制和训练形式具有深刻的军队组织色彩，为体育体系的稳定和发展奠定了坚实的基础。这种体系不仅在组织形式上具有明显的层级和纪律性，在思想、行为、管理以及生活等其他方面也都体现了严格的上下级关系，确保了体育训练和选拔过程的高效和有序。在这个体系中，运动员和教练员会接受集中管理，强调纪律性。这种管理方式虽然限制了个体的自由活动，却保证了训练和选拔工作的连贯性和统一性。除了特殊情况（如上调至国家队），教练员和运动员基本不允许自由转换。这样的安排使每个环节都能在一个稳定的框架内运行，保障了体育人才培养和技术提升的系统性和持续性。中国的体育体系在组织结构上形成了以行政区为单位直到中央一级的垂直行政管理模式。从基层的县、市级业余体校，到省级的专业运动队，再到国家级队伍，中国体育体系形成了一个完整的训练和选拔模式。这种组织结构不仅能够保证训练资源的有效分配，还能使运动员的选拔和培养更加系统化、规范化。在经费来源上，这一体系主要依赖行政事业拨款，确保了训练和比赛活动的稳定进行。通过政府的财政支持，运动员和教练员可以获得必要的训练设施、装备和生活保障，从而全心投入训练和比赛中。在操作行为上，这一体系通过各类内部练兵式的训练比赛，为国家队的选拔做好准备。这些内部比赛不仅为运动员提供了展示自我的平台，还为教练员和选拔人员提供了观察和评估运动员的机会，从而使选拔过程更加科学和精准。

在过去，体育体系采用的单线条、平面式的训练选拔系统虽然在一定时期内取得了成功，通过中小学、体校到高水平运动队的三级结构为国家培养了大量优秀运动员，但随着田径运动训练理论与实践的进步以及多学科综合发展需求的日益增长，原有体系显现出局限性，不完全符合现代体育训练的多元化和立体化要求。这一训练选拔系统的单一性特点虽然保证了体系的统一性和简洁性，但也忽视了体育训练多元化的需求。现代体育训练不仅是技术和体能的提升，还涵盖了心理、营养、康复等多学科领域，需要更加开放和多元的训练体系来适应。单线条、平面式的系统限制了对优秀人才的发现与培养，使人才选拔网络发展趋向狭窄。在这种系统下，运动员的选拔和培养往往局限于传统的路径,难以发掘和吸纳来自非传统渠道的潜在人才。这种闭合性的选拔方式不利于体育人才库的扩大和多样化。结构层次的缺乏进一步导致了竞赛制度的不合理,有时甚至出现了越级培养和揠苗助长的现象。这种过早的专项化训练忽视了运动员全面发展的需求,可能损害运动员的长远利益,甚至限制运动员未来的发展潜力。田径运动作为技术与体能高度结合的项目,需要避免早期过度专项化的训练模式,以免影响运动员身体和心理的全面发展。鉴于以上挑战,现代体育训练与选拔体系需要向更加开放、多元化和立体化的方向发展。这意味着体育体系需要改变原有的单线条、平面式模式,构建一个既能充分利用现有教育资源,又能引入多学科支持的综合训练体系。这样的体系不仅能为运动员提供更加科学、全面的训练支持,还能为发现和培养运动人才提供更广阔的空间。

在当今社会,随着科技的进步和管理理念的更新,体育训练体系亦需适应新的变革。中国的体育训练体系作为一个历史悠久且成绩显著的系统,面临着转型的需求。这一体系不仅涉及运动员的选拔、培养和竞赛,还包括科学研究、教育培训、健康管理等多个子系统。随着现代竞技体育的发展,这个体系需要在整体规划和管理上进行优化,以保持自身活力和竞争力。优化的首要任务是实施强有力的统一领导。这意味着,从基层的运动队到高级别的国家队,乃至整个体育科研和支持系统,都应该在一个清晰、高效的领导机制下运作。这种统一领导不仅要体现在决策层面,还要落实到训练、竞赛、科研等各个具体环节。优化决策结构和强化执行力能够确保各个层级之间的信息流通和资源共享,是提升体系整体效能的关键。严密的统一组织与归属感的培养对于体系的长期发展同样重要,不仅要求体育组织内部管理实现规范化和程序化,还要在运动员和教练员中树立集体荣誉感和使命感。每一个成员无论是在训练场上还是在竞赛场上,都应清晰地认识到自己在整个体系中的位置和作用以及个人努力对于整个体育事业的贡献。严格的监督和科学的管理是确保体系运行有效性的另一项核心内容,包括对训练计划、竞赛准备、运动员健康等方面的全面监测以及对相关数据和结果的分析和反馈。一套科学、细致的评价,反馈机制可以及时发现问题,做到有的放矢,不断优化训练方法和提升管理水平。打破条块分割，实现各环节、各项目之间的有效衔接和资源整合，对于激发体系内部的活力，促进体育成就的提升具有重要意义。这需要在整个体系中推广开放、合作的理念，鼓励跨领域、跨学科的交流与合作，通过整合优势资源，形成强大的合力。

第二节 我国田径运动发展的特点

在中国体育界，短期集训的训练形式和选才体系正在经历一场深刻的变革。这种变化不仅体现在选拔和训练体制的多元化上，还表现在对后备人才培养的重视和新兴力量的涌现上。近年来，中国体育选拔体系的扩展（尤其是在田径运动领域的发展）揭示了这种转型的初步成果与面临的挑战。长期以来，高水平运动队主要由国家体育总局负责组建和管理的模式为中国体育事业的发展提供了强大动力。然而，随着社会的进步和体育事业的发展，这一模式开始向更加多样化的方向发展，特别是高校和企业开始积极参与到高水平运动队的建设中来。教育部和各企业的加入，为体育人才的选拔和培养注入了新的活力，也使体育训练和竞技水平的提升有了更广阔的空间。这种开放和多元化的趋势是积极的，为运动员提供了更多的选择和机会，同时为中国体育事业的长远发展增添了新的动力。然而，这些新兴力量尽管充满潜力，但目前规模较小，且面临着如何有效整合资源、提高竞技水平和解决"雇佣军"问题等挑战。在这一转型过程中，保障运动员利益、确保训练质量和提升竞赛水平成为亟待解决的问题。鉴于此，对于国家队和地方队而言，强化后备人才培养显得尤为关键。这不仅需要以稳定和扩大已有的优势项目为基础，还要在二线队伍上加大投入，通过运动员等级制度、交流机制等政策引导，激发高校和社会体育组织参与高水平田径队伍建设的积极性。此外，对于一些普及度、社会化程度较高的田径项目（如中长跑），探索俱乐部制、协会实体化等新型发展模式显得尤为重要。

在中国田径运动发展历程中，组建体制深受计划体制的影响，是因为这种体系曾经在一定时期内为中国田径运动的发展打下了坚实的基础。通过国家层面的统筹规划和战略布局，这种体系能够充分利用全国资源，对运动员进行层层选拔和分段训练，确保优秀的运动员能够获得更好的训练资源和指导。这种模式的核心优势在于能够集中力量办大事，通过集中优势资源，筛选和培养具有竞争力的田径运动员。在这样的体系下，教练员负责指导有潜力的运动员，形成一种上下级的配备关系。这种关系的特点是上级单位拥有调配下级运动员资源的权力，而下级单位的主要任务是不断向上级输送优秀运动员。这种配备关系确保了资源和人才的集中，从而在一定程度上提高了训练效率和竞技水平。然而，这种体系也存在一定的局限性，它只注重国内层面的选拔和竞争，没有将视角放在更广阔的国际竞技领域。西方国家的体育体系，特别是田径运动项目的发展，往往采用经济杠杆来实现资源的合理配置。在西方国家的体育体系下，优秀的俱乐部通过提供高薪来吸引优秀的教练员和运动员，通过市场机制来调节人才和资源的分配。这样的体系更注重市场经济的原则，强调资源配置的效率和合理性，同时为运动员提供了更多的选择和发展空间。从长远来看，中国田径运动的发展需要在保持国家层面统筹规划的优势基础上，积极吸取和借鉴西方国家的经验，探索适合自身特点的发展模式。这可能意味着在加强国家队建设的同时，中国的体育体系需要鼓励和支持社会力量的参与，逐步引入市场机制和经济杠杆，促进田径运动向市场化、专业化方向发展。这种方式可以实现田径运动资源的合理配置，提高培养体系的灵活性和开放性，为运动员创造更多展示才华的平台，从而更好地推动中国田径运动向世界级水平迈进。

在训练活动中，教练员的角色尤为重要。他们不仅是知识和技能的传递者，还是激励和引导运动员发展潜力的关键。然而，现行的体制（尤其是在田径运动这一领域）显现出了若干问题，并在很大程度上影响了训练效果和运动成绩的提升。集训系统中存在的一大问题是教练员的水平并没有得到真正的基于能力和成绩的评估。这种现象背后的原因是对权威和专业知识缺乏认可的社会文化环境。缺少学术带头人和权威专家在一定程度上导致了知识更新和技术传播的不足，使地方教练员对国家队教练员的技术水平持怀疑态度。这种怀疑不仅与当前成绩的评估有关，还与体系内部教练员能力发展机会的不均等有关。具体到田径运动这个领域，尽管存在着输送人才给国家队的机制，但由于对国家队教练员能力的不信任，因此这一机制并未发挥应有的作用。对于其他运动项目（如乒乓球、羽毛球），基层教练员会更加积极地向国家队输送人才，期望通过国家队的训练使运动员达到世界顶尖水平。然而，在田径运动领域，由于缺乏对国家队教练员技术水平的信任，因此许多有潜力的运动员可能未能得到最优的发展机会。

中国于 20 世纪 90 年代中期实行了一项重要改革，即通过成绩来决定运动员能否成为国家田径队队员。这一改革旨在通过竞争机制激发地方力量的积极性，为中国田径运动培养出更多优秀的运动员。这种做法在一定程度上促进了地方之间的健康竞争，能够突破之前中央集中式管理的局限，通过分散资源以促进整体水平的提升。然而，这种制度的实施并非没有挑战。由于运动员和教练员无法有效集中，因此这种制度难以形成重点突破和以点带面的训练格局。国家队在这种模式下处于分散状态，导致技术和战术信息的闭塞、交流不畅，在一定程度上削弱了国家队的领导和示范作用。此外，这种状态不利于举国体制优势的发挥，导致三级训练网名存实亡，难以形成有效的梯队培养体系。这一变化直接影响了国家队的整体水平和省市队的竞争状态：一方面，国家队的不振使原有的队伍管理手段和方法显得力不从心，宏观调控能力大幅下降；另一方面，全运会的战略布局对奥运会的战略推进产生了明显的冲击，两者之间的矛盾日益显现。在这种情况下，尽管地方的积极性得到了一定程度的激发，但整个体系的协同效应和资源集中使用的优势却大打折扣。

在当前阶段，面对种种局限与挑战，如何合理分配资源成为一项紧迫的任务，尤其在田径运动等体育项目的发展中，这一问题显得尤为复杂。体育领域的改革尝试，尤其是在短期集训的形式上，需要在分散与集中之间寻找一个恰当的平衡点。分散联邦制的引入就是为了响应这一需求，尽管该制度提供了一种方向，但它本身也存在需要进一步完善和改进的地方。直接回归传统的集中制显然既不现实也不适宜，因为集中制既忽视了市场经济下资源分配的灵活性，又忽略了现代体育训练对创新和多样性的需求。观察其他体育项目（如乒乓球、羽毛球、举重等）的发展，中国在这些领域取得的辉煌成就能够为田径运动的发展提供可借鉴的经验。然而，田径运动的特点和挑战性决定了田径运动不能机械地复制其他项目的成功经验。特别是在教练员这一关键环节，田径运动的现状表明，一个权威的教练员对于整个训练体系的成功至关重要。正如"千军易得，一将难求"所揭示的，缺少了高水平的指导和策略，再好的训练体制和条件也难以发挥应有的效果。当前，田径运动领域缺乏具有权威的教练员，导致地方队不愿轻易将自己辛苦培养的运动员输送给上级队伍。鉴于此，发展田径运动项目的短期集训形式需要采取一种既能促进竞争又能确保资源高效集中的双重策略。这一策略应结合集中与分散的优点，创造一种新的训练体制。这种体制能够激发各方面的积极性，同时集中力量攻克重点难题。这样的方式可以确保在现代社会条件下，田径运动等体育项目能够适应变化，实现持续发展。

第三节　现代科技对田径运动的影响

一、现代科技的出现改变了田径运动发展的模式

自 20 世纪 60 年代以来，田径运动及其训练方法经历了一场深刻的变革。在这一时期之前，运动员的个人天赋和勤奋训练是取得优异成绩的关键因素。然而，随着科学技术的飞速发展，田径运动的胜负更多地依赖于训练的科学化程度。这标志着竞技体育进入了一个新的时代。在过去的半个多世纪中，田径运动的成绩提升与科学技术的应用密切相关。这种变革首先体现在

训练方法上,传统的基于经验的训练方式逐渐被以数据和科学研究为基础的训练方法取代。通过生理及生物力学的研究,教练员和科研人员能够更精确地了解运动员的身体反应、力量发展和耗能情况,从而为运动员制订出更加个性化、科学化的训练计划。科学技术的介入不仅包括训练方法的改进,还涉及运动员的营养、伤病预防和恢复等方面。营养学的进步使运动员能够根据训练和比赛的需求,进行科学的饮食调配,从而促使体能的恢复和能量的补充达到最大化。同时,运动医学的发展极大地提升了对运动员伤病的预防和康复效率,有效延长了运动员的职业生涯。

随着科学技术的不断发展,现代科技在体育训练和比赛中的应用也日益广泛,显著提高了运动员的训练效率和比赛成绩。科技不仅为田径运动带来了新的训练理念和方法,还极大地拓展了提升运动成绩的可能性。在科学训练方面,通过对田径运动员的训练和比赛过程进行科学的分析和监测,教练员可以更准确地掌握运动员的身体状况、技术水平以及训练效果。这种方法依赖于各种先进的科技产品和手段,如生物力学分析、心率监测器、GPS距离测量工具等。通过定期采集运动员的数据资料,并对运动员进行深入的跟踪观察,教练员能够为每位运动员制订更为个性化、科学化的训练计划,以实现运动成绩的稳定提升。科学技术的应用还涉及田径运动员的营养、康复和心理辅导等多个方面。科学的营养指导能够确保运动员在激烈训练和比赛中得到充分的能量补给和恢复,先进的康复技术则可以有效预防和治疗运动损伤,保障运动员的身体健康。同时,通过心理测试和训练,运动员能够在心理层面得到加强,提高比赛中的心理应对能力和压力管理能力。

二、现代科技的发展加快了田径运动发展的步伐

自20世纪中叶以来,新技术的发展和应用在全球范围内呈现出前所未有的加速态势,在运动科学和竞技体育领域,这一趋势更是显得尤为明显。随着科技的快速进步,特别是自20世纪80年代微机和软件技术的产业化以来,高科技的发展与竞争已经进入一个新的、更为激烈的阶段。进入20世纪90年代,信息革命的到来为人类社会带来了新纪元,并对运动训练和竞

技水平产生了深远的影响。在这一背景下，竞技体育特别是田径运动的训练和比赛方式经历了根本性的变化。具体而言，信息技术的应用极大地改进了训练方法，使运动员的训练更加科学化和个性化。借助先进的数据分析软件和监测设备，教练员能够实时追踪运动员的训练负荷、生理响应和技术动作，从而为运动员提供精确的反馈或调整训练计划。这种基于数据的训练方法不仅提高了训练效率，还有助于降低运动伤害风险，延长运动员的职业生涯。

进入21世纪，全世界迎来了信息社会和知识经济的时代。这是一个以信息和知识为驱动力的新时代。在这一背景下，科学体育（尤其是竞技体育的发展）进入了一个新的阶段。联合国教科文组织在《以知识为基础的经济》报告中对知识经济给出了明确的定义，强调知识和信息的生产、分配和使用是推动经济发展的关键。科学技术作为"第一生产力"的观点同样适用于体育领域，特别是对于提升竞技体育的水平而言。在知识经济时代，科学体育的内涵得到了进一步的拓展，体育训练和竞技水平的提升不再仅依赖运动员的个人天赋和努力，更多地依赖科技的支持和对信息的利用。运动员训练过程中涉及的生理、心理、技术和战术等方面，都需要科学的方法指导。通过对运动员的训练数据进行收集和分析，运动科学家和教练员能够更精准地了解运动员的身体状态和训练效果，从而制订出更为科学和个性化的训练计划。知识经济时代的特征之一是信息技术的广泛应用，在体育训练和比赛中表现得尤为明显。运动员的训练和竞赛越来越多地依赖高科技设备和系统，如可穿戴设备、生物力学分析系统、视频回放和分析软件等。这些技术的应用大大提高了训练和比赛的科学性和精确性，同时为运动员提供了丰富的学习资源和反馈信息。

在当今知识经济社会中，科技的迅速发展为体育信息领域带来了革命性的变化。这一趋势在体育训练的科学化上尤为明显。科技进步，尤其是信息化的飞速发展，为体育训练和竞技水平的提升提供了前所未有的可能性和便利性。在这个过程中，田径运动的科学训练不只是对运动员体能和技能的系统训练，更多的是向深层次、跨学科的方向发展，涵盖了生理学、心理学、营养学、生物力学等多个领域。科学技术的广泛应用和渗透使田径运动训练的方法和手段发生了根本性的转变。现代科技（如数据分析软件、生物力学分析设备、可穿戴智能设备等）为训练提供了科学的依据和精确的反馈。这些技术使教练员能够更精确地监测运动员的训练状态，分析运动员的技术动作，评估训练负荷的合理性，从而制订出更为个性化和科学化的训练计划。

三、现代科技对田径运动发展起到了决定性作用

就当前而言，全球范围内田径运动的教学、训练以及科研正在广泛采用信息技术。这不仅体现了高新技术和先进理论的重要支撑作用，还能够说明信息技术已经成为有效服务于体育运动组织与落实的重要手段之一。在中国，随着社会主义市场经济条件的不断改善，体育信息工作的社会化和现代化也在稳步推进中。信息技术的应用在提升田径运动教学和训练质量、促进科学研究的深入发展方面发挥了至关重要的作用。自20世纪90年代"信息高速公路"兴起以来，信息技术在全球范围内的迅速发展对体育运动产生了重要且深远的影响，尤其是在体育信息的内容、载体和服务技术方面的变革。

新技术革命特别是计算机技术的广泛应用，已经全面渗透到体育运动的各个方面，使体育训练、比赛战术的实施、运动员训练状态的监测等环节都与高科技紧密相连。在奥运会等大型体育赛事的组织与控制中，信息技术的应用确保了赛事的顺利进行，从比赛排程、成绩记录到转播信号的处理等都离不开先进的信息技术。此外，信息技术对于运动训练领域的影响更是显著。通过计算机技术教练员和科研人员能够更精确地收集和分析运动员的训练数据，如运动员的生理和生物力学参数、训练量的调整、运动员疲劳程度的分析以及技术动作的优化等，都可以通过计算机技术进行科学监测和管理。这种基于信息技术的科学训练方法使训练过程更加科学化、精准化，极大地提高了训练的效率和效果。通过实时监测运动员的训练状态，教练员可以及时调整训练计划，针对运动员的个体差异进行个性化训练，以确保运动训练的最优化。此外，计算机模拟技术的应用还能帮助运动员和教练员更好

地分析对手的战术风格和技术特点，为比赛策略的制订提供科学依据。

在现代社会，体育领域的发展正越来越多地依赖于科技信息和体育科研的进步，形成了一个由科技信息到体育科研，再到成果应用，最终促进运动水平提升的循环发展模式。这一模式不仅体现了体育运动自身的演变趋势，还体现了体育与科技深度融合的必然结果。电子计算机技术的广泛应用，尤其是在信息技术领域的飞速发展，已经成为推动体育科学发展的重要动力，使体育领域的科研、训练、管理乃至比赛的各个环节都发生了根本性的变化。

随着信息技术的飞速发展，体育训练领域经历了一系列变革，并为教练员和运动员的训练带来了前所未有的便利和效果。计算机辅助手段，尤其是数据分析技术的普及，已经成为日常训练中十分重要的一部分。通过精确收集运动员在训练中的各类数据（包括心率、速度、耗能等），教练员能够实时监测运动员的身体状态和训练负荷。这些数据不仅能够帮助教练员评估训练的效果，还能为运动员的体能恢复、伤病预防提供科学依据。借助高级计算机软件，教练员可以对训练数据进行深入分析，识别运动员的强项和弱点。这种分析结果能够指导教练员为每位运动员制订更加个性化的训练计划，确保训练的针对性和有效性。视频分析技术的应用使运动技术动作的分析和改进变得更加直观和精确，教练员可以通过慢动作回放，详细指出运动员在执行技术动作时的不足之处，从而更有针对性地进行技术指导使之改进。

通过先进的科技设备，教练员能够对运动训练的各个方面进行精准的监测和分析，从而为运动员提供科学、系统的训练支持。这种技术的应用不仅包括训练计划的编制，还包括训练过程的监测和训练效果的提升，极大地改变了传统的训练模式。以美国花样滑冰运动员训练计划的制订为例，通过利用电化教具和相关软件，教练员可以准确测量运动员在练习中的旋转力和速度，甚至能够计算出每一个动作产生的能量。这种精确的数据分析使教练员能够更科学地安排训练内容，针对性地改进运动员的技术动作，从而提高训练的有效性和运动员的运动水平。日本在体操运动训练中的技术应用也体现了信息技术在运动训练中的重要作用。通过利用监测仪观察体操运动员空翻时的速度与技术，教练员不仅能够发现存在的技术缺陷，还能够基于数据分析设计出新的高难度动作。这种科技支持下的训练方式使动作的设计和训练更加科学化、精确化，同时能够帮助运动员在训练中实现动作的形象化，更直观地掌握技术要领和动作细节。

四、现代科技为田径运动的高质量发展提供了重要保障

在田径运动科研领域，计算机技术的应用变得日益重要，特别是在运动员训练过程的管理与控制方面。国际上，专家对计算机在体育研究中的运用给予了高度的重视，不仅广泛采用技术诊断来分析运动员的技术动作，还利用信息技术来诊断运动员的身体机能状况、预测运动成绩、防治运动损伤。这些应用显著提高了运动训练的科学性和效率，同时为运动员健康提供了有力的保障。

以乌克兰为例，近几年该国在运用信息技术诊断运动员机体机能潜力方面取得了显著进展。该国提出，为了合理控制运动训练过程，教练员和科研人员必须全面掌握与训练过程相关的所有客观信息。这不仅涉及对运动技术的分析和改进，还包括对运动员训练状态的实时监测和评估，如身体机能状况的变化、训练与比赛负荷的参数等。在完善运动员训练控制方面，寻找和应用新技术、新形式和新方法成为重要的任务之一，包括利用高级数据处理和分析技术来积累、加工和系统化与运动训练作用相适应的各种特征信息。通过这种方式，教练员和科研人员可以更准确地评估训练方法的有效性，进一步优化训练计划，确保训练目标的实现。运动训练过程的管理与控制效率在很大程度上取决于对与运动员各训练阶段的身体机能状况变化情况相关的训练与比赛负荷的参数的考虑和分析，在这个过程中，信息技术提供了强大的支持。通过建立能够保存和加工大量复杂结构数据的信息系统数据库，教练员和科研人员可以高效地分析与管理训练过程中的各种信息，从而使训练更加科学、精确。

在现代田径运动训练和科研中，建立一个全面、科学的信息数据库对于

诊断和提升运动员的机体机能潜力具有至关重要的作用。这种信息数据库不仅能够解决实验室中诊断运动员机体潜力的多种问题，还能够为田径运动训练和竞技水平的提升提供有力的支持。通过系统地收集、保存和分析运动员训练过程中的各种数据，教练员可以实现对运动员训练效果的全面监测、评估和预测，从而为运动员个性化训练方案的制订提供科学依据。信息数据库的建立涉及三个方面：一是运动员训练过程中各方面数据的结构化保存。这些数据包括训练中的生理数据、技术数据、心理状态数据等，系统化收集和保存这些数据为运动员训练状态的实时监测和长期跟踪提供了可能。二是运动员成绩目录卡片的建立。这些卡片包含比赛与训练活动中收集的各种数据，为运动员成绩的分析和评估提供了详尽的原始资料。三是各种数据分类结果的自动化处理。这有助于提高数据处理的效率和准确性。通过运用不同训练时期的变化指标，教练员可以更准确地捕捉运动员状态的微小变化，为训练调整和优化提供依据。

建立一个综合分析运动员个人能力的信息支持系统能够从多维度全面评估运动员的能力和潜力，为制订训练计划和竞赛策略提供科学支持。信息系统还能够记录运动员参与科学研究的次数和每次研究中有效的方法，有助于科研人员评估不同研究方法的实际效果，从而不断优化和创新科学研究的方法论。乌克兰在运动成绩预测方面的成功案例充分展示了综合方法在运动科研中的应用价值，通过结合教育学、心理学、生物医学、运动学和数理统计等多学科方法形成的预测模型能够较为准确地反映运动员的日常竞技状态，为运动成绩的提升和竞赛准备提供科学依据。

乌克兰在田径运动训练科学研究和实践中的创新应用，体现了现代信息技术在体育领域的深远影响。生物能监测器能够促使在训练与比赛中对运动员机体影响的评估变得更为科学和准确。该技术能够在小周期和中周期训练中综合考量运动员的生理负荷，揭示运动技能水平与运动员在长期训练过程中成绩变化的深层次相关性和规律性。这种方法的应用不仅促进了对运动员训练状态的精准把握，还为训练方法的优化提供了实证基础。通过构建实际的方法体系、运用计算机等信息技术的辅助，这一方法能够提高预测的准确性，并有效地对运动员进行快速诊断。

这种科学的训练监测和评估机制使训练过程中的调整更加有依据，从而提升运动员的技能水平和比赛成绩。全球各国在适应本国体育发展需求的同时，积极创造条件，运用现代信息技术建立各式各样的体育信息数据库。例如，加拿大体育数据库收集了丰富的文献资源，各种课题库则涵盖了项目的详细信息，包括参与人员、经费来源和研究方法等。这些数据库的建立不仅为体育科学研究提供了重要的信息资源，还为运动训练和管理实践提供了强有力的支撑。运动员数据库的构建更是直接服务于运动训练和竞技水平的提升，通过收集优秀运动员的训练数据、比赛记录、身体素质和技术特点等信息，为教练员和运动员提供了宝贵的参考。这不仅有助于科学训练和个性化指导，还为运动成绩的提高提供了坚实的数据支撑。

因此，中国在田径运动训练领域应致力科训一体化的研究和实践。这一战略旨在通过科学技术的力量提升运动训练的水平，实现运动成绩的快速提升。为实现这一目标，建立科训一体化的大型训练中心或基地是十分有必要的。这些中心和基地配备了先进的科研设施和训练设备，集合了跨学科的专家团队，致力将科技成果转化为运动训练的实际应用，从而优化运动员的训练计划并提升他们的竞技水平。在科技与运动训练相结合的过程中，一个非常重要的原则是充分考虑人体的承受能力，确保科技的应用不会以牺牲运动员的健康为代价。这意味着，所有科技手段的引入和使用都必须基于对运动员身心健康的全面考量，确保科技介入不仅能够有效提升运动成绩，还能够增进运动员的长期健康和福祉。

第四节 我国田径运动发展的机遇与挑战

田径运动是世界上较为古老的运动项目之一，也是奥运会的金牌大户。

然而，相比于世界田径运动强国，中国的田径运动水平相对较弱。下面将从多个方面分析我国田径运动面临的机遇与挑战。

一、体育发展历史

中国体育领域的进步标志着一个重要的文化变革和社会变革，尤其是田径运动的发展，它从20世纪初开始逐步在中国扎根。对于一个历史悠久、文化丰富的国家来说，体育（特别是田径运动）的晚起步不仅是一种挑战，还是一个独特的发展机会。在田径运动这一领域，中国田径运动经历了从起步到逐渐成长的过程，虽然面临着人才培养和竞赛体系建设的双重挑战，但也在不断地学习、适应和创新。田径运动作为奥林匹克运动会的核心项目，对参赛国家的体育整体水平有着极高的要求。对中国来说，田径运动的引入不仅是体育竞技层面的一次尝试，还是一种国家整体实力的展示。起初，由于缺乏系统的训练方法和成熟的竞赛体系，加之人才培养机制尚未完善，中国田径运动的发展速度无法与国际上的发达国家相媲美。然而，正是这种起步较晚的背景，为中国提供了学习和借鉴先进经验的机会。

随着时间的推移，中国在田径运动领域逐渐形成了自己的训练方法和竞赛体系。教练员在这一过程中起到了十分重要的作用。他们不仅是技术传授者，还是战略规划者。在国家层面，中国不断增加对体育（尤其是田径运动）的投入，建立了一套旨在发现和培养田径运动人才的体系，包括从基层到高级别的选拔机制，以及为运动员提供科学训练、心理辅导和生活保障等全方位的支持。进入21世纪，中国田径运动取得了显著的成就。从初步的发展到在国际大赛上取得优异成绩，中国田径运动员的竞技水平逐渐得到了国际社会的认可和赞誉。这一过程虽然充满挑战，但也充满希望和机遇。中国田径运动的发展历程证明了通过持续的努力和投入，即使起步较晚，也能够实现跨越式的发展，成为在国际田径运动赛场上不可忽视的力量。

二、田径运动基础设施和普及程度

田径运动作为体育竞技的基础性项目，其发展不仅需要优秀的运动员和教练员，还依赖于良好的场地设施和广泛的群众基础。在这方面，虽然中国田径运动在近年来取得了一系列进步，场地设施得到了一定程度的改善，但在与世界田径运动强国的比较中，仍存在不小的差距。这种差距体现在场地设施的现代化水平、科技支持系统的完善程度以及训练环境的专业化水平等方面。场地设施的质量直接影响运动员的训练效果和比赛成绩。发达国家通常拥有先进的田径运动训练场所，配有专业的跑道、跳高垫、投掷区等设施，同时辅以高科技的训练设备和科学的训练方法。这些条件为运动员提供了优越的训练环境，有助于他们技术水平的提升和身体素质的增强。相比之下，中国的一些田径运动场地虽然得到了更新和改善，但在设施全面性、科技应用等方面与顶尖水平仍有一定差距。

田径运动的普及程度是决定田径运动发展深度和广度的关键因素之一，广泛的群众基础能够为田径运动输送更多的人才，拓宽选拔人才的渠道。然而，田径运动在中国的普及程度还不够高。相对于其他热门体育项目，在学校和社区中，田径运动的参与度较低，从而限制了对田径运动人才的发现和培养。缺乏足够的普及和宣传导致许多潜在的田径运动人才未能被发掘和培养。面对这些挑战，提升场地设施的质量和现代化水平，扩大田径运动的普及范围，成为中国田径运动发展中亟待解决的问题。政府和社会各界需要共同努力，加大对田径运动的投资，建设更多高标准的田径运动训练场地，引进先进的训练设备和科技，为运动员提供更好的训练条件。同时，通过学校体育和社区活动等途径增加田径运动的曝光率和参与度，可以有效提升公众对田径运动的兴趣和参与热情，为田径运动打下更加广泛的群众基础。

三、训练体系和教练队伍

中国田径运动的发展在过去几十年里取得了显著的进步，不仅在亚洲赛场上展现出强大的竞争力，还在世界级比赛中赢得了荣誉。然而，深入分析中国田径运动的现状可以发现，中国田径运动在训练体系和教练员队伍方面存在一些问题，并且在一定程度上限制了田径运动进一步发展的潜力。

观察田径运动项目的训练方法和技术水平可以看到，尽管中国拥有一批优秀的田径运动员，但在高水平的技术和训练方法方面，与世界顶尖水平仍有差距。这种差距主要体现在训练体系的科学性、先进性以及对新技术和新方法的应用上。国际田径运动前沿的训练理念和技术持续发展，对训练设备、科技支持以及个性化训练方案的依赖日益增加。然而，中国田径运动训练的某些方面仍然依赖于传统的训练模式和方法，缺乏足够的创新和科学化支持。在教练员队伍方面，尽管中国有许多经验丰富、成绩卓著的教练员，但整体上教练员队伍的数量和质量还不能完全满足田径运动发展的需求。一方面，优秀教练员资源分布不均，顶级教练资源稀缺；另一方面，部分教练员的专业水平和国际视野有待提升，在一定程度上影响了运动员技术水平的进步和对新人才的培养。

四、科学保障

田径运动作为体育竞技中的一项基础且竞争激烈的项目，要求运动员在速度、力量、耐力等多方面都达到极高的水平。为了在国际赛场上取得优异成绩，除了日常的高强度训练，科学保障系统的支持对于运动员的身体状态和竞技状态至关重要。这一系统包括营养学、运动康复、训练监测等方面，旨在全方位保障运动员的健康，提升其竞技能力。在这方面，世界田径运动强国通过长期的研究和实践，建立了较为完善的科学保障体系。这些体系能够为运动员提供个性化的营养配餐、高效的伤病康复计划以及实时的训练负荷监测，从而最大限度地发挥运动员的潜能，同时降低受伤风险，确保运动员能够以最佳状态出现在比赛中。

相比之下，中国在运动员科学保障方面虽然已经取得了进步，但与顶尖水平相比还存在不小的差距。具体而言，这种差距主要表现在三个方面。一是营养保障。营养是运动员能够维持高强度训练和恢复的基础。世界田径运动强国通常会为运动员配备专业的营养师，根据运动员的身体状况、训练强度以及比赛需求，提供个性化的饮食计划。而在中国，尽管越来越多的队伍开始重视运动员的营养问题，但在营养个性化和科学化方面仍需加强。二是康复体系。高强度的训练和比赛很容易使运动员出现伤病。有效的康复措施能够帮助运动员快速恢复，减少由伤病造成的训练和比赛时间的损失。国外许多田径运动队伍拥有完善的康复中心和专业的康复团队，而中国在这一领域的发展虽然取得了进展，但在康复设施和专业人才的配备上仍有提升空间。三是训练监测。科学的训练监测可以有效避免过度训练、优化训练计划。世界上一些田径强国运用高科技手段进行训练数据的实时监测和分析，并以此指导训练。相比之下，中国在这一领域虽已开始应用相关技术，但在技术的深度和广度、数据分析的精细化程度方面还有待提高。

五、国际化程度

田径运动作为全球范围内普及度极高的体育项目之一，其国际化程度自然而然地达到了很高的水平。在这一背景下，运动员通过参加国际比赛，不仅可以积累宝贵的竞技经验，还能有效提升自己的世界排名，进而提高个人及国家的国际竞争力。然而，中国田径运动员在国际比赛中的曝光度和参赛机会与一些田径运动强国相比较少，在一定程度上限制了中国田径运动的发展和运动员个人能力的提升。国际比赛的经验对于运动员来说极其重要，不仅能够让运动员在高水平的竞争中检验自己的训练成果，还能够让运动员学到更多的竞技技巧，理解不同的比赛策略，并在多样化的竞争环境中提升自己的心理承受能力。此外，国际比赛经常是运动员能力的一个重要展示窗口，通过在这些比赛中取得优异成绩，运动员能够获得更多的关注，吸引更多的资源和支持，从而为自己的运动生涯提供更多的发展机会。

中国田径运动历经多年的发展，正站在一个新的起点上，在面对众多挑战的同时，蕴藏着巨大的发展潜力和机遇。在这一过程中，国家对体育事业的高度重视为田径运动的发展注入了新的活力和动力。政策的支持和资金的投入为田径运动提供了基础设施的改善、科学训练方法的引进以及国际交流的平台，从而为提升竞技水平奠定了坚实的基础。中国田径协会作为推动中国田径运动发展的重要力量，正致力通过一系列改革措施，推动中国田径运动向更高层次发展。其中，加强与国际的交流与合作是一项关键举措。通过与世界田径运动强国的交流合作，中国田径运动员和教练员有机会直接学习和吸收国际先进的训练理念、技术和管理经验，从而在提高自身技术水平和战略理解方面取得实质性进步。中国田径协会加大了对教练员队伍的培训力度，深知优秀教练员是提高运动员竞技水平的关键，并通过举办各类培训班、研讨会等形式，不断提升教练员的专业技能和科学训练水平，以建立一支更加专业化、高效化的教练团队。这些努力和改革措施都指向了一个共同的目标——提升中国田径运动的整体竞技水平，缩小与世界田径运动强国之间的差距。随着体育产业的不断发展和国际竞争环境的变化，中国田径运动面临的机遇前所未有。借助国家政策的支持、科技进步的帮助以及全社会对体育的高度关注，中国田径运动有望在不久的将来实现质的飞跃，创造更多令世界瞩目的佳绩。

第二章　田径运动的生理与心理基础

第一节　田径运动技术形成的生理基础

一、运动技术的动力定型

田径运动技术的学习和掌握是一项在复杂的条件反射活动中进行的过程，涉及中枢神经系统新的条件反射的建立。这一过程不仅体现在运动员通过练习来形成和巩固特定的技术动作，还体现在对新技术的掌握与运动员原有的运动技能之间存在着密切的联系。这种联系意味着，运动员的田径运动技能越强，他们掌握新技术的能力就越强。另外，掌握的运动技术数量和运动员的素质发展水平之间存在着正相关关系。运动员在田径运动训练中学习和掌握的技术越多，表明他们的运动素质和技能水平越高。这不仅反映了运动员的学习能力和适应性，还表明他们在面对新的技术挑战时能够更快地适应和掌握。这一点对于田径运动员来说尤为重要，因为田径运动涵盖广泛的项目，每个项目都有其独特的技术要求。因此，在田径运动训练中，教练员的任务不仅是教授特定的技术动作，还要帮助运动员在中枢神经系统中建立正确的条件反射机制。这要求教练员不仅要有丰富的田径运动技术知识，还需要了解学习和记忆的心理与生理机制，以便更有效地指导运动员学习和掌握新技术。

学习运动技术的生理基础是大脑皮层中产生的兴奋与抑制过程的交替机制，是形成动力定型的关键。动力定型指的是通过训练形成的稳定的运动技能和模式。这一过程不仅涉及骨骼肌的运动活动，还包括呼吸、血液循环以及其他生理系统的活动，体现了人体复杂的生理调节能力。以掷铅球技术为例，运动员在学习该技术时，需要通过一系列预定的动作：首先采取一定的预备动作，其次通过滑步形成用力姿势，最后完成掷球动作。这一系列动作的执行需要将外感受器（如视觉和听觉感受器）、本体感受器（如肌肉、关节中的感受器）以及内感受器（如来自内脏的感觉）提供的信息有序传入大脑皮层，引起相应的兴奋与抑制过程。通过反复训练，这些过程经过强化，最终形成稳定的铅球技术动力定型。这种动力定型的形成过程体现了运动技能学习的复杂性，不仅要求大脑皮层对外部刺激进行快速、准确的响应，还要求身体各系统之间的高度协调。例如，掷铅球不仅涉及手臂、腿部和躯干等骨骼肌的协调运动，还涉及呼吸节奏的调整、心率的变化以及其他生理系统的活动，以适应运动过程中的能量需求和生理反应。运动性动力定型的形成也说明了反复训练的重要性。通过不断的实践和重复，大脑皮层中的兴奋与抑制过程得以稳定，使运动技能逐渐由意识控制向自动化、无意识的控制转变。这一转变的实现是运动技能学习成功的关键，也是运动员技能提升的基础。

在运动技术学习过程中，大脑皮层的动力定型的形成过程更是至关重要。这一过程不仅包括技术的主要部分，还包括各种在主要部分的基础上通过反复练习逐渐积累起来的细节。实践表明，如果这些技术细节不经过持续的强化，中断训练一段时间（如一年或数年）后，尽管技术的主体部分可能得以保留，但细节部分很容易被忘记。这一现象体现了运动技术学习和维持中的一些关键策略。为了有效地学习运动技术，教练员需要事先控制运动员的动作，防止或尽量减少错误动作的产生。从神经科学的角度看，错误动作一旦形成了动力定型，就会更难纠正。因此，从一开始就避免错误动作的形成对于技术学习来说至关重要。这要求教练员在训练开始阶段就给予运动员正确的引导和反馈，确保动作学习的正确性。教练员在训练计划中，需要善于安排学习频率和学习间隔。适当的学习频率和学习间隔有利于提高技术学习的效率，也有助于提高信息的保留率。科学的训练计划应考虑到运动员的生理特点和心理特点，以及学习任务的难易程度，通过合理的安排使运动员能在最佳状态下进行技术学习。为了形成稳定的动力定型，反复次数应超过技术动作稳定形成所需的水平。这意味着，仅仅达到技术形成的基本要求还不够，运动员必须通过大量的重复练习来巩固技术，使运动技术成为自己的第二天性。大量的练习不仅有助于加深技术印象，还能使技术动作在各种比赛环境下都能稳定地执行。

二、形成运动技术的四个时相

运动技术的学习、改进和提高是大脑皮层中兴奋与抑制过程在空间和时间关系上日趋准确的结果。根据伊万·彼得罗维奇·巴甫洛夫的实验材料，运动技术的形成具有一定的时相，田径运动技术教学过程可以分为四个时相。

（一）泛化时相

在运动技术学习的初期，运动员面临的是一系列复杂的挑战，不仅关乎技术动作的掌握，还涉及大脑处理和协调这些动作的能力。生理上，这个过程的特点是大脑皮层中的兴奋过程广泛扩散，主要是因为在学习新运动技术时，各种感受器的刺激会传入大脑皮层，而大脑皮层缺乏足够的内抑制来精确地控制这些刺激，使兴奋过程在大脑皮层不同区域内广泛扩散，造成或明显或隐约的兴奋过程。这一阶段，运动员在执行技术动作时，各个部分往往处于紧张状态，动作完成得不协调、不连贯，甚至伴随着多余的动作。这是因为大脑皮层的广泛兴奋使运动员无法有效地集中注意力于动作的关键部分，从而影响了动作的流畅性和准确性。这个现象在运动技术学习的初期非常普遍，是每位运动员在技术掌握过程中必须经历的阶段。对于教练员而言，了解这一生理过程对于指导运动员的运动技术学习具有重要意义。在技术学习的初期，教练员需要耐心指导运动员，帮助他们理解技术动作的每一个细节，同时采取适当的方法来减少不必要的紧张和多余的动作。这些措施包括放松训练、分解动作教学、重复练习等方法，能够帮助运动员逐渐建立内抑制机制，提高动作的协调性和连贯性。

（二）分化时相

在运动技术学习的过程中，运动员在经过初期的广泛兴奋阶段之后，接下来便进入了关键的分化时相。这个时期标志着运动员通过反复练习，开始实现对运动技术的精细控制，兴奋过程在大脑皮层中的扩散受到限制，在时间和空间上变得更加精确。这种精确性的提升是因为条件反射开始专门化，运动技术逐渐趋于精细化和精确化。在这个分化的过程中，教练员的角色至关重要。教练员的语言指导和示范可以有效地抑制初期阶段中运动员的无目的扩散兴奋，减少和纠正多余动作。教练员的语言刺激主要用于强化正确动作（"对"）和指出错误动作（"不对"），帮助运动员在第一信号系统（直接感觉刺激）和第二信号系统（语言和其他符号系统）的相互作用下实现对技术动作的分化。这一过程是运动技能学习中极为关键的一环，直接关系到技术动作的精确度和运动员的技术进步。在学习运动技术的这一时相里，虽然动作开始变得更加精确，但是相互交替的兴奋和抑制体系还没有完全建立起来，内抑制还相对缺乏。这种缺乏内抑制的现象会使运动员在执行动作时，可能因过于紧张而难以放松。这是因为运动员在尝试精确执行动作的同时，大脑中的抑制过程还不足以完全控制兴奋过程，导致运动员在执行动作时不能很好地调节自己的身体状态。

（三）动力定型时相

在运动技术学习的进阶时相，运动员经过前期的广泛兴奋与非特定抑制的阶段后，逐渐进入一个更加成熟和高效的学习阶段。在这一阶段，大脑皮层中的兴奋和抑制过程开始以更加有序和特定的方式交替出现。这种顺序性和特定性的变化标志着动作技能向高级的掌握水平迈进，动作的执行变得更加精确，参与完成特定技术所必需的肌肉群被激活。这一过程的实现归功于运动员在大脑皮层中形成了精细的兴奋与抑制模式。这种模式能够精确地调控肌肉群的活动，避免无关肌肉的过度参与，从而提高动作的经济性和效率。随着训练的深入，动作不仅变得更加精确，还变得连贯、协调、省力，这种连贯性和协调性的提升是形成动力定型的直接体现。动力定型是指运动员通过大量练习，在大脑皮层中形成的稳定的运动技术模式，从而能够在不同条件下稳定地重现特定技术动作。达到动力定型的状态意味着运动技术已经得到了有效的巩固和内化，运动员能够在不同的环境和条件下准确、高效地执行技术动作。

（四）运动技术的自动化时相

在运动技术学习过程中，达到第三时相标志着运动员对技术的掌握已进入高级阶段。然而，这种掌握程度的稳定性是相对的。由于内外环境的长期显著变化，已学会的动作技术的某些部分可能会被遗忘，尤其是那些未经过充分强化和巩固的技术细节。因此，即使在达到了高级的技术掌握阶段之后，运动员仍然需要通过持续和有目的的强化训练，进一步巩固大脑皮层中的条件反射，使动作技术达到自动化的程度，并能够长期保持不忘。此时的运动特征是，运动员执行动作时已变得无意识，即动作的执行不再需要意识的主动干预。在技术学习的早期阶段，运动员在完成新技术动作时需要依赖第二信号系统的直接参与，通过教练员的指令、语言提示和自我语言等进行正确的动作执行。随着技术的反复练习和条件反射的巩固，动作技术逐渐自动化，意识对动作执行的直接控制逐渐减少，运动员能够更加自如和流畅地完成技术动作。动作自动化的过程体现了运动技能从意识控制向无意识执行的转变。这种转变是学习和掌握技术的重要目标。动作的自动化不仅提高了执行效率、减少了认知负荷，还使运动员能够在比赛和高压环境下稳定地执行技术动作，因为自动化的动作不易受到外界干扰的影响。

在学习和掌握田径运动技术的过程中，复杂的条件反射机制发挥着关键作用。技术的形成和效果的展现不仅依赖运动员的身体条件和技术动作的外在执行,还依赖这些动作如何在大脑中通过各种反射活动得到协调和优化。每项田径运动技术背后都蕴含着多样的反射活动,适当调控反射活动对于技术的学习和发挥至关重要。姿势反射活动与田径运动技术的关系也显示出反射机制在运动技能发展中的作用:某项技术的执行与姿势反射活动一致时,可以促进技术的合理化,使肌肉活动达到最高效率,从而提升技术性能和运动成效。这是因为技术动作与身体的自然反射协调一致,减少了肌肉的无效劳动和能量消耗,使运动员能以最佳的身体状态完成技术动作。相反,当技术执行与姿势反射活动不一致时,技术效率会大大降低,因为这种不协调会引起肌肉紧张、动作僵硬,甚至可能导致运动伤害,从而影响技术的效果和运动员的整体实力。另外,互相诱导反射活动在技术学习中同样占有一席之地。如果能够在训练中有效结合技术要求,加入意识诱导之中,运动员就可能实现技术的快速提升,达到意想不到的成效。这种诱导机制通过有意识地引导运动员专注于技术的关键部分,利用大脑的可塑性调整和优化技术动作,从而加速技术学习的过程。反之,如果不能有效利用这种反射活动,即使经过多年的刻苦训练,技术提升的幅度也可能非常有限。

三、反射规律在田径运动中的作用

(一)状态反射在田径运动训练中的作用

1. 颈紧张反射

在田径运动中,颈部的动作和位置对于身体其他部位的反射活动有着显著的影响。这些反射活动涉及颈椎关节、韧带、肌肉以及皮肤的刺激,进而影响四肢的紧张性调节。这种现象不仅揭示了人体复杂的生理反应机制,还为运动技术的学习和优化提供了重要的指导。当头部向一侧转动或向某一侧屈曲时,会使一侧的上、下肢因紧张而伸直,另一侧的肢体因紧张性减弱而屈曲。这种身体的反应机制在运动执行中可以被用来加强或减弱某些动作的效果。例如,在进行某些需要侧向力量的运动时,运动员通过有意识地调整头部的位置和姿势,可以增加身体一侧的力量输出,从而提高运动效率和技术水平。头部的前后屈曲同样会引起身体其他部分的反射性变化，当头部后屈（仰头）时，身体会呈现后屈姿势，四肢因紧张而伸直；头部前屈（低头）时，身体则前屈，四肢因紧张性减弱而屈曲。这一现象在背越式跳高等运动中尤为明显，运动员在过竿时通过仰头使身体形成背桥姿势，有利于过竿动作的完成。这种头部和颈部的动作不仅符合颈紧张反射活动的自然规律，还能有效地促进运动技术的发挥。以掷铅球技术动作为例，运动员在出手的瞬间通过抬头挺胸、两腿伸展使身体成后屈姿势。这种头后屈的反射活动与掷铅球时的运动技术高度一致，因而能够发挥出良好的运动效果。这不仅说明了在技术动作中头部和颈部位置的重要性，还强调了合理利用身体自然反射机制的必要性。

2. 翻正反射

翻正反射是人体在运动中对于地球引力的一种本能反应，目的是维持一定的站立姿势或在头部或躯干在上空发生位置变化时尝试恢复正常体位。这种反射活动在田径运动中扮演着至关重要的角色，尤其是在技术执行过程中的姿势调整和平衡维持方面。掷铅球运动是翻正反射在田径运动项目中应用的一个典型例子。在掷铅球的技术执行中，运动员在滑步转为最后用力姿势的过程中，需要通过保持头部向后看来获取足够的用力距离。这个动作正是翻正反射活动机制的体现，它能够帮助运动员在滑步和转体过程中维持头部和躯干之间的正常关系。通过这种方式，运动员可以有效控制躯干面向后方，保持掷球前身体的扭紧状态，为发力提供稳定的基础。然而，初学者在学习掷铅球的过程中，往往因为急于掷出铅球而在滑步的同时将头部过早地转向投掷方向。这种动作实际上就是一种翻正反射，因为当头部转向时，为了维持身体的平衡和正常体位，躯体也会不自觉地随头部转向。这样的动作会导致掷球时身体重心前移和身体侧转，从而影响掷球的效果和力量的发挥。

俯卧式跳高是一项高技术要求的田径运动项目，运动员在过竿时的头部转向和身体姿势调整对于完成跳高动作至关重要。头部的转向不仅会影响过竿的效率，还直接关系到运动员能否维持身体在空中的平衡和姿势。在这一过程中，颈紧张反射活动和翻正反射机制起着关键作用。当运动员在过竿前将头转向横竿时，这一动作利用了颈紧张反射活动，使近竿侧的上、下肢紧张而有力地伸向横竿，另一侧的上、下肢则表现为松弛而屈曲。这种身体反应形成了一个有利的过竿姿势，使运动员能够以更高的效率和更佳的姿势完成过竿动作。此时，头部的转动不仅是动作的引导，还是通过引发特定的生理反应，调动身体各部位协同完成过竿的关键。随着运动员的躯体到达横竿上方，头部会立即围绕横竿转动，进一步引发翻正反射机制，促使整个躯体也随着头部绕横竿转动，形成一个良好的过竿姿势。这个过程体现了头部动作在调控身体姿势和运动轨迹中的核心作用。通过精确控制头部动作，运动员能够更好地利用身体的自然反射机制，优化过竿技术。

（二）意识在相互诱导中的作用

在田径运动的训练和比赛中，即便是看似自动化的走步和跑步等反射活动，大脑皮层的参与仍然发挥着不可忽视的作用。这种参与不仅影响着动作的精准度和效率，还在技术的相互诱导中起到了决定性的作用，特别是在意识参与局部动作时，对技术的影响尤为显著，可以极大地提高技术的执行效果。中距离跑的终点冲刺阶段是运动员意识参与反射活动的一个典型例子。此时，运动员的腿部因长时间的运动而极度缺氧，感觉到疲惫，动作变得迟缓。经验丰富的教练员此时会指导运动员通过大力摆臂来引导和提高冲刺的效率。这种技术指导利用了上肢动作对下肢动作的相互诱导作用，即通过增加上肢的动力输出来间接提高下肢的运动效能，帮助运动员在冲刺阶段保持速度甚至加速。在标枪投掷技术的训练中，为了增大投掷时的步幅，教练员同样会要求运动员大力摆动左臂（以右手持枪为例）。这种摆臂动作不仅有助于增大步幅，还能通过上肢动作的引导，促进下肢动作的优化和力量的发挥，从而提高投掷的距离和准确性。这两个例子都清楚地表明，在相互诱导反射活动中，意识在摆臂上的参与对整体技术动作的协调和效率起到了关键的推动作用。在田径运动中，摆臂动作不仅是上肢的简单活动，还在整体运动技术中起到了主导和调节作用。这种动作通过上、下肢的相互诱导反射活动有效地促进技术效果的优化，包括提高跑步的速度和增加投掷的距离等。因此，教练员在训练过程中需要充分利用这一原理，通过科学的训练方法引导运动员意识到上肢动作在技术执行中的重要性，并通过适当的训练手段加强上肢的动作质量，以促进整体技术的提升。

在田径运动的技术训练中，对腿部动作的意识控制十分重要，尤其是在跳远项目中，起跳腿和摆动腿的意识焦点对技术水平和成绩的影响十分显著。跳远运动员在起跳时，将意识集中在起跳腿或摆动腿上决定了起跳技术的不同，进而影响跳远的效果。早期的跳远起跳方法被称为"打击式"，主张在起跳时将意识放在用力蹬地的起跳腿上，如20世纪50年代的苏联训练资料中提到起跳时要像是将起跳板踏入土中，日本的训练理念同样主张起跳脚要向下"拍击"。然而，这种方法实际上降低了起跳速度，因为过分强调起跳腿的蹬地力量往往会导致身体其他部分的动作不协调，减缓了起跳的动力和速度，从而影响跳远的距离。经过多年的技术改进，跳远起跳方法发生了变革，逐渐采用"跑步式"起跳法。这种方法强调将意识放在向空中摆动的腿上，即想象在空中继续加速跑步，使摆动腿大幅度向前上方摆动。这种技术的转变实质上是对相互诱导反射活动的利用，通过将意识集中在摆动腿上，运动员能够在保持起跳速度的同时，有效地增加起跳力量和跳远距离。这说明，在跳远的起跳技术训练中，正确的意识引导可以促进技术的提高和成绩的进步。

（三）优势现象对掌握技术的影响

在田径运动的技术训练中，优势现象是一个需要教练员高度重视的问题，因为它可能对新技术的学习和正确技术的形成产生干扰或破坏。优势现象指的是运动员在学习新技术时，由于过去经验或先入为主的意识形态所导致的某种动作或思维模式占据主导地位，从而影响新技术的正确学习。以掷铅球或铁饼为例，初学者在学习各个技术环节时，教练员的指导会在运动员大脑皮层中形成相应的兴奋灶，即特定的神经活动模式。然而，当运动员拿起器械准备投掷时，想要将器械投得更远的意识可能突然占据优势，使之前通过教学形成的正确技术动作的兴奋灶变得相对弱化。这种情况下，运动员可能忽略基本技术要点，而一味追求距离，导致错误的动作迅速固定化，为今后的技术纠正和提高埋下隐患。因此，教练员在训练投掷技术时，需要深入研究如何将学习基本技术的过程与实际投掷动作有效结合。

第二节　心理因素在田径运动中的作用

一、国际田径运动发展道路中运动员心理因素所发挥的作用

国际田径运动的发展速度之快、竞争程度之激烈，是体育界近年来的显著特征之一。这种竞争不仅体现在运动员个人的力量、速度和耐力的比拼上，还体现在科技、训练方法以及赛事管理等多方面的综合实力竞争上。尽管商业化因素对田径运动的发展起到了一定的推动作用，但根本的驱动力来自对运动员竞技水平提升的不懈追求。国际田径运动比赛，无论是室外的钻石联赛、世界锦标赛还是室内的世界巡回赛等，都为运动员提供了展示自我、实现自我超越的舞台。这些比赛不仅给予了运动员宝贵的竞技经验，还通过高水平的竞争激发了运动员参赛的积极性和创造佳绩的欲望。频繁的国际比赛使运动员必须保持高度的竞技状态，这也推动了运动员技术水平的快速提升。在国际田径运动赛场上，科学训练的重要性被越来越多的人所重视。随着运动科学的发展，训练方法更加多样化和个性化，运动员和教练员可以根据最新的科学研究成果调整训练计划，从而使训练更加有效。现代科技（如生物力学分析、数据监测和心理训练等）的应用极大地提升了运动员的技术和战术水平。国际田径运动的器械和设施也在不断完善和更新，从跑道材料到比赛用鞋，每一次技术革新都可能引领运动成绩的突破。这不仅要求运动员不断适应新技术、新规则，还推动了整个田径运动装备行业的

发展。

更重要的是，在国际田径运动赛场上，运动员面对的不仅是体能和技术的挑战，还有心理素质的较量。这些都日益成为影响比赛结果的关键因素。随着竞争的加剧和田径运动赛事的频繁，如何在心理层面激发运动员，促使他们做好准备，在关键时刻能够超常发挥，已经成为国际田径运动领域共同关注的问题。这种趋势说明，当代国际田径运动不仅注重运动员的科学训练和运动器械的完善，还重视对运动员的心理刺激和运动员赛前的心理准备，同时都会转化成为日常训练的动力和内容。具体而言，在竞技体育中，尤其是在高水平的国际田径运动比赛中，适度的运动员往往需要在极短的时间内作出反应并发挥出最佳状态。这不仅要求他们拥有过硬的技术和良好的体能，还需要有强大的心理承受能力和应变能力。在这种背景下，心理刺激成为提高运动员竞技状态的重要手段之一。适度的心理训练和适时的心理刺激可以帮助运动员调整情绪，集中注意力，增强比赛中的自信心和抗压能力，从而在比赛中取得更好的成绩。国际田径运动赛事的火爆为运动员提供了大量比赛机会，不仅让运动员能够在不同的比赛环境中积累经验，还通过与世界顶级运动员的直接竞争，增强了运动员应对高压情境的能力。这种密集的比赛安排对运动员的身体和技术提出了更高的要求，同时创造了更多心理层面上的挑战和机遇。因此，如何在心理上做好准备成为赛前准备的重要一环。

二、中国田径运动发展道路中运动员心理因素所发挥的作用

在中国田径运动的发展历程中，训练和比赛体制一直是影响运动成绩和运动员发展的重要因素。在过去的体制中，中国田径运动的训练和比赛模式沿用了苏联的模式，强调了训练的重要性，却忽视了频繁参与高水平竞赛的重要性。这种情况导致了田径比赛和训练之间存在一定程度的分离，运动员往往在训练中投入大量精力，却缺乏通过频繁参与高水平比赛来检验训练成果和提升竞技水平的机会。在中国田径运动的传统竞赛体制中，除了年度的锦标赛、冠军赛和每四年一次的全运会，其他高水平的国内外竞赛机会相对

较少。尽管中国田径协会每年会举办多次的优秀运动员测试赛和精英赛，但由于缺乏足够的吸引力和动员力，因此这些比赛很难有效地激发运动员参赛的积极性，同时运动员通过比赛提高成绩的认识也相对薄弱。针对这一体制下的局限性，越来越多的声音开始强调心理刺激在运动员训练中的重要性，尤其是如何通过增加比赛的机会和质量来提高运动员的竞技状态和心理承受能力。在心理刺激方面，频繁参与比赛不仅可以增加运动员的比赛经验，还能有效提升运动员面对高强度竞争时的心理素质。通过实战检验训练成果，运动员可以在比赛中发现自身的不足，及时调整训练计划，从而更有针对性地提升自己的技术和战术水平。

在近几年中，中国田径运动在训练方法、竞赛体系以及心理刺激方面进行了一系列的改革和创新，以适应国际田径运动赛场的激烈竞争，满足不断提升的要求。这些改变旨在全面提升运动员的竞技水平，特别是在增强运动员的心理素质、提高比赛成绩方面作出了积极的努力。具体而言，中国田径协会增加了运动员参加国内外比赛的机会，改变了以往仅依赖少数几个大型比赛进行经验积累的模式。通过组织和参与更多的国际赛事，中国田径运动员有了更多与世界顶尖运动员同场竞技的机会，不仅拓宽了运动员的国际视野，还显著提升了他们的竞技水平和心理承受能力。中国田径运动在训练方法上进行了革新，特别是引入了更多科学训练的理念和手段，包括对运动员的身体条件、技术动作进行科学分析，以及采用先进的训练器材和技术（如生物力学分析、视频回放等）提高训练的精准度和效率。同时，心理训练成为训练体系中十分重要的一部分。它通过心理辅导、情景模拟等手段，能够帮助运动员提升比赛中的心理应对能力和自信心。中国田径运动的竞赛体系也在不断完善中，增加了更多层次的赛事（包括青少年和成年组的比赛），为不同水平的运动员提供了展示自己的舞台。这些赛事不仅提高了运动员的参赛频率，还强化了比赛对于提升运动员竞技水平的重要性，有效地促进了训练与比赛的有机结合。针对训练与比赛分离的问题，中国田径运动开始尝试在训练周期中融入更多的模拟比赛和实战演练，使运动员在平时的训练中就能够时刻保持比赛的状态和紧迫感。这种方法有助于缩短运动员从训练状态向比赛状态转变的时间，提高运动员在实际比赛中的发挥水平。

三、心理因素对田径运动员日常训练的正向作用

中国田径运动近年来的发展迅速，尤其在提高运动员心理素质和竞技水平方面取得了突破性进展。中国田径运动的变革涵盖了训练体系、比赛机会、教练员培训以及心理支持等多个方面，旨在构建一个更加全面、科学的田径运动训练和竞赛环境。从训练体系的改革来看，中国田径运动逐步摒弃了传统以量取胜的训练方法，转而采用更加科学、个性化的训练计划，包括对运动员进行全面的身体测试，根据测试结果制订个性化的训练方案，同时结合最新的运动科学研究成果，提高训练的效率和效果。这种方法的改变不仅关注运动员身体素质的提升，还强调技术和战术的精细打磨以及心理素质的培养。

在比赛机会方面，中国田径运动努力拓宽运动员的国际比赛平台，不仅增加了国内赛事的数量和质量，还积极组织和参与国际比赛。通过与世界顶级运动员交手，中国田径运动员得以在激烈的国际竞争中锤炼技术和意志。这种高水平的实战经验对于提升运动员的心理承受能力和应对压力的能力至关重要。教练员的培训和提升也被置于重要的位置，中国田径协会通过组织教练员赴海外研修、邀请国际知名教练授课等方式，提升教练员的专业技能和国际视野。优秀的教练员能够更好地指导运动员，包括如何在比赛中调整心态、制订战术以及如何在训练中科学合理地安排负荷。这对提升运动员的综合竞技水平至关重要。在心理支持方面，中国田径运动开始重视对运动员的心理辅导和心理训练，包括建立运动心理咨询团队、开展心理训练课程等，旨在帮助运动员建立积极的心态，提高比赛中的心理调节能力。这种对运动员心理状态的关注使运动员能够在高压的比赛环境下保持最佳状态，提高了运动员面对各种竞赛情境的适应能力和心理韧性。

第三节　田径运动员的心理训练方法

一、影响田径运动员心理变化的因素

（一）竞赛规模和运动员面临的任务

在田径运动比赛中，运动员的情绪状态与比赛的规模以及承担的任务息息相关。比赛的规模和任务的重要程度不仅会对运动员的情绪产生重要影响，还直接关系到运动员在比赛中的状态。尤其是当运动员感受到强烈的荣誉感和社会责任感时，他们往往能产生更好的竞技状态，进而取得更佳的成绩。以一名学校田径队运动员为例，在参加校运会这样的小规模比赛时，由于缺乏强劲的竞争对手，为班级拿分相对容易，因此他可能不会全力以赴，无法取得个人最好成绩。这说明当比赛压力较小时，运动员可能无法充分激发出自己的潜能，缺乏足够的动力去突破自我。然而，在参加大规模比赛时，情况就大为不同，此时的竞争对手实力强劲，比赛任务重，胜利不再是轻而易举的事。在这样的环境下，运动员不仅需要全力以赴，还承担着为学校争光的责任感和荣誉感。这种强烈的责任感和荣誉感有利于运动员保持良好的情绪，使他们在比赛中高度集中注意力，从而发挥出更好的水平。这一现象说明，适当的比赛压力和任务对于激发运动员的最佳竞技状态具有重要作用。教练员在制订比赛策略时，应把握运动员的心理状态，通过给予适当的比赛压力和任务来激励运动员，促进运动员的心理成熟和技术水平提升。教练员还应引导运动员学会管理和调节自己的情绪，确保在面对重大比赛和任务时能保持最佳的心理状态。

（二）参加比赛的运动员之间的实力对比

在竞技体育的世界里，运动员的情绪状态对自身的竞技水平有着不可忽视的影响。特别是在田径运动等竞技项目中，运动员的心理状态直接影响着他们在比赛中的发挥。当运动员面对实力相当的竞争对手时，情绪激动和斗志高涨的现象会普遍存在。这种紧张而充满期待的心理状态可以激发运动员的潜能，使他们在比赛中发挥出最佳水平。而当面对竞争实力悬殊的对手时，运动员可能感到情绪低落。这种心理状态可能导致他们无法充分展现自己的技术和能力。运动员渴望胜利，希望遇上势均力敌的对手。这不仅是对自己能力的一种挑战，也是对比赛的一种尊重。面对实力相当的竞争对手时，运动员往往能够感受到比赛的不确定性。这种不确定性是体育竞技的魅力所在，也是推动运动员不断超越自我、追求卓越的重要动力。在这种情境下，运动员会全力以赴，因为每一次努力都可能决定比赛的胜负。这种高度的竞争和挑战可以激发运动员的最大潜力。反之，当实力差距较大时，比赛的不确定性降低，运动员可能提前对比赛结果产生预判。在这种心理状态下，即便是较强的一方，也可能因为过于自信而忽视比赛的严肃性和竞争性；较弱的一方可能因为缺乏信心而未能发挥出应有的水平。因此，教练员在训练和比赛策略中需要重视心理调节，帮助运动员建立正确的比赛观念，使他们无论面对何种对手，都能保持积极的态度和全力以赴的精神。

（三）训练水平和比赛经验

经验、准备情况和训练水平等因素都直接关系运动员在比赛中能否发挥出自己的最佳水平。具备丰富经验、充分准备和高训练水平的运动员往往能够在比赛中产生愉快的增力情绪。这种积极的情绪状态有助于他们在关键时刻展现出超常的能力，进而取得优异的成绩。而对于那些经验不足、准备不充分或训练水平较低的运动员而言，他们在比赛中可能产生减力情绪，进而影响运动员的竞技状态，使他们难以发挥出应有的水平。特别是对于运动新手而言，初次参加比赛的体验尤为关键。由于缺乏比赛经验，运动员可能对赛场环境感到陌生，甚至是不安，故而在一定程度上导致运动员的运动表象模糊,即运动员难以清晰地调动和利用自己的技能和训练成果。赛场上的压力和紧张氛围也可能影响运动员的反应速度、思维清晰度和注意力集中程度,使运动员难以有效地调动那些对于发挥运动技能所必需的心理状态。

(四)参加比赛的动机

在田径运动领域内,运动员的动机是推动他们追求卓越、面对挑战和取得胜利的关键因素。动机的本质可以根据与体育活动的目标、内容和方法的联系划分为内在动机和外在动机。这两种动机在运动员的训练和比赛中发挥着不同的作用,两者的有效结合则是激发运动员潜能的重要途径。内在动机来自运动员自身的需求和愿望,如成就感、自我实现以及面对和克服挑战的欲望。内在动机是自发性的,与个人的价值观和兴趣紧密相关,能持久地驱动运动员向目标前进,即便在面临困难和挑战时,也能保持高度的积极性和恒心。例如,一个具有强烈成就动机的运动员,会因为追求自我超越和个人荣誉而全身心投入训练和比赛中,同时运动员在实现自我价值和目标的过程中会获得满足和快乐。外在动机则主要来自运动员所处环境中的各种因素,如教练员的期望、家庭的支持、社会的认可以及物质奖励等。[1] 外在动机往往与外部的奖励和评价密切相关,可以在短期内有效地激发运动员的行为,促使运动员为了获得外部奖励而努力。然而,单纯依赖外在动机可能导致运动员在缺乏外部激励时难以维持高水平的竞技状态。

(五)外界环境的干扰

在田径运动领域中,比赛的胜利与失败是由多种因素共同决定的。除了运动员自身的条件(如技术、战术、体能与心理素质),外界环境因素也对比赛结果有着不可忽视的影响。这些因素包括天气条件、场地条件、观众反应以及裁判的判决等。它们可以直接或间接地影响运动员的心理状态和比赛成绩。天气条件是影响运动员状态的重要外界因素之一,极端的天气(如高温、低温、大风或雨雪)可能对运动员的体能发挥和心理状态产生影响。例

---

[1] 松田岩男. 体育心理学 [M]. 北京:人民体育出版社,1982:56-59.

如，在高温条件下比赛，运动员容易出现脱水、中暑等情况，不仅会影响运动员的体能状态，还可能导致其注意力下降和判断失误；而在寒冷天气中，运动员的肌肉活动性下降，也会影响比赛成绩。场地条件也是一个重要因素，不同的场地表面、光照条件和场地尺寸都会影响运动员的技术发挥。例如，田径运动员在软质或湿滑的跑道上比赛，其成绩往往不如在硬质跑道上的成绩好；足球或篮球运动员在熟悉的主场比赛，通常会比在客场更容易发挥出色，部分原因在于他们对场地的适应性更好。观众的反应和比赛氛围也对运动员有着显著的影响。积极的、支持性的观众反应可以激发运动员的斗志和信心，提高他们的竞技状态；而负面的观众反应（如嘘声或对手的支持者的干扰）可能影响运动员的心理状态，导致其紧张、焦虑，从而影响比赛成绩。裁判的决策在体育比赛中起着关键作用，对运动员的心理状态产生的影响较为显著。决策的公正性和准确性会直接关系运动员的信心和情绪稳定性。例如，一个被认为不公正的判决可能使运动员感到沮丧和不满，这种情绪的负面影响可能降低运动员比赛中的竞技状态；相反，公正且支持性的判决能增强运动员的自信心，从而提升竞技状态。

综合以上论点不难发现，心理学在体育竞技中的应用揭示了情绪状态对运动员成绩的重要性。研究和实践都能表明，情绪状态能够显著影响运动员的生理机能和运动水平。一方面，当运动员处于情绪低落的状态时，他们的生理机能不能得到充分的调动，导致运动器官和大脑缺乏必要的能量支持，从而影响活动效率。这一现象在体育竞赛中尤为明显，运动员可能因为缺乏动力而无法发挥出应有的水平，运动的反应可能变慢，动作可能不够精准，无法准确完成技术动作。另一方面，情绪过度地高涨也不利于运动员的竞技状态。高涨的情绪可能导致大脑皮层过度兴奋，信号在大脑中无序扩散，消耗过多的能量，从而导致神经系统的活动失调。这种失调会引发一系列生理反应（如呼吸和脉搏急剧加快、肌肉过度紧张甚至全身颤抖），会影响运动员的运动协调性和技术水平，导致他们在关键时刻无法精确执行训练有素的动作。因此，情绪激活水平的适宜性成为确保运动员在比赛中能够发挥最佳水平的关键。在适宜的情绪激活水平下，运动员的大脑皮层兴奋性保持在一个合理的水平，暂时性神经联系畅通无阻，运动员的随意活动可以顺利进行。这样的心理状态有助于运动员集中注意力、合理分配精力、思维敏捷、判断准确，从而在比赛中发挥出正常甚至超常的技术水平。

二、心理训练方法

心理训练在运动训练中扮演着至关重要的角色。这种训练可以被细分为一般心理训练和赛前心理训练，两者的共同目标是培养运动员在训练和比赛中展现稳定且适宜的心理状态，从而提升训练的效果，并且在比赛中更好地发挥自己的技能，创造出色的成绩。

（一）自我暗示训练

自我暗示训练是一种通过运动员自身的思维和语言对心理施加影响的方法，其目的是在调节和管理情绪、意志力以及注意力等方面取得进展，进而增强个体对自己心理状态的控制力。这一训练模式在竞技场上尤为关键，能够帮助运动员建立并维持一种有利于竞赛的心态。这种心理训练方法的有效性源自对运动员自我认知能力的增强，使运动员能更好地理解和调控自己的情绪和心理状态。在高压力的竞赛环境中，运动员面临的不仅是体力的挑战，还有心理上的考验。如何在紧张激烈的比赛中保持冷静、如何在面对失败时迅速调整心态、如何在胜利面前保持谦逊，这些都是自我暗示训练试图解答的问题。在实际的训练活动中，教练员扮演着至关重要的角色。他们不仅要传授技巧，还要通过心理学的方法指导运动员如何运用自我暗示来提高自我控制的能力。这种训练不限于训练场上，运动员在生活中同样可以应用自我暗示的技巧来提高生活质量和解决日常问题，从而在心理上构建一种全面的、积极向上的状态。通过自我暗示，运动员可以在比赛前树立胜利的信心，在比赛中通过正面的自我对话来调整心态，在面对逆境时通过强化内心的力量来克服困难。这种心理训练的目的是使运动员能够在任何情况下都保持最佳的心理状态，发挥出最佳的竞技水平。研究表明，自我暗示训练对于运动员的心理健康和比赛成绩有着显著的积极影响。① 这种训练方法帮助运动员建立了一种心理防御机制，使运动员在面对压力和挑战时，能够更好地管理和调节自己的情绪和心理状态。正是通过这样的心理准备，运动员能够在比赛中展现出最好的自己，达到甚至超越自己的极限。

（二）放松训练

放松训练对田径运动员来说是一项至关重要的心理调整方法，它通过自我暗示的方式实现，旨在通过特定的语言影响来调节心理状态。这种方法不仅能够使因训练或比赛累积的疲劳迅速消散，还能调整运动员的情绪，让运动员以更加充满信心的状态迎接接下来的挑战。② 自我暗示的实践中，运动员可以通过闭目静坐或仰卧，集中精神想象自己处于一种放松的状态，同时使用特定的语言进行放松暗示。这种放松训练活动中所使用的暗示语言分为两大类：一类是放松休息的暗示语言，如表达自我感受的"我安静下来了"、描述身体状态的"我的全身、大脑都放松了"以及调节心跳和呼吸的"心跳得平稳而有力"和"呼吸很平稳、很轻松"，能够帮助运动员在心理上达到一种放松和平静的状态，为体力和精神的恢复提供条件；另一类则是运动员"活化"的暗示语言，目的在于激发运动员的精神状态和身体能量，如"我全身的肌肉都得到了休息，有力量了"和"我积蓄了力量"以及"头脑休息过了，很清醒"表达了运动员在休息后精神状态的提升，"我感觉很好""我要比赛（训练）了"和"看我的"则直接表达了运动员面对挑战的积极态度和自信。这一训练方法的核心在于通过自我暗示的技巧，让运动员在心理上进行自我恢复和调整，不仅有助于疲劳的迅速消散，还能够使运动员在比赛和训练前调整到最佳的心理状态。通过精心设计的暗示语言，运动员可以有效地调节自己的情绪、增强自信，从而更好地应对接下来的体育活动。

---

① 全国体育学院教材委员会. 运动心理学 [M]. 北京：人民体育出版社，1988：34-35.
② 全国体育学院教材委员会. 运动心理学 [M]. 北京：人民体育出版社，1988：56-57.

(三)集中注意力训练

集中注意力的训练是一种至关重要的心理调节技巧,涉及运动员如何将自己的心理和身体资源全部倾注于一个明确的目标上,而不被内在的思绪或外界的干扰所分散。这种技能的培养不仅依赖运动员的先天条件(如神经系统的特性),还依赖后天的刻意练习和培养,体现了心理素质在运动成绩中的重要作用。教练员在培养运动员集中注意力的能力上扮演着关键角色。通过设计特定的训练策略,教练员能够有效地提升运动员在各种情况下的注意力集中能力。一种方法是安排运动员在外界干扰较多的环境中进行训练,迫使他们通过自己的意志力集中注意力完成指定的技术动作。这种方法要求运动员在面对干扰时,依然能够保持对训练目标的专注,通过反复练习,运动员在这一过程中逐渐提高了自己的注意力集中能力。另一种方法是通过教练员的精心安排,使运动员在训练中学会如何随时分配和转移自己的注意力。在一次训练活动中变换不同的训练内容和方法,要求运动员能够迅速适应并转换他们的注意焦点,从而提高调节注意力的灵活性和效率。这种技能在比赛中尤为重要,能够使运动员在需要时迅速集中或转移注意力,以适应比赛的变化和需求。另外,教练员还可通过日常训练和其他学习活动,有意识地培养运动员无论在进行何种活动时都能够专心致志、聚精会神的习惯。这种习惯的养成对于提高运动员在训练和比赛中的集中注意力能力至关重要。通过教练员的指导和持续的练习,运动员能够学会如何在各种环境下维持高度的注意力集中。这种能力对于运动成绩的提高有着直接的正面影响。

(四)意志品质的训练

培养意志品质是运动员心理训练中的一个重要方面,涉及在面对各种挑战和困难时,运动员如何形成和加强良好的心理意志品质。这一过程不仅要求运动员本身具有高度的自我驱动力和持之以恒的精神,还需要教练员通过精心设计的训练活动有效促进运动员意志力的提升。提高训练难度是培养运动员意志品质的一种方法,通过逐步增加训练的难度,教练员要求运动员超越自我、挑战极限,以完成更加艰难的训练任务。这种方法不仅能够提高运动员的技能水平，还能够激发运动员内心的斗志和坚持不懈的精神。在逐渐增加的困难面前，运动员必须动用自己的意志力，不仅是对运动员身体能力的考验，还是对其心理意志的磨炼。在疲劳状态下完成训练任务是另一种考验和提升运动员意志品质的有效手段。教练员会在运动员达到一定疲劳程度后，再增加新的训练内容，使运动员在心理上保持必要的紧张状态。这种方法能够有效地培养运动员的顽强性和坚韧性，让他们学会在极限状态下仍能坚持下去，从而在比赛中面对疲劳和压力时，仍能保持最佳状态。利用不利的环境因素来安排技术训练也是增强运动员意志品质的一种手段。教练员有意识地让运动员在恶劣的气候条件或嘈杂的环境中进行技术训练，要求运动员不仅要完成任务，还要确保训练的质量。这种训练方法迫使运动员在面对外界干扰和不便条件时，依然能够专注于训练任务，展现出高度的自我控制力和坚定的意志力。通过这样的训练，运动员能够在比赛中遇到任何不利条件时，都能够保持冷静和专注，发挥出自己的最佳水平。

（五）念动训练

念动训练也称为心理回忆训练，是一种深化技术掌握和提高运动水平的心理训练方法。通过这种方法，运动员在训练或比赛前可对即将执行的动作技术过程进行系统化的内在复习和回顾，包括动作的关键要素、力量的应用顺序、技术的具体方法以及动作执行的时机等内容。运动员可以通过默想的方式进行念动训练，也可以借助阅读相关书籍、观看技术图解或参考其他队员的实际练习来辅助这一训练过程。在进行念动训练时，运动员需要将注意力高度集中，把记忆中的动作技术与实际完成动作时产生的运动感觉紧密结合起来。这种训练不仅仅是对动作的简单回忆，更是一种对技术细节的深度思考和感觉的再现。通过这种深度的内化过程，运动员能够在心理层面加深对技术动作正确概念的理解和掌握。念动训练的核心目的在于强化运动员对技术动作的正确认识，通过精确的心理模拟来改善技术动作的执行，提高动作的准确性和效率。这种训练方法对于技术动作的纠正和完善具有显著的效果，特别是在运动员需要对某些技术细节进行调整或优化时，念动训练提供了一种无须实际物理运动即可进行的技术修正手段。

第三章　田径运动训练的理论基础

第一节　训练负荷理论

一、训练负荷的概念

运动负荷在体育运动中占据着重要位置。它不仅存在于专业运动员的训练过程中，还普遍存在于各类体育活动之中。这些活动范围广泛，包括但不限于正式比赛、学校体育教学以及社区健身活动。运动员为了在比赛中获得佳绩，不得不承受高强度的训练负荷；体育教师在课堂上组织的各项体育活动，会要求学生承担一定程度的运动负荷；社区居民在参与健身活动时，也会承受相应的身体负荷。这种负荷的普遍性表明，运动负荷是体育运动十分重要的一部分，与运动员的健康和竞技水平密切相关。中国学者徐本力对运动负荷进行了深入的研究和阐述，提出了一种新的视角，将运动负荷视作一个上位概念。徐本力不仅关注运动负荷在专业训练中的角色，还广泛地考察了运动负荷在不同体育活动中的影响。通过对负荷形成的过程、主要任务、性质与水平以及调控特点和影响负荷大小的主要因素进行分析，徐本力明确了运动负荷的多维度特性，并根据这些特性，将运动负荷细分为训练负荷、比赛负荷、教学负荷与健身负荷。[1] 这一分类不仅增进了广大学者对运动负荷复杂性的理解，还为有效管理和优化运动负荷提供了理论基础。由此可见，训练负荷在运动负荷的整体概念中扮演着重要但并非唯一的角色。虽然运动负荷覆盖了比赛、教学、健身等多个方面，但许多研究倾向通过训练学的视角来审视这一概念，在实际研究中对运动负荷的探讨往往聚焦于训练负荷。这种研究取向部分源于在运动训练过程中，主体工作的性质本身决定了运动负荷的核心在于训练负荷。在探讨运动负荷时，研究者的这种倾向性选择并不是偶然的，而是有其背景和原因的。运动训练作为提高运动员体能、技能以及比赛成绩的关键手段，其过程中所施加的负荷直接影响着运动员的成长和发展。因此，从训练学角度出发，对训练负荷的深入研究能够为运动员的训练提供科学依据，优化训练方法，提高训练效率和成绩。这也是在众多关于运动负荷的研究中，训练负荷成为核心关注点的原因。

（一）单因论——刺激学说

在20世纪60年代的中后期，一场关于体育科学的革命在当时的苏联、德意志民主共和国（东德）、德意志联邦共和国（西德）、英国等国家悄然兴起，标志性的事件是运动训练学这门学科的建立。这个学科的诞生，不仅反映了各国对体育运动科学化管理的追求，还反映了各国对提高运动员训练效率和竞技成绩的共同目标。中国体育科学学会运动训练学学会组也不甘落后，在这一时期积极响应国际动态，致力推动运动训练学科的发展。为了进一步深化对运动训练学的理解，并提升运动训练的科学化水平，中国体育科学学会运动训练学学会组会编写了《运动训练学》一书。这本书的编写不仅是对国内外运动训练理论和实践的集成，还是中国体育科学研究在该领域的一次重要突破。《运动训练学》一书将运动负荷定义为"运动员有机体在训练中所承受的生理负荷（有的也称运动刺激）"[2]，为后来的运动训练理论和

---

[1] 徐本力. 运动训练学 [M]. 济南：山东教育出版社，1990：17-18.
[2] 中国体育科学学会运动训练学学会组. 运动训练学 [M]. 北京：中国体育科学学会，1983：22.

实践提供了基础性的理论支持。通过将运动负荷定义为训练过程中的生理负荷，这本书强调了运动训练对运动员身体的直接影响，并将运动训练视为优化训练计划和提高运动水平的关键变量。这一定义不仅揭示了运动负荷的本质（即通过训练刺激促进运动员身体机能的改善和竞技状态的提升），还突出了对运动负荷科学管理的重要性。这种对运动负荷的理解和强调为后续研究提供了一个清晰的方向，即如何通过合理的调控运动负荷，实现运动员体能和技能的最大化。

通过上面的观点不难发现，运动负荷的构成包含了两个基本维度：负荷量和负荷强度。这两个方面共同决定了训练对运动员的影响程度，其中负荷量主要涉及练习的频率、持续时间、距离以及整体所承担的重量等因素，直接关系运动员在一定时期内所进行的总体活动量；负荷强度则涉及练习的密集度、执行各项练习所需的速度、所用的负重量以及高速或重负荷练习在所有练习中所占的比例等，反映了运动员在训练过程中的努力程度以及练习对身体机能的影响强度。通过这样的分析框架可以看出，运动负荷不仅是量的累积，还是对运动员身体和心理状态影响的一个综合体现。负荷量和负荷强度的不同组合可以引发不同的训练效果，对于优化训练计划、提高运动水平以及预防训练相关伤害具有重要意义。然而，过去的理解往往将训练负荷视为一种单一的外部刺激。这种观点主要受当时科学认知水平的限制。在那个阶段，训练负荷被简化为单一维度的考量，忽略了训练负荷作为一个多元复杂系统的性质。这种简化的理解方式限制了对训练负荷更深层次、更全面认识的发展。

（二）双因论——刺激—应答学说

随着体育科学领域对运动训练研究的深化，人们对于训练负荷的理解也日益深入。这种理解的进步标志着人们已经从简单的将训练负荷视为一种物理量的阶段，转向了对训练负荷作为一种复合现象的认识，即训练负荷既包含外部刺激，又涉及运动员对这些刺激的内部反应。在这一转变过程中，德意志民主共和国莱比锡德意志体育学院的哈雷博士及其同事作出了重要贡献。哈雷博士所著的《训练学》一书，不仅是对训练理论进行全面和系统论述的早期著作之一，还在训练科学发展史上占据了举足轻重的位置。哈雷博士在书中提到：运动竞技能力的提升主要依赖于运动刺激，这些刺激如果能产生训练效果，即能发展、巩固或保持训练状态，那么便可称为训练负荷。这种观点开辟了理解训练负荷的新纬度，将训练负荷细分为外部训练负荷和内部训练负荷两种类型[①]，为后来的研究者提供了一个分析和理解训练过程的有效框架。

苏联的普拉托诺夫作为运动训练理论研究的先驱之一，对训练负荷的理解提供了重要的见解。普拉托诺夫强调，训练负荷的理解应当涵盖"内"与"外"两个维度。这种观点为后续的运动训练研究奠定了基础。[②] 在普拉托诺夫的理论中，训练负荷的外部特征通常指的是总工作量的各种指标以及各种负荷强度的指标，如训练的持续时间、频率、强度等。这些指标是可以直观测量和控制的，为训练带来了量化的便利。此外，普拉托诺夫还特别强调了训练负荷的内部特征的重要性，深化了对训练负荷特征的理解。内部特征指的是机体对完成工作的反应。这种反应能够更全面地表述负荷的特征，包括工作中和工作后机能系统的即刻变化情况（也就是负荷的急性反应指标）以及恢复过程的性质及持续时间的资料。通过这些反应，研究者可以评定负荷量，并理解运动负荷对运动员身体的具体影响。

在探索运动训练负荷的维度和影响时，中国学者过家兴等提供了深刻的见解，指出运动训练本质上是通过身体练习作为主要手段，向运动员的有机体施加训练刺激的过程。[③] 这种观点不仅简洁明了地揭示了运动训练的核心目的，还为理解训练负荷提供了一个全面的框架。过家兴等进一步表示，人体对于这种运动负荷的反应既有生理层面的，又有心理层面的，两者共同构

---

① 迪特里希. 训练学：运动训练的理论与方法学导论 [M]. 北京：人民体育出版社，1985：23-24.
② 普拉托诺夫. 运动训练的理论与方法 [M]. 北京：高等学校出版联合会总出版社，1984：33-35.
③ 过家兴，董国珍，洪其典，等. 运动训练学 [M]. 济南：山东教育出版社，1986：36-37.

成了运动训练负荷的全貌。生理负荷主要涉及训练对运动员生理系统的影响，包括但不限于心率的变化、肌肉的疲劳程度、呼吸频率的增加以及身体对练习强度的适应等。这些生理反应是运动训练效果的直接指标，能够为教练员和运动员提供训练负荷是否适宜的及时反馈。通过监测生理反应的变化，教练员可以调整训练计划，确保运动员能够在最佳状态下进行训练，同时避免过度训练导致的身体伤害。心理负荷则关注训练活动对运动员心理状态的影响，如压力感受、动机水平、情绪状态以及精神集中的程度等。心理负荷的管理同样关键，因为运动员的心理状态会直接影响训练的积极性、持久性以及最终的竞技状态。心理负荷过重可能导致运动员感到压力过大、疲劳或焦虑，影响训练效果，甚至影响比赛成绩。因此，有效的心理干预和心理训练成为优化训练计划、提高运动成绩的重要组成部分。

中国学者徐本力在运动训练领域提供了对训练负荷的深刻见解，指出运动负荷通过身体练习这一基本手段施加于运动员的有机体，其构成不仅包括直接可测的外部负荷，还涵盖了由此引发的内部生理、生化以及心理上的变化，即内部负荷。[1] 这种理解方式为运动训练的科学化管理提供了一个全面的框架，强调了训练刺激对运动员的全方位影响。外部负荷主要由负荷量和负荷强度两大因素构成，两者是训练计划设计中的关键变量。负荷量通常指的是训练的总量，如运动时间、运动频次等；负荷强度则涉及训练的难度，如运动速度、重量等。这些外部刺激是训练计划中可以直观控制和调整的部分，并且共同作用于运动员，能够促进体能和技能的提升。内部负荷则指的是外部负荷作用于运动员后，运动员身体内部发生的一系列生理、生化和心理变化。这些变化包括但不限于肌肉的微损伤、能量物质的消耗、情绪状态的波动等，是评价训练效果和调整训练计划的重要指标。徐本力提出的观点强调了外部负荷和内部负荷之间的密切关系，即外部负荷的大小直接决定了内部负荷的程度。

尽管理论上外部负荷与内部负荷应该是一致的，即外部施加的训练刺激

---

[1] 徐本力.运动训练学[M].济南：山东教育出版社，1990：32-33.

应该直接反映在运动员的身体反应上,但现实情况却更加复杂。运动员之间存在的个体差异(如基础代谢率、训练水平等方面的不同)以及外部环境的变化(如训练过程中可能遇到的伤病)都会使外部负荷和内部负荷之间产生不一致现象。个体差异是影响训练效果的重要因素,每位运动员的身体条件、适应能力、恢复速度和训练经验都有所不同。这些差异意味着即使在相同的外部负荷下,运动员的内部反应也会有显著的差异。例如,有着较高基础代谢率的运动员能够更快地处理和利用能量,对某些训练负荷的适应性更强;训练水平较高的运动员可能对相同的训练刺激有着更强的耐受性,因为他们的身体已经对这种刺激产生了适应。

田麦久对运动训练中的负荷概念也有着深刻的见解。他认为,负荷不仅是一种物理量,还代表了施加于运动员身体和精神的刺激或压力。[①] 这种定义突破了传统观念,强调了负荷在运动训练中的复杂性和多维度性。负荷的作用并不是单一的,通过不同程度的刺激,能够促进运动员在生理和心理两个层面上的发展。田麦久进一步解释,训练中的各项活动无一不是对运动员施加负荷的过程,而这些负荷的大小和适宜性,可以通过观察运动员的生理和心理反应来衡量。这种观点不仅提供了一个更为全面和科学的训练负荷评价体系,还为训练方法的优化提供了理论依据。通过这种方式,运动员能够在训练中获得恰到好处的刺激,既能够促进能力的提升,又能避免过度训练带来的负面影响。

随着科学研究的进步,广大学者对于运动训练中的负荷概念有了更为深入和全面的认识。这种认识超越了将训练负荷简单视为外在刺激的旧有观点,转而重视运动过程中身体对这些刺激的内在反应和应对机制,包括对于身体在接受练习刺激时发生的生理生化反应及心理变化的综合考量。这样的视角强调了训练过程不仅仅是外部操作的集合,还是一个复杂的生物反应过程,涉及机体各层面的相互作用。通过这种方式,科研人员能够更准确地评估训练负荷的效果,进而为运动员量身定制更加科学、合理的训练计划,提

---

① 田麦久. 运动训练科学化探索 [M]. 北京:人民体育出版社,1988:28-29.

高运动水平,同时确保运动员的健康。

(三)本质论——参数量度学说

随着国际社会对运动训练理论及实践体系认识的深化,研究领域开始出现了对已有训练负荷定义的重新思考和讨论。这种探讨在俄罗斯科学家马特维也夫的工作中得到了体现。马特维也夫是俄罗斯中央体育学院的学者,他在 1994 年发布的《体育理论与方法》一书中,提出了对训练负荷本质的深刻见解。他从机体在完成任意身体练习后功能状态达到超过平常安静生活水平的视角,定义了训练负荷为完成练习所引发的机体功能活性增加程度及面临困难的程度。马特维也夫强调了训练负荷的双重性:一是外部量度中完成工作的量化值;二是练习引起的机体功能性变化及相关变化的量化值。[①] 这一观点不仅延续了其他学者对训练负荷双因素理论的认识,还为理解训练过程中的负荷提供了一个更为全面和科学的框架,有助于更准确地评估和设计训练计划。

与此同时,马特维也夫对负荷的认识提出了新的视角,区分了负荷的"外部"和"内部"两个方面。[②] 这一区分不仅丰富了负荷概念的内容,还为训练负荷的评定和调节提供了重要的理论依据。根据马特维也夫的观点,负荷的外部方面被视为一种可量化的添加物或参数,与传统的认为负荷仅仅是外界刺激的看法有着本质的区别。这种认识下的外部负荷是指训练中具体的物理量(如重量、速度、时间等),这些量化参数构成了训练负荷的物质基础。负荷的内部方面则涉及运动员对于这些外部参数的生理和心理应答。这种内部应答反映了机体如何适应负荷的施加并对此作出反应,包括生理生化的变化和心理状态的调整。这些内部反应是对外部负荷的直接回应,决定了训练效果的优劣和训练安全性的高低。

继俄罗斯科学家马特维也夫将训练负荷视为添加物或参数值之后,熊焰及其团队在这一概念的基础上进一步深化了对训练负荷的理解,并提出了一

---

① 马特维也夫. 体育理论与方法 [M]. 北京:北京体育大学,1994:42-43.
② 马特维也夫. 体育理论与方法 [M]. 北京:北京体育大学,1994:43-44.

个创新的观点，即训练负荷应被定义为运动训练过程中运动员机体在一定时间内所承受的工作量。①这一定义不仅延伸了训练负荷的概念，还为理解和衡量训练负荷提供了新的维度。熊焰的论点将负荷视为工作量和将负荷视为刺激是对训练负荷本质的两种截然不同的理解。在熊焰看来，负荷必须具有刺激的特性并能够产生效应，但负荷本身并不等同于刺激。这是因为只有当负荷作用于有机体时，它才具有意义。因此，负荷的测量应通过一系列的指标进行，这些指标反映的是量度的大小，而非刺激的强度。这一观点明确了负荷的测量和评估不应局限于刺激的大小，而应更加注重工作量的量化。②熊焰对负荷的看法还提出了一个新的理解角度，即负荷的内部和外部维度。在他的理论框架下，外部负荷并不简单等同于外界的刺激，内部负荷也不仅仅是机体的生理和心理应答，而是负荷效应的直接体现。这一理解突破了传统的刺激—应答模型，提供了一个更为复杂和细腻的视角来观察和分析训练负荷。另外，熊焰所提出的将训练负荷本质限定在一定时间内的工作量度这一概念，为训练负荷的评定和优化提供了实际可行的方法。通过将焦点放在工作量的量化上，运动训练的规划和实施可以更加科学和精确。这种方法使负荷的调整可以基于具体的量化数据进行，从而更好地适应运动员的个体差异，满足训练需求。

辩证唯物主义认识论提供了一个深刻的视角，指出认识的过程是不断深化和发展的，反映了对世界各个层次、方面和发展阶段的理解。这一理论强调，世界的本质在于其无限的空间和时间维度，认识的发展是通过实践不断推进的过程。在运动训练领域，特别是在对训练负荷概念的理解上，这一认识框架同样适用。随着时间的推移以及相关学科知识的积累和实践经验的增加，人们对训练负荷的认识也越来越全面。起初，人们对训练负荷的理解较为简单，主要聚焦于单因论，即刺激学说。这一理论将训练负荷视为对运

---

① 国家体育总局科教司.现代教练员科学训练理论与实践[M].北京：人民体育出版社，2015：44-46.
② 田稼禾.对训练运动负荷和恢复原理的理解[J].首都体育学院学报，2001（4）：83-84.

动员的单一外部刺激，关注点在于刺激的强度和形式。随着研究的深入，学者开始意识到训练负荷的影响不仅包括外部特征，还包括运动员对这些刺激的内部反应。因此，双因论——刺激—应答学说应运而生，这一理论框架强调了训练负荷的内、外两个方面及其相互作用。随着对训练负荷复杂性和多维性的进一步认识，研究者提出了本质论——参数量度学说。这一理论观点深化了对训练负荷本质的理解，强调训练负荷不仅仅是外部的刺激或简单的内部反应，还是在一定时间内运动员所承担的工作量度。熊焰的研究进一步阐述了这一观点，提出训练负荷应被视为特定时间内的工作量度，生理和心理负荷则是负荷效应的体现，而非负荷本身。熊焰的贡献在于将训练负荷的讨论引向了一个新的维度，即训练负荷的量度与其效应的区分。这不仅丰富了人们对训练负荷概念的理解，还为训练负荷的量化和评估提供了新的思路。在这一框架下，训练负荷的研究和实践变得更加精细和具体，允许教练员和研究者根据运动员的具体反应调整训练负荷，以达到最佳训练效果。

本书认为，运动训练的本质涉及的不仅是外部施加的负荷，还包括运动员机体内部产生的一系列复杂应答。这些应答既包括生理、生化方面的变化，也包括心理方面的调整，展示了运动负荷内涵的多维性和复杂性。简而言之，任何对运动负荷概念的讨论都不能局限于外部刺激或工作量度的量化，也不能只关注于内部的生理和心理变化。两者之间的关系是互动和互补的，共同构成了运动负荷的全貌。实际上，运动训练中施加的外部负荷和由此引起的内部负荷之间存在着一种基本的一致性。这意味着，外部负荷的大小会直接影响内部负荷的程度，即施加更大的外部负荷会引起更强烈的内部应答反应。然而，这种一致性并非绝对的。由于运动员之间以及同一运动员在不同状态下存在个体差异，因此相同的外部负荷可能引起不同程度的内部负荷反应。这种差异意味着即便在相似的训练条件下，不同的运动员或同一运动员在不同时间可能展现出不同的生理反应和心理反应。因此，对运动负荷的深入认识要求教练员和研究人员不仅要考虑负荷的量化指标（如运动强度、持续时间等），还需关注运动员对这些负荷的个体反应，包括对生理、生化指标（如心率、血乳酸浓度等）的监测以及对心理状态（如疲劳感、动机水平等）的评估。通过这种全面的视角，教练员可以更精确地调整训练计划，确保训练既高效又安全，同时促进运动员的健康和长期发展。这也意味着，训练负荷的管理实质上是一个综合判断的过程，涉及对运动员外部刺激的施加和内部反应的评估。这要求教练员和运动科学研究人员不仅要精确量化外部负荷，还需深入了解和评估运动员的内部反应。通过这种方法，教练员可以更有效地设计和调整训练计划，以促进运动员的最优发展，提高运动水平。

二、训练负荷的构成

在当前的运动科学研究中，人们对训练负荷的理解已经形成了较为一致的认识，即训练负荷既包括外部负荷也包括内部负荷。这一概念深入探讨了训练过程中施加于运动员的各种刺激及引起的机体反应，揭示了训练效果的双重决定因素。俄罗斯中央体育学院的理论家马特维也夫在这方面的阐述，特别是关于运动负荷的描述，已经得到了广泛的认可和支持。他将训练负荷视为一种复合概念，既包含了由练习引起的机体功能活性的增加，也涵盖了运动员在训练中所承受的困难程度。外部负荷主要反映了训练中施加于运动员的物理量（如运动的强度、持续时间和频率等），是可量化和可直接观测的。[①] 这些量度的值构成了训练计划的基础，为教练员和运动员提供了一个明确的训练目标和执行标准。内部负荷则更加复杂。它关注的是运动员在面对外部刺激时，机体内部如何响应和适应，包括生理和心理两个层面。负荷不仅涉及运动员当前的健康状态和训练适应性，还与运动员的长期训练积累和个体差异密切相关。

（一）外部负荷

普拉托诺夫对于外部负荷的理解提供了一个全面而细致的框架。他将负荷细分为练习性质、练习强度、工作的持续时间、休息间歇的性质和持续时间以及练习的重复次数五个关键元素。这些元素共同构成了训练负荷的基础

---

① 马特维也夫. 体育理论与方法 [M]. 北京：北京体育大学，1994：42-43.

（如图3-1所示），它们之间的相互作用决定了训练对运动员机体的具体作用方向和程度。其中，练习性质涉及训练的具体类型（如有氧或无氧，力量训练或耐力训练），能够影响训练的目标和预期效果，每种训练类型会对运动员的身体产生不同的影响，调整练习性质可以帮助运动员全面发展，避免单一训练模式带来的局限；练习强度是训练负荷中能直接体现运动员努力程度的因素，决定了运动员在训练中所承受的压力大小，适宜的练习强度可以有效提升运动水平，过高或过低的强度都可能导致训练效果不佳或造成运动伤害；工作的持续时间不仅包括单次练习的时间长度，还涵盖了整个训练周期中的总训练量，要求教练员和运动员精准控制训练时间，以确保训练量和运动员的恢复能力相匹配；休息间歇的性质和持续时间以及练习的重复次数共同决定了训练的密度，即训练和恢复的平衡，适当的休息可以帮助运动员恢复体力，提高训练的连贯性和效率，而不合理的休息安排可能导致训练效果下降或增加受伤风险。

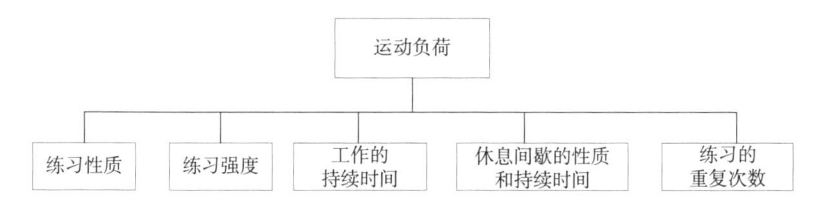

图 3-1 普拉托诺夫的负荷构成

练习性质在运动训练中的重要性不可小觑，它直接影响着运动员体内机能的变化和训练效果的实现。练习性质强调了训练计划设计时必须考虑各项运动的特点和运动员训练内容的具体需求。练习性质的选择与调整基于运动项目的特性及运动员的个体差异，旨在最大化训练效率并针对性地提高运动员的运动水平。以卧推训练为例，尽管所有运动员可能面对相同重量的训练负荷，但这一负荷对不同项目运动员的影响却大不相同。例如，对于皮划艇运动员而言，训练和比赛中上肢的使用频率和强度远高于下肢，因而相同重量的卧推对皮划艇运动员而言可能只构成中等负荷，他们的上肢肌肉群因长期针对性训练而发达，对此类训练的适应性较高，同样的训练负荷引发的生理反应较为温和。

练习强度作为运动训练中的关键概念，反映了运动员在完成特定练习时，体内各种机能系统活动的紧张程度。练习强度直接影响着运动员身体的适应性反应，从而决定了训练的效果及训练对运动技能和体能的改善方向。合理的练习强度可以使运动员有效地操控能量系统的利用模式和机能系统的活动强度，进而对运动技术和基本体能参数产生具体影响。单位时间内完成的工作量及所消耗的能量是衡量工作强度的直观指标，可以帮助教练员和运动员理解和调整训练负荷，确保训练目标的实现。位移速度和生物化学反应的方向也与工作强度密切相关。这些因素共同作用，决定了训练的生理反应和适应性改变。

具体而言，训练强度可以分为四个层次，每个层次对应不同的能量系统和机能系统的活动：一是最大无氧功率强度。它与非乳酸性无氧能量释放的最快速率相关，且这种强度的训练有助于提高运动员的爆发力和短时高强度表现能力，主要通过非乳酸性能量系统供能。二是竭尽功率强度。此时无氧糖酵解过程达到最高水平，这种强度的训练能够促进无氧能量供应的糖酵解机制，增强组织在严重缺氧条件下的适应能力，提高运动员的无氧耐力。三是临界功率强度。它是指有氧代谢过程达到最快速率的工作强度，这个层次的训练能够同时促进有氧和无氧代谢过程，有助于提升运动员的综合耐力和效率。四是无氧阈功率强度。当工作强度不超过无氧代谢阈值时，能量供应主要依靠有氧代谢过程，并且这种强度的训练对提高运动员的有氧代谢能力极为有效，有利于维持长时间的运动状态。

工作的持续时间在运动训练的语境下具有极为关键的地位，直接影响着训练的种类、强度和最终效果。训练过程中练习的持续时间可以涵盖极为宽广的范围，从短暂的几秒钟的爆发力训练到长达数小时的耐力训练，不同的运动项目和训练目标决定了对练习持续时间的具体需求。在实施训练计划时，考虑练习的持续时间是为了精确地调节和控制训练负荷，确保运动员能够在特定时间内完成既定的训练任务。短时间内的高强度训练（如短跑或举重）主要针对的是提高运动员的爆发力和快速力量，侧重于无氧能量系统的开发。这种训练通常持续时间较短，但要求运动员以最大努力完成，以达到增强肌肉力量和速度的目的。长时间的练习（如长跑、骑行或游泳等）旨在提升运动员的耐力和有氧代谢能力。这类练习的持续时间通常在数十分钟到几小时之间，强度相对较低，但能有效提高心肺功能和肌肉的有氧利用能力。通过这样的训练，运动员可以增强长时间运动的耐受性，提升整体的运动水平。

休息间歇的性质和持续时间与工作强度紧密相连，共同决定了训练的主要作用方向及效果。训练中的休息间歇不仅是简单的停止活动，还是一个复杂的恢复过程，通过精确调节休息间歇可以极大地影响运动员的体能恢复和训练效率。在设计训练计划时，休息间歇可被划分为消极性休息和积极性休息，每种休息方式对恢复过程和训练成效有不同的影响。消极性休息指的是在训练间隙，运动员完全停止运动活动。这种休息方式适用于训练强度极高或需要快速恢复精力的情形。通过完全的休息，运动员的体能得以迅速恢复，为下一轮高强度训练做好准备。然而，在一些情况下，特别是在训练强度不是特别高时，采取消极性休息可能不会带来最佳的恢复效果。积极性休息指的是运动员在训练间歇进行轻度或中等强度的活动，如慢跑、拉伸或其他低强度的补充练习。积极性休息的目的是通过促进血液循环和代谢过程，加速乳酸和其他代谢废物的清除，从而加快恢复过程。积极性休息的效果与练习的强度成正比，即随着训练强度的增加，积极性休息带来的恢复效果更为显著。此外，积极性休息的效果还取决于所选择的补充活动的性质和强度，合理地选择补充活动可以促使恢复效率最大化。

练习的重复次数是设计训练计划时的一个重要因素，直接影响着训练负荷的总量及运动员对负荷的生理反应。通过调整练习的重复次数，教练员可以有效地控制训练的强度和目标，从而有针对性地提高运动员在特定领域的能力。以足球训练为例，快速运球射门这一技能动作本质上主要依赖于运动员的非乳酸性无氧能力，使运动员在没有氧气参与的情况下短时间内发挥出最大的爆发力。在初期的几次练习中，运动员能够以较高的速度和力量完成动作是因为体内的非乳酸性无氧系统能够提供足够的能量支持。然而，随着练习次数的增加，运动员的能量系统逐渐转向使用糖酵解系统，糖酶解系统是一种无氧能量供应方式，但与非乳酸性系统不同，它会产生乳酸作为代谢产物。血液中乳酸水平的显著升高表明运动员的能量供应方式已经发生变化。此时，继续进行练习将进一步激发糖酵解系统的活性，提高该系统的能力。

在运动训练理论与实践中，对负荷构成的理解是实现训练目标和优化训练效果的基础。人们普遍认为，训练中的任何一个负荷都是由负荷强度和负荷量这两个核心维度构成的。这一理念不仅被多数研究者支持，还成为制订有效训练计划的重要指导原则。迪特里希·哈雷的见解进一步细化了负荷构成的概念，将负荷分解为刺激强度、刺激密度、刺激时间、刺激量以及训练次数五个具体的表现形式，具体如图3-2所示。这一分类不仅为理解负荷的复杂性提供了清晰的框架，还指出了调节训练负荷以达到预定训练效果的多个操控点。

```
                        运动负荷
    ┌──────────┬──────────┼──────────┬──────────┐
  刺激强度   刺激密度   刺激时间    刺激量    训练次数
```

图3-2　迪特里希·哈雷的负荷构成

在运动训练的理论与实践中，刺激强度被普遍认为是影响训练效果的关键因素之一。刺激强度描述了训练过程中每一次刺激的强度水平（如表3-1所示），或者在单位时间内完成的工作量。这一概念至关重要，因为它直接关系到训练的目标、方法及最终成效。不同类型的练习，无论是力量、爆发力还是速度型训练，都需根据特定的刺激强度来设计，以确保训练的针对性和有效性。对于刺激强度的理解和应用，教练员可以通过将刺激强度划分为不同强度单位来实现（如表3-2所示）。这种方法便于教练员和运动员理解和执行训练计划，同时便于评价训练的实际效果。在力量、爆发力和速度型练习中，最大刺激强度可以被定义为运动员能够承受的最高强度，如运动员在某一训练项目中所能承受的最大负荷，或是与他们个人最好成绩相对应的强度水平。从最大刺激强度出发，向下可以细分出不同的强度等级，每一级别都有其特定的训练目的和预期效果。

表 3-1　刺激强度水平

个人最大负荷强度的百分比	强度等级
30%～50%	最小强度
50%～70%	小强度
70%～80%	中强度
80%～90%	次最大强度
90%～100%	最大强度

表 3-2　刺激强度单位

类型	单位
耐力型和速度型	速度（米/秒）或运动频率（如跳绳运动）
力量型和爆发力型	阻力大小（牛）
跳类和投掷类	距离或高度（米）
球类和对抗性项目	比赛速度和对抗速度

刺激密度表示训练中负荷阶段与休息阶段时间的比例关系，是训练计划设计中的一个关键变量，直接影响着运动员的体能消耗、恢复能力、训练负荷的吸收效率。调整刺激密度的目的是在运动员的负荷与休息之间找到一个最优的平衡点，确保训练能够在不引起过度疲劳的前提下，最大化训练效果。刺激密度的调整受训练目的和任务的制约，与刺激强度和刺激时间密切相关。例如，如果训练目标是提升运动员的耐力，那么训练中的负荷阶段可能会较长，休息时间较短，从而形成高密度的训练模式；如果训练目标是增加爆发力，那么每次高强度的负荷后，运动员都需要较长的休息时间，以确保训练质量，从而形成低密度的训练模式。

在训练学领域中，刺激时间的本质就是运动员进行高强度训练的持续时间，需与训练量（训练的总负荷）精确配合，以促进最佳的身体适应。具体而言，增加刺激时间会提升体能和技能水平，但过量的刺激时间可能导致过度训练，进而引起疲劳累积，影响恢复。合理调整刺激时间，确保训练强度与运动员的恢复能力相匹配，是提升效率和安全性的关键。训练量的适当增减也应考虑到运动员的体能反应和比赛需求，避免身体损伤和心理压力。

"刺激量"这个概念强调了训练量的累积效应,即训练刺激只有达到一定的量级时,才能有效地促进运动员的身体能力的发展、意志品质的提升以及运动技能的完善。这种训练原则适用于各种类型的运动训练,包括力量、耐力、速度训练以及技术动作的学习。运动训练的刺激量可以通过多种单位来衡量,包括训练时间的总和、练习的重复次数等(如表3-3所示)。这些量化指标为教练员和运动员提供了具体的参考,以便科学地规划和执行训练计划。例如,在力量训练中,刺激量可能表现为完成特定重量举重的总次数;在耐力训练中,刺激量可能是跑步的总距离或总时间;而在技术训练中,刺激量可能是特定技术动作练习的重复次数。

表3-3 刺激量单位

类型	单位
周期性耐力练习	千米
力量耐力	练习或动作的重复次数
力量训练	负荷重量总和(千克)
体操、球类和对抗性项目	有效负荷时间

训练次数对运动员运动水平的影响也很关键。运动次数安排过多可能会增加运动负荷,使运动员感到疲劳,甚至造成运动损伤;运动次数不够则达不到理想的训练效果。因此,在运动训练中,教练员应合理安排训练次数,使运动员在训练中能够得到全面的提升。

哈雷博士在对运动训练负荷的分析中,提出了一个创新的观点,将负荷量和负荷强度视为训练中不可分割的整体。这一观点为后来的研究者提供了一个全新的分析框架,促使他们在哈雷博士观点的基础上进一步细化对负荷量和负荷强度的理解。通过对这两个概念的深入分析,研究者能够更精确地把握训练负荷的特性,从而设计出更有效的训练计划。负荷量和负荷强度虽然在概念上是相互独立的,但在实际训练中它们是相互影响、相互制约的。负荷量主要指的是训练的总量(如练习的持续时间、重复次数或负荷距离),反映了运动员在一次训练中完成的总工作量。负荷强度则是指训练负荷的力度(如重量、速度、运动员所感受到的努力程度)。它决定了训练对身体的刺激程度。

田麦久先生在其研究中提出了关于运动训练负荷的重要观点，强调训练负荷既包含量的特征也包含强度的特征。这一理论为理解和应用训练负荷提供了全面的视角，强调了在设计训练计划时需要同时考虑负荷的数量特征和刺激深度。量的大小可以反映训练对运动员机体的刺激程度，强度方面则反映了这些刺激的深度或强度，具体如图 3-3 所示。负荷量的大小通常通过多种指标来衡量，包括次数、时间、距离和重量等。这些指标为训练量的量化提供了具体的衡量方法，使教练员能够根据运动员的训练需求和目标，精确地调整训练计划。

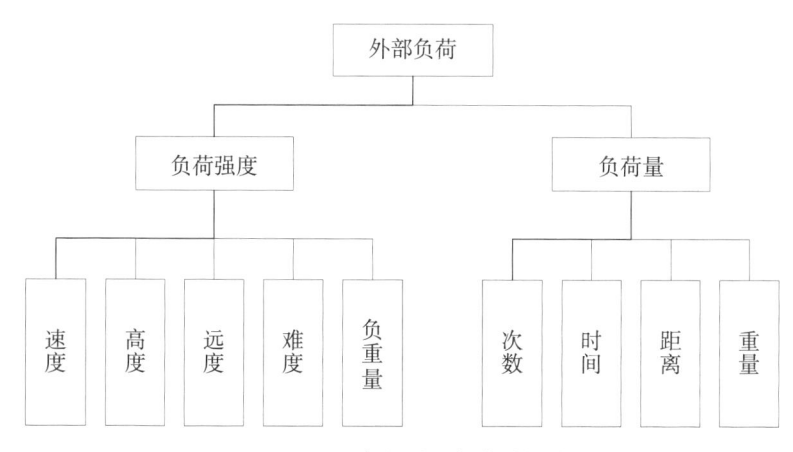

```
                    外部负荷
           ┌───────────┴───────────┐
        负荷强度                  负荷量
    ┌───┬───┬───┬───┐       ┌───┬───┬───┬───┐
   速度 高度 远度 难度 负重量  次数 时间 距离 重量
```

图 3-3　田麦久训练负荷的构成

负荷强度在运动训练中的定位极其关键，它直接关系训练的效果和运动员的适应性。为了精准地衡量和调整负荷强度，教练员和运动员利用了一系列具体的指标，如练习的速度、远度、高度、单项练习的负重量以及练习的难度等。这些指标根据运动项目的特性和训练目标的不同而有所不同，为训练提供了量化的依据。练习速度作为周期性运动项目（如长跑、游泳、自行车等）衡量专项训练强度的主要指标，能够反映运动员在单位时间内的运动效率和能力。通过控制和调整练习速度，教练员可以有效地针对运动员的耐力、速度和爆发力等多方面能力进行训练。对于跳跃和投掷类项目（如跳高、跳远、标枪等），高度和远度则成为衡量训练强度的关键指标。这些指标能够直观反映运动员在特定技能上的运动水平，通过不断提高高度和远度的目标，可以激励运动员提升其爆发力和技术水平。在负重练习中，单次负荷的重量是衡量训练强度的直接标准，适用于力量训练和体能训练等。通过与运动员的最大负荷能力（最大负重量）相比，所使用的负荷重量的百分比能够清晰地表示训练强度的等级。这种方法使训练可以根据运动员的实际情况和进步情况进行个性化的调整。练习的难度也是一个重要的衡量标准，特别是在技术性较强的运动项目中。难度的提升往往要求运动员具备更高的技术熟练度和身体协调性，通过逐步增加练习难度，教练员可以有效促进运动员技术水平的提高。

学者过家兴等在其研究中深入探讨了外部负荷的量与强度对有机体的刺激及引起的不同反应。他的观点为运动训练中的负荷管理提供了重要的理论依据，特别是在如何平衡负荷量和负荷强度以达到最优训练效果的问题上。负荷量和负荷强度虽然是两个独立的概念，但它们在实际训练中是相互作用、相互影响的[①]，具体如图3-4所示。负荷量主要体现在训练中练习的总量上，如练习的次数、时间或总重量。虽然负荷量的特点是对有机体的刺激相对温和，但是刺激的累积作用能够引起机体产生稳定而持久的适应性改变。这种适应性改变虽然发展速度较慢，但比较稳定，消退速度也较慢。因此，负荷量对于长期的训练目标尤为重要，特别是在耐力、技术熟练度以及长期技能学习方面。相对而言，负荷强度则侧重于练习的强度水平，如练习的速度、使用的重量、高度或远度等。负荷强度的特点是对有机体的刺激较为强烈，能够在较短时间内迅速提升身体机能水平，如力量、速度和爆发力的增强。然而，由于强度较高的训练给有机体带来的压力也相对较大，因此负荷强度引起的适应性改变虽然发展快速，但是不够稳定，一旦停止高强度训练，适应性改变很快就会消退。

---

① 吕予锋，侯菊芳. 对运动负荷概念和篮球运动心率负荷控制的理论分析 [J]. 首都体育学院学报，2002，14（4）：34-37.

第三章 田径运动训练的理论基础

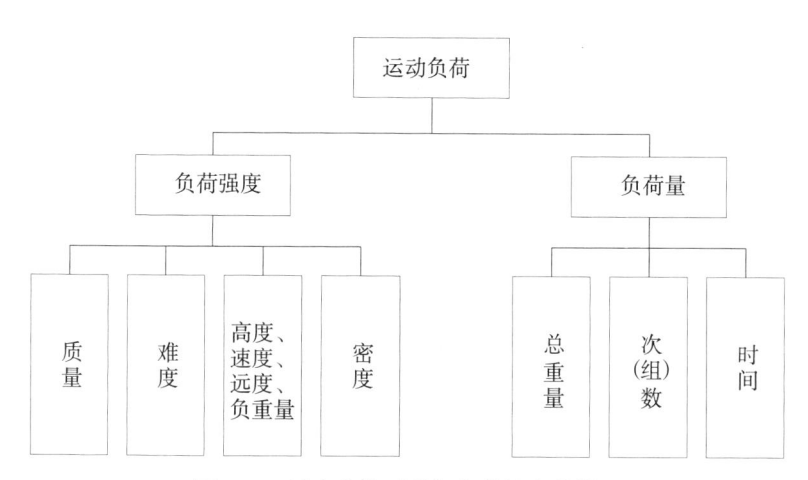

```
                    运动负荷
                   ／      ＼
               负荷强度      负荷量
              ／ ｜ ｜ ＼    ／ ｜ ＼
           质量 难度 高度、密度  总重量 次(组)数 时间
                  速度、
                  远度、
                  负重量
```

图 3-4　过家兴等对外部负荷构成的描述

在运动训练负荷构成的分析中，田麦久先生提出了包含量与强度两个方面的综合视角。他在讨论负荷量时明确提出"距离"指标，这在一定程度上提高了负荷量度评价的全面性。随着 GPS 和 Time-Motion 系统等现代技术工具在体育领域的广泛应用，教练员和技术人员能够精确地追踪和分析运动员在训练过程中的移动距离。这些技术的应用不仅提高了训练数据收集的效率和准确性，还极大地丰富了对训练负荷量的理解和评估。通过分析运动员在训练中覆盖的总距离，教练员可以更精确地调整训练计划，以确保训练负荷与运动员的体能状态和训练目标相匹配。过家兴等在描述负荷强度时，除了考虑到速度、高度、远度、负重量和难度等传统指标，还增加了"质量"和"密度"这两个维度。这一点表明了他对于运动训练负荷强度复杂性的深刻理解。质量指的是训练执行的准确性和技术水平，强调了技术动作的完成质量对于提高训练效果的重要性；密度则关注训练密集度，即在单位时间内训练强度的累积效果，对于设计高效率的训练计划具有指导意义。

在运动训练理论与实践中，负荷强度的重要性被众多研究者所强调。特别是在过家兴等[1]和喻慕侃[2]的研究中，两人共同指出了负荷强度在运动训

---

[1] 过家兴，董国珍，洪其典，等 . 运动训练学 [M]. 济南：山东教育出版社，1986：67-68.

[2] 喻慕侃 . 现代运动训练理论与方法 [M]. 武汉：湖北省体育运动委员会，1988：24.

练中的核心地位，并明确提出负荷强度对于运动员身体适应过程的影响远大于负荷量。这一观点揭示了运动训练负荷管理的重要原则，即在设计和实施训练计划时，应特别强调和精确控制负荷强度。其原因包括以下两个方面：

第一，负荷强度是训练目的的直接反映。在竞技体育领域，所有训练活动的最终目标都是提高运动员在比赛中的成绩。竞赛往往要求运动员能够在参赛过程中保持一定的强度，特别是在体能主导类项目中，运动员能否在比赛中展现出好的状态，直接关系比赛的胜负。因此，训练中的负荷强度设置必须与运动员在比赛中的强度相匹配，以确保训练效果能够直接转化为比赛效果。

第二，负荷强度直接影响有机体的用力程度和适应反应。单位时间内的用力程度决定了训练的负荷强度，而恰当的负荷强度刺激是引发有机体适应过程的关键。没有适当强度的刺激，有机体就无法进行有效的适应，无法提高其功能和运动水平。这说明负荷强度在训练中具有十分重要的作用，是引发有机体良好适应及实现训练目标的前提条件。从这一角度出发，负荷强度和负荷量虽然都是构成外部负荷的关键因素，但两者的作用并不完全相同。负荷量更多关注的是训练的总量（如训练的持续时间、重复次数等），对有机体的刺激效果更为缓和且稳定，适合长期的体能和技能训练。相比之下，负荷强度则更侧重于训练的质量和强度水平，刺激效果更为迅速和直接，是短期内提升运动员特定能力（如力量、速度和爆发力）的关键。

纵观以上论点不难发现，普拉托诺夫和哈雷博士在其研究中，虽未直接以"负荷量"与"负荷强度"这一术语来阐述外部负荷的概念，但两人对训练负荷的深入讨论实质上已经涵盖了这两个重要的维度。两人的研究成果强调了负荷量和负荷强度在运动训练中的重要作用，并且这两个指标共同构成了外部负荷的核心，对运动员身体的刺激效果和适应过程产生了直接影响。其中，负荷量通常指的是训练的总量（如练习的次数、总时间或总距离），反映了运动员在一定时间内接受训练刺激的总和。从普拉托诺夫和哈雷博士的观点来看，负荷量的刺激对于有机体而言相对温和，因而所引发的适应过程虽然发展速度较慢，但是稳定性较好，且不易消退。这种特性使负荷量成为长期训练计划中十分重要的组成部分,特别是在耐力、技术熟练度以及长期技能学习方面发挥着关键作用。相对而言,负荷强度则侧重于训练的力度(如练习的速度、使用的重量、高度或远度等)。它直接决定了训练对运动员有机体的刺激程度。普拉托诺夫和哈雷博士认为,负荷强度的刺激相对强烈,能够较快地促进运动员身体机能水平的提升。然而,由于这种刺激的强度较高,引起的有机体适应虽然发展迅速,但是稳定性较差,因此一旦停止或减少相应的训练强度,适应性改变很快就会消退。

哈雷博士和普拉托诺夫对运动训练中外部负荷的理解为其他研究者提供了更为全面和深入的视角,不仅强调了负荷量和负荷强度的重要性,还指出训练手段、训练方法、组织形式、练习性质以及间歇性质和持续时间等因素在定义和分析外部负荷中的关键作用。[1] 这些元素共同构成了训练负荷的复杂体系,影响着训练的方向和效果,为教练员在制订训练计划时提供了重要的考量因素。

练习性质的确定对训练目标的实现具有决定性影响。不同的练习针对的身体机能和运动技能各不相同,使运动员身体机能发生变化的显著程度也会有所不同。例如,力量训练和耐力训练针对不同的身体机能,分别要求不同的训练负荷和训练方法。因此,练习性质的选择需要与训练目标紧密相连,明确练习性质能够确保训练方向的准确性和有效性。在此过程中,教练员需要深入了解各种训练手段和方法,以及它们对运动员身体机能的具体影响,从而作出科学的训练安排。间歇性质和持续时间同样是训练负荷中不可忽视的因素。这些因素与训练强度相结合,共同决定了训练的总体负荷和恢复需求,影响着训练的效果和运动员的体能适应程度。间歇的调整不仅关乎运动员的恢复,还是控制练习效果的关键手段。合理的间歇设计可以帮助运动员更好地恢复,同时保证训练强度的连续性和稳定性,从而优化训练成果。另外,马特维也夫关于休息间歇的观点进一步强调了在训练中恢复的重要性。调整间歇时间不仅可以促进运动员的体能恢复,还能通过控制训练的总负

---

[1] 普拉托诺夫.运动训练的理论与方法[M].北京:高等学校出版联合会总出版社,1984:76-77.

荷，避免过度训练和潜在的运动损伤，同时增强训练的针对性和个性化。[①]

通过细致梳理研究者对于外部负荷的理论和实践可以清晰地看到，外部负荷的构成是多元的和复杂的，不仅涉及练习的性质、负荷强度和负荷量，还包括间歇的性质及持续时间。这四个方面共同决定了训练的整体结构和效果，对运动员的身体机能和技能有着直接影响。具体而言，练习的性质反映了训练的目的，是训练计划设计的出发点。练习的性质决定了训练所针对的体能成分或技能，如力量训练、耐力训练、速度训练等，每种训练都有其特定的目标和预期效果。明确练习的性质有助于教练员和运动员清晰地了解训练的方向，确保训练的针对性和有效性。负荷强度涉及多个维度，包括高度、速度、远度、负重量、质量、难度和密度等指标。这些指标共同反映了训练的力度和强度水平，是衡量训练刺激强度的关键因素。不同强度的训练会对运动员的身体适应产生不同的影响，高强度训练能够快速提高身体机能，但需要合理控制以避免过度训练和伤害。负荷量主要通过总重量、距离、次（组）数和时间等指标来衡量，反映了训练的总量。适当的训练量是实现训练目标的前提，过多或过少的训练量都可能影响训练效果。负荷量的合理安排有助于运动员实现长期稳定的进步和体能的全面发展。间歇性质包括积极性休息和消极性休息，间歇的持续时间则包括充分间歇、不充分间歇、短时间歇和延长间歇。间歇的设计是训练计划中的重要组成部分，直接关系运动员的恢复效率和训练连续性。合理的间歇安排可以提高训练效率，促进运动员的快速恢复，同时通过控制训练的总负荷防止过度训练。外部负荷的系统构成如图3-5所示。

[①] 马特维也夫. 体育理论与方法 [M]. 北京：北京体育大学，1994：43-44.

```
                    ┌──────────┐
                    │ 外部负荷 │
                    └────┬─────┘
        ┌────────────┬───┴────┬──────────────────┐
   ┌────┴───┐  ┌────┴───┐ ┌──┴───┐  ┌───────────┴──────┐
   │练习性质│  │负荷强度│ │负荷量│  │间歇性质及持续时间│
   └────────┘  └────────┘ └──────┘  └───────┬──────────┘
                                      ┌─────┴─────┐
                                   ┌──┴───┐  ┌────┴───┐
                                   │间歇性质│ │持续时间│
                                   └──────┘  └────────┘
```

负荷强度下：高度、速度、远度、负重量、质量、难度、密度

负荷量下：总重量、距离、次(组)数、时间

间歇性质下：积极性休息、消极性休息

持续时间下：充分间歇、不充分间歇、短时间歇、延长间歇

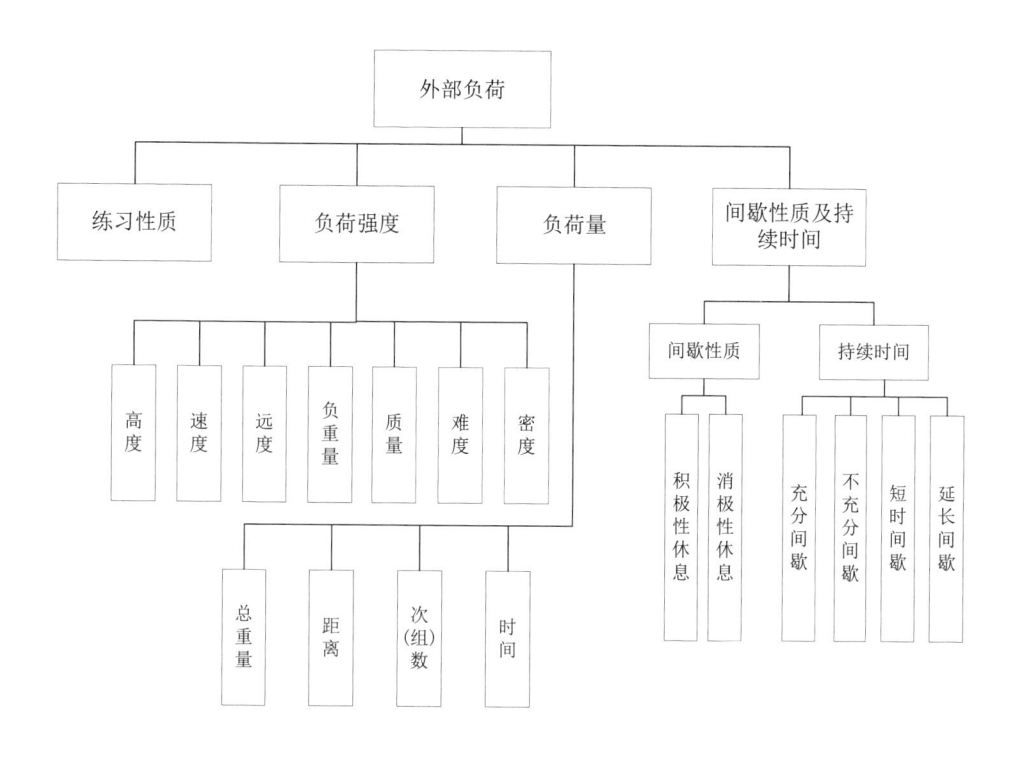

图 3-5　外部负荷的系统构成

（二）内部负荷

过家兴等和马特维也夫的研究强调了内部负荷在运动训练中的重要性，特别是在监测和评估训练效果方面。通过分析心率、血压、血乳酸等指标，教练员和运动员可以获取关于体能状态和训练负荷适应性的直接信息。过家兴等提出的心率、血压和血乳酸等常见生理生化指标，为广大学者提供了一种评估内部负荷的基本方法。这些指标能够反映运动员在特定训练负荷下的生理反应程度，有助于教练员判断训练的强度是否适宜以及运动员是否达到了预期的训练效果。马特维也夫进一步拓展了内部负荷的指标体系，包括心脏收缩频率、肺通气量、摄氧量、每搏血量和每分血量的提高程度等。这些更为详细的生理指标能够为运动训练提供更精确的评估依据，帮助教练员细致地监测运动员的体能变化和适应程度，确保训练计划的科学性和个性化。普拉托诺夫则提出，除了训练中和训练后产生的急性反应指标，内部负荷还

应考虑机体恢复过程的性质及持续时间的相关指标。这意味着内部负荷的评估不应局限于训练过程中和训练结束后立即产生的生理响应，还应包括运动员在整个恢复周期内的生理状态变化。[①] 这种全面的评估方法能够提供关于运动员恢复能力和长期适应性的重要信息。通过对运动反应时间、用力的性质和数量以及身体机能恢复、肌糖原储备、氧化酶活性、神经过程速度和灵敏度等指标进行监测，教练员可以更全面地了解运动员对训练负荷的适应情况。这不仅有助于调整训练计划、优化训练效果，还能够预防过度训练，保障运动员的健康和长期发展。

国家体育总局科教司对内部负荷的描述，提供了一个从生理生化监测角度对运动训练负荷进行细致分类和评估的方法。这种方法通过将内部生理生化指标与负荷强度及负荷量相关联，为教练员和运动科学研究人员提供了一种科学的、精确的手段来评价运动训练的实际效果和观察运动员的身体反应。其中，负荷强度的评估主要通过血乳酸和心率这两个指标来进行。血乳酸作为运动后机体产生的一种代谢物，其浓度的升高直接反映了运动强度的增加及无氧代谢的启动，是评估训练负荷强度和运动员无氧耐力的重要指标。心率作为评估心血管系统反应和运动强度的另一个重要指标，其变化能够实时反映运动对身体的影响程度，与运动强度呈正相关。累积强度的评估则涉及训练后的尿蛋白以及次日清晨的血清肌酸激酶、血红蛋白、尿蛋白和尿胆原等指标。这些指标的变化不仅能够反映一次训练对有机体造成的累积影响，还能指示有机体恢复状态和潜在的训练风险。例如，血清肌酸激酶的升高表示肌肉损伤和疲劳的增加，尿蛋白的变化则可以作为肾功能受损和身体过度疲劳的一个警示。负荷量的评估主要通过训练后的尿蛋白、尿酮体以及次日清晨的尿素氮、血红蛋白、尿蛋白、尿酮体等指标来进行。[②] 这些指标反映了训练量对身体产生的影响，尤其是对肾功能和肌肉代谢能力的影

[①] 普拉托诺夫. 运动训练的理论与方法 [M]. 北京：高等学校出版联合会总出版社，1984：55-56.
[②] 国家体育总局科教司. 现代教练员科学训练理论与实践 [M]. 北京：人民体育出版社，2015：28-29.

响。例如，尿酮体的变化可以表示能量代谢的变化，血尿素的变化则与蛋白质代谢和身体恢复能力相关。血红蛋白和尿蛋白由于对负荷强度和负荷量均有反应，因此这两项指标通常作为辅助指标与其他指标一起使用，以更全面地评估训练负荷的影响。通过这些生理生化指标的综合分析，教练员和运动科学研究人员可以科学地判断训练的适宜性，监测运动员的健康状况和训练状态，及时调整训练计划，以实现最佳的训练效果和运动员的长期发展。

由此可见，广大学者通过分析有机体不同系统的反应来构成内部负荷的概念，强调了心率、血压等循环系统反应，肺通气量、摄氧量等呼吸系统反应，肌糖原储备、氧化酶活性等能量代谢系统反应，以及尿蛋白、尿胆原等内分泌系统反应的重要性。心率和血压作为循环系统的关键指标，可以直观地反映运动负荷对心血管系统的影响，在高强度训练或比赛中，心率和血压的显著变化揭示了心血管系统适应运动负荷的能力。肺通气量和摄氧量是呼吸系统对训练负荷反应的重要指标，不仅能够反映运动员在运动过程中气体交换的效率，还是评估运动员耐力和有氧能力的关键参数。尿素氮肌糖原储备和氧化酶活性揭示了运动员在运动过程中能量的利用和产生情况。这些指标直接关系到运动员的持久力和恢复能力，对于制订科学的训练计划和饮食补给策略至关重要。尿蛋白的水平能够揭示肾脏受损情况或身体的应激反应，在高强度训练后会明显升高。这种增加暗示着身体可能正在经历过度训练或未能充分恢复，需调整训练计划以防止长期健康问题。尿胆原的水平同样重要，它反映了肝脏功能和身体对训练负荷的适应性。尿胆原水平的变化可以揭示肝脏受损的情况或身体对训练压力的响应。在连续的高强度训练或比赛后，如果尿胆原水平升高，运动员可能需要更多的恢复时间和营养支持。这些变化不仅能够反映运动对身体造成的压力，还可以作为监测运动员恢复状态和过度训练风险的重要指标。

在内部负荷的研究中，生理负荷常常被重点关注，而心理负荷的作用和影响有时却被忽视。这一现象可能是因为心理负荷比较难以直接量化和衡量，但这并不会降低心理负荷在训练和比赛中的重要性。徐本力的研究提出，心理负荷在运动训练中扮演着不可忽视的角色，主要由大脑和中枢神经系统承受，与运动员的情绪、认知、动机及压力管理等心理状态紧密相关。徐本力认为，大脑在运动过程中的能量消耗占机体总能量消耗的六分之一。这一数据显著地反映了心理活动在整体能量消耗中的比例。而大脑和中枢神经系统的疲劳不仅会影响思维和决策的清晰度，还会直接作用于人体各器官系统的工作效率，影响运动状态，加剧疲劳程度，缩短到达疲劳阈值的时间。[1] 因此，心理负荷的管理成为提升训练效果、防止过度训练和保持良好竞技状态的关键。认识到心理负荷的影响后，教练员和运动科学专家应当采取相应措施来管理和优化运动员的心理状态，包括实施心理训练技巧（如放松训练、目标设置、自我暗示等）以增强运动员的心理韧性，提高压力下的表现能力。通过监测和评估运动员的心理状态，教练员可以及时发现潜在的心理负荷问题，采取措施进行干预，从而维护运动员的心理健康，改善训练和比赛状态。

纵观以上论述观点可以看出，内部负荷的概念是运动科学中对运动训练影响的深入理解。它不仅包括对运动员身体机能的影响，还涵盖了对心理状态的影响。这种综合性的分析方法揭示了运动训练对运动员的全面影响，不仅包括生理层面，还包括心理层面。内部负荷的多维度分析提供了一种更全面的视角，以评估训练的效果和运动员的适应性。生理负荷涉及多个系统，包括骨骼肌系统、循环系统、呼吸系统、能量代谢系统、内分泌系统、感觉系统和神经系统。这些系统的反应共同构成了运动训练对运动员生理状态的全面影响。例如，骨骼肌系统的反应表现为肌肉的力量和耐力变化；循环系统的反应可以通过心率和血压变化来观察；呼吸系统的影响反映在肺通气量和摄氧量上；能量代谢系统的变化通过血乳酸等指标来衡量；内分泌系统则通过激素水平的变化影响运动员的生理状态；感觉系统和神经系统的反应关乎运动员的感觉敏锐度和神经控制能力。心理负荷涵盖了认知、感情和意识心理状态的变化。运动训练中的心理负荷体现为运动员面对训练压力时的认知处理、情绪反应以及意识水平的变化。例如，认知方面可能涉及对技术动

---

[1] 徐本力. 运动训练学 [M]. 山东：山东教育出版社，1990：33-34.

作的学习和记忆；感情方面包括对训练压力的情绪反应，如焦虑、兴奋或挫败感；意识心理状态则涉及运动员的注意力集中、意志力和自我调节能力。这些生理和心理负荷的变化可以通过训练中、训练后以及恢复过程三个时间点来反映。在训练中，运动员的生理和心理状态会及时反应训练负荷；训练结束后，运动员的身体开始恢复，此时的生理和心理指标可以反映训练的即刻影响；在训练后的恢复过程中，运动员身体和心理状态的变化则反映了训练负荷的长期适应性。内部负荷的系统构成如图 3-6 所示。

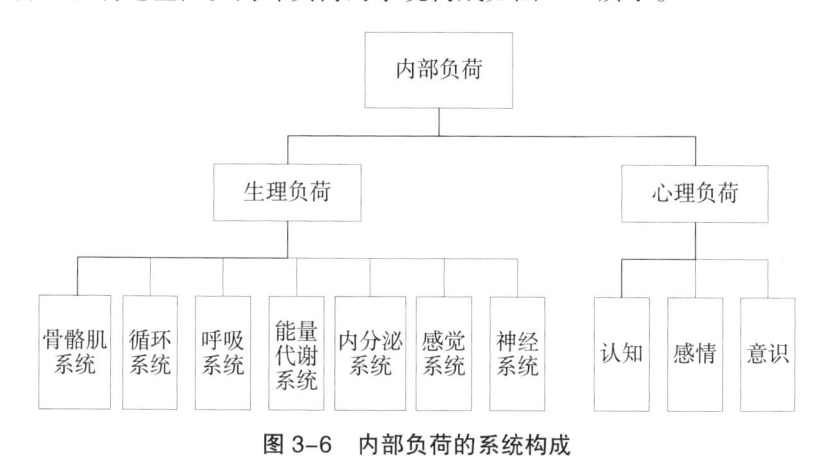

图 3-6 内部负荷的系统构成

第二节　运动生理学与田径运动训练

一、运动生理学的核心概念

（一）体能消耗

体能这一概念虽源自美国，却在全球范围内被广泛研究和讨论，各国学者从不同的文化和语言背景出发，给予了它丰富而多样的解释和含义。在广义上，体能被理解为人体适应外部环境的能力。这一定义不仅包含了身体的物理性质（如力量、速度、耐力等），还涵盖了对外界环境变化的适应性和调节能力。这种广泛的定义使体能成为衡量个体健康和活力的重要指标之一。不同国家对体能的称谓各有侧重，但其核心思想相通。德国将体能称作"工作能力"，强调个体完成任务和工作的能力；法国将体能称为"身体适性"，侧重身体与环境之间的适应关系；日本用"体力"来描述体能，更倾向于体现身体的耐力和力量；而在我国，"体适能"一词被广泛使用，强调的是身体适应外界环境的综合能力，与广义上的体能定义相契合。这些不同的表述反映了各国文化对体能理解的多样性和丰富性，同时显示出体能是一个涵盖身体和环境互动的广泛概念。经过对研究观点的整理可以得出，学术界对于体能的含义主要分为两个层次：健康体能和竞技运动体能。

健康体能侧重于促进个体健康、提升日常生活活动的能力，是每个人都应该关注和提高的基本体能，包括心肺耐力、肌肉力量和耐力、身体柔韧性以及身体成分等方面。这些能力是维持健康生活方式、预防疾病和提高生活质量的基础。竞技运动体能则专指为达到在竞技体育中表现优异的目的所需的体能，包括但不限于特定运动技能的精准度、速度、力量、战术应变能力以及特定体能素质的高度发展。竞技运动体能的提升更加侧重专业训练和科学方法，以达到在高水平竞赛中胜出的目的。两者的共通之处在于，无论是健康体能还是竞技运动体能，都需要通过运动和训练来达成和提升，并且它们都以能量消耗的大小作为评估运动强度的重要标准。运动强度的控制和调整对于实现训练目标、提升体能以及避免过度训练或受伤都至关重要。

体能消耗作为衡量人体在运动过程中能量损失的指标，是运动科学领域里的一个基本概念。它不仅体现了运动强度和持续时间对能量需求的影响，还反映了个体体能状态和健康水平。在深入探讨体能消耗时，常用的单位包括焦耳（J）、千焦（kJ）以及卡路里（cal）和千卡（kcal）。这些单位能够帮助评估人员量化在特定运动活动中消耗的能量，从而对运动强度和效果进行评估。体能消耗的过程涉及多个生理系统，尤其是能量代谢系统。人体在进行运动时，需要更多的能量来支持肌肉活动和维持基本生理功能，故而使能量的消耗量增加。能量主要通过氧化分解体内的碳水化合物、脂肪和少量蛋白质来供应。这一过程产生的能量单位就是焦耳和卡路里。1卡路里约等于4.186焦耳。这个转换关系能够帮助相关人员在不同的科学研究和实际应用中进行能量消耗的精确计算和比较。例如，在运动营养学中，若要了解运动后所需能量的补充量，研究人员就需要准确计算在运动过程中消耗的能量，并以此为依据制订饮食计划；在运动训练和体能测试中，通过测量特定运动活动产生的能量消耗，评估人员可以评估运动员的体能水平和训练效果。

（二）运动节奏

运动节奏作为体育运动中的一个核心概念，反映了运动执行中的时间特征和规律性。它基于运动动作的阶段特点，通过各个动作之间的特定顺序和时间间隔的比例交替出现，形成一种独特的节奏感。这种节奏不仅存在于完整的运动过程中，还体现在运动的各个局部动作中，无论是强度较大的动作还是强度较小的动作，都遵循着这种时间规律和顺序性。在不同的运动项目中，运动节奏的具体表现形式各不相同。例如，在长跑中，一个恰当的步频和步长组合就构成了运动员的运动节奏，这种节奏有助于保持速度和节省能量；在篮球等球类运动中，运动节奏则更多地体现在传球、跑位和投篮等动作的协调和时机把握上。无论在何种运动项目中，掌握和应用正确的运动节奏都是提高运动水平的关键因素之一。

运动节奏的核心在于规律性和时间特征，两个要素共同决定了运动的流畅性、协调性和效率。规律性指的是运动动作遵循一定的顺序和模式。这种顺序和模式通过长时间的训练形成，使运动员能够在运动过程中减少能量消耗，提高运动效率。时间特征则关注动作执行的速度、节奏和时机，正确的时间特征能够确保运动动作的准确性和高效性，同时减少受伤的风险。

在山地步行运动领域，运动节奏的变化主要是通过调整运动速度和改变运动形式来实现的。运动形式的多样性（如平地步行、上下坡步行和上下台阶运动等）为运动节奏的调整提供了丰富的选择。每种运动形式都有特定的运动要素和阶段特点，不同运动形式的组合可以有效地实现运动节奏的变化,从而满足不同训练阶段和运动目标的需求。平地步行是最基本的运动形式,其节奏相对均匀,对运动员的耐力和协调性提出了基本要求。在山地步行训练中,平地步行可以作为热身或恢复阶段的运动方式帮助运动员调整身体状态,准备更高强度的训练。上、下坡步行则对运动员的体能和技巧提出了更高的挑战。上坡步行需要较大的肌肉力量和耐力,运动节奏通常较慢,以保证运动质量和安全;下坡步行则需要良好的平衡能力和控制能力,以避免下坡过快导致的运动损伤。合理安排上、下坡步行的比例和顺序可以有效提升运动节奏的变化性,增加训练的趣味性和挑战性。

(三)运动性疲劳

运动性疲劳作为运动训练和竞技体育中的常见现象,深刻影响着运动员的竞技水平和恢复过程。运动性疲劳是由于持续或高强度的运动导致的身体工作能力下降,同时伴随着生理和心理不适的感觉。对运动性疲劳的认知和管理,对于提高运动效能、预防运动伤害、确保运动员健康以及促进运动水平至关重要。心理性疲劳是运动性疲劳中较为复杂的一面,涉及运动员对运动行为的心理反应和态度。这种疲劳表现为对特定运动行为的厌烦、缺乏动力、注意力分散以及情绪波动等。心理性疲劳的成因多种多样,包括过度训练、心理压力、比赛焦虑、目标设置不合理等。长期的心理性疲劳不仅会影响运动员的训练效果和比赛状态,还可能导致运动员对运动的整体兴趣下降,甚至出现心理健康问题。因此,有效地管理和调节运动员的心理状态,增强运动员的心理韧性,为其提供心理支持和干预,是预防和缓解心理性疲劳的关键。与心理性疲劳相对应的是生理性疲劳,生理性疲劳是由于运动导致的身体内部资源(如能量储备和营养物质)无法满足运动需求所引发的不平衡状态。生理性疲劳表现为肌肉力量减退、反应速度变慢、持久力下降以及恢复时间延长等。生理性疲劳的产生与多个因素相关,包括能量代谢过程中能量供应不足、代谢废物累积、电解质平衡失调以及肌肉和其他组织的微损伤等。解决生理性疲劳需要从营养补充、恢复训练、适当的休息以及运动后恢复策略等多方面入手,以保障运动员能够快速、有效地恢复,从而维持训练和比赛的最佳状态。

二、田径运动训练的理论基础

（一）专门训练理论的概念

专门训练理论是现代运动训练学中的核心概念之一，强调在运动训练过程中所有元素的专项化定向（包括训练目标、任务、方法、手段以及负荷等）都应紧密围绕专项竞赛的具体要求进行考虑和安排。这种理论的实践体现了运动训练的科学性和针对性，在对运动成绩的细微差异具有决定性影响的高水平田径运动竞赛中尤为重要。在高水平的竞技体育中，竞赛的结果常常由极其微小的差异决定。这不仅要求运动员具备卓越的专项技能，还需要在心理、生理等多方面具有高度的专项适应能力。专门训练理论的应用正是为了通过精准的训练方法和手段，使运动员在专项运动中达到最佳状态，从而在激烈的竞争中占据优势。

专门训练又称为专项化训练，被普遍认为是提升运动成绩的核心途径。这一理念不仅在过去半个多世纪的国际体坛训练理论中得到了体现，还在各个体育项目几十年的训练实践中得到了证实。[①] 尽管如今许多教练员和学者都认识到了专门训练的重要性，但在理解专项特征这一点上仍存在不足。在现有的运动训练教材和指导书籍中，训练内容通常被分为四大类：专项训练、专项辅助训练、专项基础训练以及一般训练。这种分类方法在理论上是正确的，在实践中也是有效的。然而，关于这些分类的标准在理解上存在误区，人们通常倾向于将"专项动作"作为主要区分标准，将与专项动作有显著差别的训练内容视为非专项内容。这种方法忽略了即便是动作运动学特征相似的不同项目之间，由于工作强度的不同，其动力学特征也会存在极大差别。以田径运动为例，虽然短跑与长跑在表面上都属于跑步动作，但它们的专项特征却有所不同，短跑注重爆发力和速度，而长跑更加侧重于耐力和节奏的控制。这意味着即使是同一类动作，不同项目下的专门训练内容、方法和负荷安排也应有所区别。因此，将这些具有显著差异的动作统一归类为

---

① 延烽，郑晓鸿. 对"专项"涵义的诠释 [J]. 北京体育师范学院学报，1999，11（1）：40-43.

"专项动作"忽视了专项化训练应有的细致区分和针对性。

在现代运动训练的实践与理论研究中,专项训练的地位越来越重要。延烽、郑晓鸿教授的观点为笔者研究提供了一个明确的方向:为了有效提高运动成绩,训练重点必须放在"专项训练"上。然而,这里提出了一个关键问题:如果不明确什么是"专项",如何能够进行有目的、有针对性的训练呢?解答这个问题的关键在于对"专项"的准确理解。[①] 延烽、郑晓鸿教授基于自身丰富的训练实践经验,提出了"专项"的定义:专项是指与运动员训练水平相称的比赛本身。这一定义的核心在于将专项训练紧密地与比赛实践联系起来,强调训练内容的实用性和针对性。据此,广大学者可以将专项训练理解为直接针对比赛本身的所有内容以及与比赛极其近似的一切训练。这种训练不仅包括技术和策略的培养,还涵盖了比赛所需的心理条件、生理条件的准备。专项辅助训练是指与比赛内容相近,可以间接提升比赛状态的训练内容。这些内容虽不直接模拟比赛情境,但通过提升运动员的相关能力,可对比赛状态有所帮助。专项基础训练和一般训练则更多聚焦于运动员的基础体能和技能训练,为专项训练提供支持。通过这样的分类,训练计划的设计和实施变得更为清晰和有目的性。教练员和运动员可以根据这一框架,更精确地识别和安排训练内容,确保每一次训练都能有效地贴近比赛需求,最大化训练效果。这种以比赛为本的训练方法强调了训练与比赛之间的紧密联系,确保了训练内容的高度专项化和实用性。

魏安奎教授从运动生理学的角度深入探讨了专项训练的本质,强调了训练与比赛之间的直接相关性。他认为,为了提高运动成绩,训练的所有安排必须紧紧围绕比赛的具体要求进行。这意味着训练过程中的强度、供能方式以及神经—肌肉系统的活动类型等核心要素都应与实际比赛的情境保持高度一致。这一理念(即"比赛中比什么,训练中就练什么")为专项训练提供

---

① 延烽,郑晓鸿. 对"专项"涵义的诠释 [J]. 北京体育师范学院学报,1999,11(1):40-43.

了明确的指导原则，确保了训练的有效性和针对性。[①] 这种训练策略的实施，意味着教练员和运动员必须对比赛的各个方面有着深入的理解和分析。例如，在短跑项目中，若比赛要求运动员在短时间内跑出极高的速度，则训练就应该重点加强爆发力和加速能力的提升；在耐力赛事（如马拉松）中，训练则更多地聚焦提高有氧代谢能力和持久力。通过这样的专项化训练，运动员能够在比赛中更好地发挥自己的潜能，达到或超越个人最佳成绩。

通过对专项训练的深入解释，广大学者与教练员逐渐认识到，专项训练不仅是运动训练中的一个重要概念，还是提高运动成绩的关键因素。然而，将这一理论应用到具体的训练实践中，尤其是在专项练习动作的设计和练习方法的选择上，确实是一个挑战。这一挑战要求教练员不仅要有对所教项目技术和规律的深刻理解，还需要在实践中不断探索和创新，以发掘特别有效的训练手段。孙海平教练的例子为从事体育训练的工作者展示了专项训练实践中的智慧和艺术。他通过对高栏技术特点进行深入研究，设计出多种练习，经过长期的实践检验，逐渐筛选出最为有效的几种练习方式。从最初的30多种练习到最后常用的4～6种，这个过程体现了专项训练中对技术细节进行深入钻研和对运动员特点进行精准把握的重要性。这种方法的成功应用在刘翔的训练中成为他获得胜利的关键，同时展示了专项训练理论在实践中的巨大潜力。然而，对许多教练员而言，设计和实施有效的专项训练仍然是一个难题。这不仅是因为缺乏对项目特殊规律的深刻理解，还因为在实践中寻找最优训练方法需要教练员的创造性思维和持续的实践探索。这要求教练员具备高度的敬业精神和对运动训练科学的深入理解，同时需要对运动员的个体差异有精确的把握。

[①] 魏安奎. 专项训练的运动生理学分析与探讨 [J]. 中国体育科技，2003，39（12）：33-37.

(二)专门训练理论的依据

1. 生物适应性规律

人体的生物适应性规律在运动训练领域占据着核心的理论地位,为专门训练提供了坚实的科学基础。这一规律说明了人体对于持续的和有目的性的训练刺激能够作出适应性的变化,从而在生理系统和神经肌肉系统中形成符合专项运动要求的稳定结构。这种适应性变化是通过有针对性的训练手段实现的,故而要求教练员和运动员在训练过程中高度关注和利用这一生物规律。专门训练的组织和实施要求训练的内容要尽可能接近运动员参与竞赛的实际要求。这样,运动员的身体能够不断地适应这些特定的运动形式,逐步在生理系统和神经肌肉系统中产生专项运动所需的适应性变化。这些变化最终将形成稳定的结构,使运动员能够在比赛中发挥出较好的成绩。

如果训练内容缺乏这种专项刺激,或者训练的持续时间和强度无法满足形成稳定适应性结构的需要,那么运动员在比赛中要想取得优异成绩将变得十分困难。这不仅意味着运动员可能无法充分发挥其潜力,还意味着可能导致在关键时刻无法准确执行技术动作或应对比赛中的突发情况。因此,平时的训练应当充分考虑比赛的具体需求,通过精心设计的专项训练内容和方法,建立起符合比赛要求的适应性结构。这种结构的形成不仅依赖于训练内容的专项化,还需教练员根据运动员的个体差异和训练反应进行个性化调整,以确保每位运动员都能在专项运动中达到最佳的生理状态和技术状态。

2. 运动生理学依据

专门化训练的概念在运动训练中占有重要地位,尤其是从运动生理学角度审视,训练的主要目的就是提升有机体在专项运动时供能系统的能力。这种能力的提升直接关系到专项运动的强度和持续时间,以及如何有效地管理和优化供能系统(包括有氧和无氧供能)的能力。理解并应用这些原理至关重要,因为这些原理会直接影响运动员的能力和训练的有效性。供能系统的专门化训练的关键在于认识到供能的速率和总量是由专项运动的特点所决定的。① 例如，在长跑和短跑中，运动员供能系统的需求和训练方法大相径庭，长跑更多依赖有氧供能系统，短跑则在很大程度上依赖无氧供能系统。因此，对于周期性项目的运动员而言，保持训练中的专项技术、速度和强度的一致性非常重要，因为这会直接影响能量消耗的稳定性和生理生化机制的变化。通过精确控制训练的强度、时间、肌肉活动方式，运动员可以锻炼与专项活动相应的能量供应系统。

神经—肌肉活动结构的专门化训练同样至关重要，骨骼肌的收缩是由神经控制的，且这种收缩并非全有或全无的过程。② 这意味着当训练动作发生变化时，神经—肌肉联系方式也会相应变化。因此，非专门的训练内容、方法与手段可能导致练习了与专项要求不相符的神经—肌肉联系，进而影响运动状态。例如，在进行杠铃负重下蹲的力量练习时，改变双腿站立的宽度会明显影响臀肌和大腿肌肉的活动。这表明，即使是力量训练也必须考虑动作的具体执行方式，以确保训练效果与专项技术的要求相符。因此，教练员在设计和实施专门化训练计划时，必须深入理解专项运动的生理和生化需求，以及神经—肌肉系统的工作原理。通过精心设计训练内容、方法和手段，教练员能够确保训练过程中的每一个细节都与专项运动的实际需求保持一致。这种方法不仅能够最大化训练效果，促进运动员技术和体能的快速提升，还能有效预防训练过程中不必要的伤害，为运动员在比赛中取得优异成绩打下坚实的基础。

---

① 王喜铭，丁月兰. 竞技体育专项训练特征及其运动训练学分析 [J]. 辽宁体育科技，2008, 30（2）：49-51.
② 魏安奎. 专项训练的运动生理学分析与探讨 [J]. 中国体育科技，2003, 39（12）：33-37.

第四章　田径运动的训练方法与技巧

第一节　田径运动的基本训练方法

田径运动是一门以体能和技术为主导的速度性项目，而体能是各项技术得以充分发挥的基础所在，因而田径运动员需要具备良好的身体素质。这要求运动员不仅能够适应多样化的训练内容，还需要遵循精密、严谨的体能训练计划。在训练的基础阶段，教练员应着重采纳广泛、全面的训练内容，以避免运动员太早进入专项化训练，从而限制发展潜力。在制订年度训练内容与方法时，教练员通常会概述训练的方向，却不会详尽列出具体的练习方法。这种做法虽然指明了大致方向，但在执行层面可能导致训练的具体实施缺乏明确指导，从而影响训练效果的最大化。因此，在制订训练计划时，教练员选择合理的练习方法和手段确保训练内容既系统又具有针对性是至关重要的，同时能促进运动员身体素质的全面发展。

一、反应速度的训练

在田径运动训练中，起跑方式的多样化对于提高运动员的反应速度、爆发力和灵活性具有重要作用。通过不同的起跑练习，运动员能够提高竞技能力。例如，背向站立起跑要求运动员背对起跑线，在听到起跑信号后迅速转身并起跑。这种方式考验的是运动员的转身速度与立即加速的能力。直立向前倒体起跑是在身体失去平衡的前提下，迅速利用蹬地力量和摆臂动作起跑。这不仅锻炼了运动员的反应速度，还提高了他们控制身体平衡的能力。俯卧撑接起跑是在俯卧撑的姿势下听到起跑信号后，利用双手快速推地的力量进行起跑。这样的练习方式增强了上肢力量和下肢爆发力的协同效应。仰卧起跑要求运动员从仰卧的状态迅速起身并开始跑动。这种方式锻炼了运动员从静态到动态的快速转变能力，同时提升了其腹部肌肉的使用效率。高抬腿接起跑是在原地做高抬腿动作时，听到起跑信号后立即转换为快速跑动。这种练习模式有效提升了下肢的协调性和速度。

二、动作速度的训练

在现代田径运动训练中，针对速度和爆发力的提升，教练员和运动员可采用一系列具有针对性的练习方法。这些方法可以通过模拟比赛中可能遇到的不同情况，来提高运动员的身体反应和技术执行能力。例如，小步跑接加速跑的练习注重从低速到高速的平滑过渡，能够帮助短跑运动员在起跑阶段快速建立速度优势；高抬腿接加速跑强调下肢的力量和协调性，运动员通过高抬腿来增加腿部肌肉的活动范围，随后立即转入加速跑，以此来模拟比赛中从缓速到快速的突然变换；快速摆臂接加速跑和哑铃摆臂接快速摆臂是专门针对上肢动作的训练，强调上肢动作在加速过程中的重要作用，运动员可通过增强摆臂的力量和速度来帮助全身产生更大的推进力；听（看）信号改变跑动方向的练习注重运动员的反应速度和方向转换能力的提升，由于这种训练模拟了比赛中对突发情况的处理情境，要求运动员在极短的时间内作出判断并迅速改变跑动方向，因此有效提升了运动员在赛场上的应变能力；快速摆臂、快速高抬腿、快速跨步跳、快速弓箭步交换跳等练习则更多地专注于提高运动员执行特定动作的速度和准确性。

三、有氧耐力的训练

耐力训练是提高田径运动员长时间进行体育活动能力的重要组成部分，在训练过程中，采取多样化的训练手段是至关重要的。将不同的练习方法组合在一起不仅可以避免单一训练方法可能带来的过高或过低强度的问题，还能全面提升训练效果，更好地满足田径运动训练的特殊强度需求。慢速或快速的持续跑（约30分钟）能有效地提高心肺功能和耐力；长距离慢速跑（持续时间超过60分钟）是增强有氧耐力、提升身体对长时间运动适应能力的有效方法；法特莱克跑（持续时间为10～45分钟）可通过变化速度来模拟比赛中的速度变化，既能提高有氧耐力，又能加强运动员的心理适应能力；山地跑（约60分钟）利用地形的起伏变化增加训练难度，不仅能强化腿部肌肉力量，还能提升心肺功能；骑自行车作为一种低冲击的训练方式，能有效提升有氧耐力，同时减少对关节的损伤风险；6千米和5千米的计时跑可通过设定目标距离和时间，增加训练的针对性和挑战性；变速跑可通过在短时间内不断变换跑步速度来模拟比赛中的速度变化，有效提高运动员的速度耐力和心肺耐力；400米间歇跑通过控制跑步和间歇的时间，可提高运动员的有氧耐力，同时增强其下肢的力量和协调性。

四、核心力量的训练

在田径运动中，力量不仅是竞技水平的关键组成部分，还是运动员必备的身体素质之一。对于处在技能掌握"窗口期"的运动员而言，他们需要接触并学习"自由重量的举重技术"。这种技术涉及使用杠铃和哑铃等器械，其特点在于训练时重量和运动轨迹完全由运动员自身控制，能够提高运动员的力量基础。将该技术引入田径运动员的训练中能够重点培养运动员通过自主控制来完成举重动作的能力。这种训练方法不仅能够有效地提升运动员的基础力量，还有助于提高他们对运动技能的掌握度和运动执行的精确性。需要注意的是，这样的训练要紧密结合运动员的个体发展情况，避免采用可能对身体发展造成不利影响的训练手段。在设计力量训练计划时，教练员需要意识到力量是体能训练的重要组成部分，训练内容和强度的安排应该能够平衡发展运动员的整体体能，同时避免过度训练或不当训练导致的身体伤害。因此，力量训练不应单一侧重于重量的提升，还应注重对技术的掌握和运动的安全性。

（一）上肢力量的练习手段

1. 杠铃的练习手段

针对田径运动员上肢、胸部、肩膀等部位的练习尤为重要，其中包括卧推、上斜俯卧提拉杠铃、抓举和高翻等动作。这些练习不仅能有效增强肌肉力量，还有助于提升运动员的整体竞技能力。卧推练习通过不同的握距和手形变化（如宽握正手卧推、宽握反手卧推、窄握正手卧推和窄握反手卧推），可针对性地加强胸大肌、三角肌和肱三头肌等肌群的力量。正手握法主要锻炼的是胸部和前肩的力量，反手握法更多地作用于肱三头肌和背部的上部肌肉，宽握与窄握的变化则进一步调整了肌肉群的工作强度和训练焦点。上斜俯卧提拉杠铃是一种模仿俯卧撑动作的训练方式，通过改变抓握的宽窄和手掌的朝向（正或反），能够在不同程度上激活胸部、肩部和手臂的肌肉群。这种练习方式有助于全面发展上身肌肉，特别是对于提升肩部力量和增强胸肌的整体性能非常有效。抓举和高翻是针对整体爆发力和协调能力的训练。抓举主要锻炼的是上肢力量和爆发力，要求运动员从地面将杠铃快速提到头顶，不仅需要上身的强大力量支撑，还需良好的身体协调能力和平衡能力。高翻练习则通过快速翻转身体，增强核心肌群的力量和控制能力，对提升运动员的灵活性和反应速度大有益处。

2. 哑铃的练习手段

哑铃练习因其独特的可变性和灵活性，在田径运动员的力量训练中占据核心地位。通过一系列精心设计的动作（如站立持哑铃后伸、站立持哑铃前平举、站姿直臂后抬等），运动员能够在提升特定肌群力量的同时，增加肌肉的耐力和爆发力。这些动作不仅涵盖了上肢、肩部、背部的训练，还包括核心肌群的训练，为运动员提供了全面的力量训练方案。通过站立和侧卧的姿势进行哑铃练习（如侧卧单臂体侧上举和侧卧单臂体前上举），运动员能够针对性地加强肩膀周围的肌肉群，对于提升投掷、跳跃等技能至关重要，同时能够提高身体的稳定性和协调性，对于避免运动损伤尤为重要。坐姿哑铃练习（包括坐姿直臂侧平举和坐姿直臂体前上举）可通过限制身体其他部位的活动来加大练习难度，进而加强肩部和上臂的肌肉力量。这样的训练方式有助于提高运动员的专注力，同时保证训练的精准度。上斜仰卧直臂上举、单臂异侧平举和上举等练习可在不同角度和方向上进行，能够全方位提升肌肉群的力量和灵活性。这些多角度的练习能够确保肌肉群均衡发展，避免力量发展不平衡造成的运动伤害。

3. 其他的练习手段

在现代田径运动训练中，弹力带作为一种极为有效的训练工具，已广泛应用于运动员的日常训练中，其灵活性和适应性使弹力带成为提高运动水平的关键工具之一。通过使用弹力带进行摆臂、体侧直臂内收、体侧直臂上摆、前平举交叉内收摆动、体前交叉外摆摆动、体前直臂下摆以及体前直臂上摆等多种训练动作，运动员可以有效地加强肌肉力量，提高身体协调性和灵活性。弹力带的独特之处在于能够提供持续的抵抗力，并且可以根据运动员的具体需要进行调整，以适应不同的训练强度和目标。例如，在进行弹力带摆臂训练时，运动员可以通过调整带子的紧绷程度来增加或减少抵抗力，从而使训练更加个性化和高效化。除了弹力带训练，传统的体育锻炼（如俯卧撑、引体向上、徒手爬草坪以及推小车等）也是提高运动员身体素质的重要手段。这些训练方法能够有效地增强运动员的核心力量，提高他们的耐力和爆发力，从而使运动员在各种体育竞技中取得优异的成绩。弹力带训练与传统体育锻炼的结合能够为运动员提供全方位的身体训练，帮助他们在竞技场上发挥出最佳状态。这种训练方式不仅增加了训练的趣味性，还能够有效避免因重复性训练导致的身体伤害。

（二）下肢力量的练习手段

1. 臀部肌群练习手段

在深入探讨提升田径运动员身体素质和技能方面，臀部肌群练习手段发挥着重要作用。臀部肌群的练习主要包括仰卧挺髋、单腿支撑仰卧挺髋、单腿支撑举腿挺髋、单腿跪撑伸髋后摆以及单腿跪撑弹力带伸髋后摆等训练动作。这些专门设计的动作对于增强肌肉的力量、灵活性、平衡能力、协调性的效果尤为明显。站立直腿弹力带体侧前（后）内收与站立直腿弹力带体侧前（后）外摆的练习能够进一步增强髋部和腿部的力量，同时有助于提高肌肉的控制能力和灵活性。通过这些训练，运动员可以在保持身体平衡的同时，增加肌肉群的使用效率。这对于执行精准的运动技能非常重要。弹力带阻力跳和弹力带单腿支撑提膝的训练不仅可以增强下肢的力量，还可通过增加阻力来提高爆发力和速度。这些训练方法利用弹力带提供的恒定抵抗力，让运动员在执行跳跃和膝盖抬高动作时，能够对抵抗力进行有效的管理和适应，从而在竞技场上表现出更快的速度和更高的跳跃能力。

2. 大腿肌群练习手段

提升运动员的身体素质（尤其是在力量、爆发力和稳定性方面）需要通过一系列有针对性的训练方法，其中包括一组多样化的运动，如半蹲持杠铃硬拉（宽握和窄握）、负重后蹲、抓举下蹲支撑站立、弓步后蹲、单腿后蹲、负重前弓步走、负重左右侧弓步、负重正（侧）面蹬高台、持哑铃变向弓步起立收腿、胯下持哑铃蹲起、站立大腿负重抬腿、立定跳远、单足跳、跨步跳、跨步接单足跳、弹力带屈膝半蹲前跳和弹力带屈膝半蹲侧跳。这些动作可以增强下肢肌群，提升核心稳定力，增加身体的整体灵活性和协调性。半蹲持杠铃硬拉、负重后蹲和抓举下蹲支撑站立专门针对下肢的大腿肌群，能够增强腿部的力量和耐力，通过变化握距，运动员能够更全面地刺激肌肉，从而促进肌肉增长和力量提升。弓步后蹲、单腿后蹲、负重前弓步走以及负重左右侧弓步等练习通过模拟运动中的步伐动作，加大了训练的实用性和针对性，不仅能够加强腿部肌肉，还能增加踝、膝和髋关节的稳定性。负重正（侧）面蹬高台、持哑铃变向弓步起立收腿和胯下持哑铃蹲起可进一步通过负重来提升肌肉对抗重力的能力。这不仅有助于提高运动员的爆发力，还有助于提高他们的速度和敏捷性。在增加下肢力量和改善跳跃能力方面，站立大腿负重抬腿、立定跳远、单足跳、跨步跳、跨步接单足跳、弹力带屈膝半蹲前跳和弹力带屈膝半蹲侧跳等动作不仅能够增强大腿肌肉，还能够提高运动员在执行复杂动作时的平衡能力和协调能力。这对于提升竞技能力至关重要。

3. 小腿肌群练习手段

在田径运动训练领域，针对下肢（特别是小腿肌群）的强化采用了一系列细致入微的练习，旨在增进力量、稳定性以及灵活性。这些训练动作包括站立提踵站、站立负重提踵、坐姿屈膝提踵、坐姿屈膝负重提踵、前倾站立单足提踵、前倾站立单足持铃提踵、勾脚尖上挑杠铃片以及直膝坐立脚掌绑弹力带屈伸，能够优化运动员下肢动作效能，提升竞技水平。站立提踵站和站立负重提踵主要通过提踵动作来激活和加强小腿后侧的肌肉群，尤其是腓肠肌。这对于跳跃、快速跑等要求高度爆发力和快速力量转换的运动至关重要，负重训练的引入进一步加大了肌肉群的工作量，可促进肌肉力量的增长。坐姿屈膝提踵及坐姿屈膝负重提踵能够为训练提供不同的刺激角度和重力作用方式，有助于更全面地塑造小腿肌肉，特别是在加强肌肉对于不同动作模式的适应性方面表现出色。前倾站立单足提踵及前倾站立单足持铃提踵通过增加身体的前倾和单腿支撑的复杂度，不仅加强了目标肌肉群，还提高了运动员的平衡能力和单腿的稳定性，对于那些在比赛中需要快速改变方向和维持稳定姿势的运动员来说是极为重要的。勾脚尖上挑杠铃片和直膝坐立脚掌绑弹力带屈伸的练习则专注于小腿肌肉的精准控制和灵活性。通过这些具有针对性的训练，运动员可以在提高小腿力量的同时，增强脚踝和小腿的协调性，对于预防运动伤害、提高运动效率具有显著意义。

4. 踝关节肌群练习手段

为了全面提升运动员的爆发力、协调性以及平衡能力，现代田径运动训练采取了一系列包含直腿跳、分腿跳、前后左右单足跳、前后左右直腿跳以及器械辅助练习的方法。这些训练动作不仅能够提升运动员的下肢力量，还能够全面提升运动员的整体运动能力，涵盖了动作的力量、速度、灵活性以及准确性。直腿跳与分腿跳侧重于提高运动员的跳跃能力和空中控制力，通过这些动作，运动员能够增强下肢肌肉（特别是大腿和小腿肌群）的力量，同时提升核心肌群的稳定性。这对于执行复杂的运动技巧至关重要。前后左右单足跳和前后左右直腿跳进一步增加了训练的难度和复杂性。这些动作要求运动员在保持身体平衡的同时，能够准确、迅速地完成多方向的跳跃。这不仅促进了单腿的力量和稳定性，还极大地提高了运动员在实际比赛中应对突发情况的能力。器械的辅助练习则提供了多样化的训练环境和更多的抵抗选择，使训练更加具有针对性和效率，通过使用跳跃垫、弹力带、平衡球等器械，运动员可以在多变的训练强度下进一步优化动作技巧，进而增强肌肉的反应速度和爆发力。这些训练动作的设计能够模拟运动员在比赛中可能遇到的各种情况，通过模拟训练，运动员能够更好地理解和掌握各种技能，提高自身的适应性和反应能力。此外，这些训练还可预防运动伤害，通过增强肌肉和提高身体的灵活性来降低受伤的风险。

（三）躯干力量的练习手段

1. 核心肌群的练习手段

核心肌群的强化不仅对提升运动水平至关重要，还对预防运动伤害、改善体态和提高运动效率有着显著的效果。弹力带站姿躯干转体与弹力带俯身单腿支撑通过利用弹力带的抵抗力，能有效地针对核心肌群和下肢的稳定性进行训练。站姿躯干转体加强了腹部旋转和侧腹肌的力量，俯身单腿支撑则增强了下背部、臀部和腿部的稳定性，同时提高了单腿的平衡能力。仰卧起坐、仰卧两头起、仰卧屈腿上抬、仰卧屈腿收腹以及仰卧屈腿收腹转体等一系列仰卧练习的主要目的是增强腹部肌肉，特别是直腹肌和斜腹肌，对于提升核心的稳定性和支撑力非常关键。这些动作通过不同角度和方向的肌肉收缩，提高了核心区域的力量和灵活性。单杠悬垂举腿与仰卧举腿通过增加下肢的举起难度，能够强化腹部下部的肌肉力量，同时提升髋关节的灵活性和控制力。这类练习对于任何需要良好核心控制和下肢协调性的运动都是非常有益的。站立负重体侧屈与单腿负重持哑铃体侧屈通过增加外部负重，能够提高身体的侧向稳定性，强化侧腹肌的力量，对于那些需要进行侧向移动或维持侧向稳定性运动的运动员尤为重要。肘撑半仰卧直膝上举前后（交叉）摆、侧卧撑单腿上举、仰卧举腿旋绕以及半仰卧直腿夹球上举等动作可通过更具挑战性的练习，加强整个腹部、臀部和下肢的协调能力。这些练习不仅提升了核心力量，还增强了身体的灵活性和对复杂动作的适应能力。

2. 力量和耐力的训练

在田径运动员的力量和耐力训练中，一系列综合性的练习可以针对不同的肌群达到增强体力、提升运动效率和预防伤害的目的。这些练习包括跪起、俯卧两头起、俯卧前举两头起、俯卧侧举两头起、握拉杠铃以及直膝（屈膝）硬拉杠铃等，每一项练习都在运动员的全面发展中扮演着关键角色。跪起练习不仅强化了下肢的力量（特别是膝关节周围的肌肉），还增强了核心稳定性，对于提高起跳能力和冲刺速度尤为重要。俯卧两头起、俯卧前举两头起以及俯卧侧举两头起等系列动作通过不同的举起方式，可以全面训练上半身的肌群（包括胸大肌、三角肌和斜方肌）。这样的训练不仅能够提升上半身的力量和稳定性，还能够增强肩部的灵活性，减少受伤的风险。握拉杠铃是一项基础的力量训练动作，通过调整握距和重量，可以针对性地强化手臂、肩部及背部的肌肉，对于提高握力和整体上半身的力量有着显著的效果。直膝（屈膝）硬拉杠铃练习则是一项非常有效的全身力量训练，不仅能够增强腿部、背部和臀部的力量，还能提高核心稳定性，改善运动协调性，在训练中引入直膝和屈膝的变化可以更全面地激活和加强不同的肌群，提升运动能力。

3. 柔韧性和协调性的训练

在田径运动员的体能训练中，拉伸练习占据了极其重要的位置，尤其是动力拉伸和静力拉伸。这两种拉伸方式可针对性地增强运动员髋关节和腿部肌群的柔韧性，从而直接影响他们的起跑速度、瞬间爆发力以及赛事中的持续性能力。动力拉伸是一种主动拉伸方式，可通过模拟赛事中的运动模式来进行针对性训练。动力拉伸不仅可以提高肌肉的温度、增强肌肉的弹性，还能够在一定程度上预防运动损伤，同时提升运动员的灵活性和扩大运动员的运动范围。对于短跑和中长跑运动员而言，动力拉伸特别重要，因为它能帮助从事该项目的运动员有效地准备好肌肉和韧带的运动状态，以应对赛场上的快速起跑和瞬间加速。静力拉伸是在运动后进行的，可通过持续的肌肉拉伸来增加肌肉的长度和柔韧性。与动力拉伸相比，静力拉伸更注重放松肌肉、提高肌群的伸展能力以及减少运动后的肌肉紧张和僵硬。对短跑运动员而言，静力拉伸有助于恢复肌肉的柔韧性，减少由高强度训练或比赛引起的肌肉疲劳和紧绷感，从而为连续训练或接下来的比赛做好准备。重点拉伸部位，即髋关节和腿部肌群，是田径运动员发力的关键区域。髋关节的灵活性和稳定性直接关系起跑的效率和跑步过程中的步伐长度，腿部肌群的柔韧性则影响着跑步的步频和最终速度。通过专门针对这些部位的拉伸，短跑运动员可以显著提高他们的运动能力，降低受伤风险，并在比赛中达到最佳状态。

第二节　技术训练在田径运动中的重要性

一、改善动作细节的训练

在田径运动员的训练体系中，体能训练与技术训练并重的原则尤为重要。这种训练方法不仅注重增强运动员的身体素质（如力量、速度、耐力和灵活性），还注重技术动作的精细调整和优化。精准的技术动作对于运动员来说是将体能转化为比赛成绩的关键，仅有出色的体能条件而忽视技术动作的细节优化将无法达到最佳的运动状态。技术训练的目的是通过改善每一个动作的执行质量，确保运动员能够以最有效率的方式使用自身的力量。在跑动过程中，正确的姿势、步伐调整和节奏的掌握等技术要素可以显著提高运动效率，减少能量的无谓损耗，进而将运动员的体能优势转化为跑动的动能。例如，优化起跑技术、跨栏动作和接力棒传递技巧等能够直接影响运动员比赛成绩的提升。因此，田径运动员的技术训练应该贯穿整个年度训练计划，而不是作为一个独立或偶尔的训练环节。这要求教练员和运动员持续关注技术细节的改进，通过视频分析、技术演练和个性化指导等多种方法，对动作进行细节上的修正和优化。在日常训练中，运动员需要不断重复正确的技术动作直至形成肌肉记忆，使自己在高强度和高压力的比赛环境下依然能够准确无误地执行每一个技术动作。

（一）培养动作意识

养成追求正确动作的习惯意味着运动员在任何训练环节中，都应该以最标准的技术动作执行每一个细节，从而最大化训练效果，提升竞技水平。一种有效的方法是通过观看优秀运动员的技术动作来加强和培养运动员的动作意识，不仅可以提供一个明确的动作标准参照，还能激发运动员的模仿学习能力。通过对优秀示范进行观察和分析，运动员可以深刻理解每个动作的技术要求和执行细节。这种学习过程有助于运动员识别和纠正自己训练中的不足，同时能激发他们追求卓越的动力。观看优秀运动员的比赛和训练片段还能帮助运动员思考在不同竞技情境下如何有效地应用这些技术动作、如何在压力大的比赛中保持技术动作的准确性和稳定性。这种情境学习对于提高运动员的竞技适应能力和心理韧性有着重要的作用。在日常训练中，教练员的角色也至关重要。教练员不仅需要提供技术指导，还需要带领运动员观看并分析高水平的技术动作，引导运动员进行自我反思和自我改进。通过这种互动式的学习过程，运动员可以更快地内化这些技术细节，将其转化为自己的动作习惯。

（二）提高动作效果

在提升田径运动员的竞技能力过程中，加强动作频率和幅度以及增强肌肉力量是较为重要的训练方向。这些训练策略不仅能够直接提升运动员的速度和力量，还能优化他们的动作效率，使他们在竞赛中取得更好的成绩。

加强动作频率的训练（如快速摆臂和快速高抬腿等）可通过提高动作的

频率来增强运动员的速度和反应能力。这类训练利用快节奏的动作来模拟比赛中的快速运动需求，能够有效提升运动员的爆发力和速度持续能力。此外，利用地形和环境的变化（如下坡跑和顺风跑）也是提高动作频率的有效方法。这些训练手段不仅能够帮助运动员适应不同的比赛环境，还能增强他们对速度的控制能力和调整能力。

增加动作幅度的训练则侧重于通过提升肌肉关节的运动范围和灵活性来增大运动员的步长和动作范围。通过一系列多关节的组合动作练习（如握杆绕肩、栏侧和栏上的绕栏架练习等），运动员不仅能加大动作的幅度，还能提高身体各部位的协调性和灵活性。此外，大步跑、跑格和大步跨跳等练习也是增大动作幅度的有效手段。这些训练帮能够助运动员在保持速度的同时，增加每一步的推进力。

加强肌肉力量对于提升动作的频率和幅度同样至关重要，针对特定技术动作的主要用力肌群进行针对性的力量训练（如后拉胶带、负重抬腿等）能够直接增强运动员的爆发力和持久力。这种训练不仅能使肌肉更加有力和耐用，还能提升整体运动效率，使运动员在比赛中能够发挥出更高的水平。

二、提高完整技术水平的训练

以短距离赛跑为例，技术训练可以全面提高运动员技术的完整性，对运动员的赛场发挥起到决定性作用。

（一）起跑

在短跑运动员的日常训练中，起跑训练是提高运动员短跑项目成绩的关键环节。起跑训练主要包括反应练习和起跑后的蹬地练习两大部分，是整个起跑阶段的核心训练。起跑反应练习能够提高运动员对起跑信号的反应速度，蹬地练习能够增强起跑后初步加速阶段的爆发力。

在反应练习方面，运动员可以通过多样化的训练方法来提升反应速度。例如，背向站立起跑、直立向前倒体起跑以及俯卧撑接起跑等训练不仅能够增强运动员对起跑信号的反应敏感性，还能够模拟不同的起跑场景，提高运动员适应各种比赛条件的能力。随着训练的深入，运动员可以采用完整的起跑动作进行听枪反应练习，以模拟比赛中的实际情况，进一步锤炼自身的反应能力和起跑技巧。

蹬地阶段的训练则更加注重提高运动员的腿部爆发力和蹬地效率。初始阶段，教练员可以让运动员徒手体会起跑器的蹬起感觉，帮助运动员理解起跑动力的来源。随后，运动员可通过扶墙后蹬跑、立定三级跳远、弹力带牵拉负重跑等方法加强腿部的蹬地力量。这些训练不仅能够针对性地提升腿部肌肉的力量，还能增强腿部的快速蹬地能力，为运动员的起跑阶段和整个短跑过程提供坚实的力量支持。

（二）加速跑

有效的加速能力不仅需要强大的腿部力量作为支撑，还需要良好的蹬摆速度与技术以确保加速的效率。因此，围绕提高蹬摆的速度和力量展开的训练成为提升运动员加速能力的核心环节。在提高蹬摆速度的训练中，快速后蹬跑是一种高效的方法。这种训练方式通过模拟加速跑过程中的腿部动作，能够帮助运动员提高腿部的后蹬速度，从而在实际比赛中能更快地完成从起步到加速的过渡。快速后蹬跑不仅能够提升腿部肌肉的反应速度，还能够优化运动节奏，使运动员在加速跑阶段更加流畅地提速。针对蹬摆力量的提升，运动员则可以通过大步幅的跨跳等练习来实现。大步幅跨跳通过模拟加速跑过程中的蹬地动作，能够加强腿部肌肉的爆发力，对提升蹬地时的推进力至关重要。这样的训练不仅能够增强腿部力量，还有助于运动员在加速跑阶段发挥出更大的动力，有效地提升加速效率。

（三）途中跑

在途中跑的过程中，运动员不仅需要保持或提升速度，还需要注重提升动作的幅度及维持速度的能力。这些因素共同决定了运动员在比赛中的最终成绩。维持速度的能力是途中跑的关键，要求运动员在整个比赛过程中尽可能地维持最高速度。为了培养这种能力，运动员可以采用 30 米跑、60 米跑和 100 米跑的重复训练方法。这种训练通过模拟比赛中的速度保持阶段，能够帮助运动员提升在高速状态下的耐力和速度维持能力。重复的短距离跑训练有助于运动员提高肌肉的快速反应能力和爆发力，同时优化能量的利用和分配。在弯道的途中跑训练中，重点是如何克服弯道跑时离心力带来的减速效应。通过在弯道上进行重复跑的训练，运动员可以学习如何有效地调整身体姿态和步伐，以减少离心力对速度的影响。这种训练不仅提升了运动员在弯道上的技术水平，还增强了他们对比赛节奏的掌握能力，使运动员在转弯过程中能够更加平稳和高效地保持速度。

（四）冲刺跑

冲刺跑作为短跑比赛的收官阶段，其重要性不言而喻。这一阶段通常发生在距离终点线 5 米左右的位置，要求运动员发挥出全部的剩余能量，以最快的速度冲向终点。为了让运动员更好地掌握冲刺跑的技巧，实际训练中在终点处拉一根绳子作为参照物是一个非常有效的方法。这样做不仅能让运动员明确冲刺的起始点，还能在视觉上增强他们对冲刺过程的认识和理解，使他们在比赛中更加自如地进入冲刺状态。

第三节　现代科技在田径运动训练中的应用

一、现代科技在田径运动训练中的优势

认识到现代科技在训练中的作用及其带来的优势，是教练员在制订训练计划时需要重视的第一步。科技的应用不仅能够提供精确的数据支持，还能帮助教练员和运动员更直观地检验训练成果，从而有针对性地优化训练方案，提高田径运动训练的整体质量。为了有效地发挥现代科技在田径运动训练中的作用，教练员需要采取有针对性且科学合理的应用对策，包括但不限于利用高速摄像机捕捉运动员的动作细节、运用生物力学软件分析运动过程

中的力量分布和动作效率，以及通过心率监测设备来跟踪和调整运动员的体能训练强度。通过这些科技手段，教练员可以更准确地识别运动员在技术动作上的不足，制订个性化的改进计划，同时能有效预防运动伤害，保证运动员的身体健康。现代科技还能够帮助教练员和运动员通过数据分析来跟踪训练进展，评估训练方法的有效性。例如，使用 GPS 和传感器技术监测运动员在训练和比赛中的实时位置、速度和加速度，可以为教练员提供宝贵的信息用于调整训练计划，以达到最优的训练效果。此外，科技的应用还能够为运动员提供及时反馈，使他们可以立即调整自己的动作，实现技术上的自我完善。

在当今信息技术迅速发展的背景下，缺乏对多媒体技术的充分利用可能会导致运动员对训练失去兴趣，进而影响训练的持续性和目标的实现。多媒体技术以其生动性和灵活性为教练员提供了创设吸引人的训练环境、制订有效训练方案的新途径，进而提高运动员的参与度并激发他们达成训练目标的积极性。利用多媒体技术，教练员能够通过视频分析、动作捕捉系统等手段，对运动员的技术动作进行实时反馈和精确分析。这种及时的、可视化的反馈对于运动员理解和改进技术细节极为重要，能够使运动员直观地看到自己的动作存在的问题，并思考需要怎样调整动作以提高技术执行的准确性。多媒体技术还能够模拟各种比赛环境，为运动员提供虚拟训练场景。这种训练方式不仅能够增加训练的趣味性，还能够帮助运动员提前适应比赛环境，减轻比赛时的心理压力。通过虚拟现实技术，运动员可以在接近真实的比赛环境中进行技术动作的练习和策略的演练，从而更好地准备比赛。利用多媒体技术进行信息的收集和分析，教练员可以获得关于运动员训练状态和进步的大量数据。这些数据可以帮助教练员科学地调整训练计划，更加个性化地满足运动员的训练需要，从而有效提高训练效果。

在传统的训练模式中，运动员主要通过观察教练员的示范来学习技术动作，虽然这种方法很直观，但由于观察角度和个人理解能力的限制，运动员可能无法完全掌握动作的精髓。随着科技的发展，特别是多媒体技术和信息技术的应用，教练员现在能够利用视频分析、三维动画模拟等手段，从多个维度全方位展示田径运动的动作和技术细节，大大提升训练的效果和效率。通过科技手段（如高速摄影和视频回放功能），教练员和运动员可以细致地分析每一个技术动作的执行过程，包括起跑、加速、冲刺等每个环节的动作细节以及运动员的身体协调性和节奏感等。这样的分析不仅可以帮助运动员发现并改正技术中的错误，还可以加深他们对技术动作的理解和记忆。科技信息还能够提供模拟训练环境，如使用虚拟现实技术模拟不同的赛场环境，让运动员在接近真实的比赛环境中进行训练，提前适应比赛场地，减轻比赛压力。此外，利用数据分析工具，教练员可以收集运动员训练和比赛中的各项数据进行科学分析，为运动员提供个性化的训练建议和调整训练计划，使训练更加科学、系统。科技信息的引入极大地丰富了田径运动训练的内容和方法，使训练过程更加直观、高效。教练员通过利用这些科技手段，不仅能更精确地指导运动员训练，还能激发他们的学习兴趣，提高他们的学习效率。运动员通过这种多角度、多维度的学习方式，能够更全面、更深入地掌握田径运动的专业技能，从而在比赛中更好地发挥自己的水平。

现代科技不仅保障了训练方法体系的完整性和全方位性，还极大地提升了训练环境的质量。科技元素的引入使田径运动培训过程更加科学化、系统化，能够创造一个积极有效的训练氛围，从而激发运动员参与训练的热情，并显著提高训练效果。信息技术的应用（如使用运动分析软件和穿戴式设备）可以实时监测运动员的身体状态，如心率、速度、耐力等关键指标。这些数据对于教练员制订个性化的训练计划、及时调整训练强度和方法具有重要意义。视频分析技术能够辅助运动员和教练员一起分析技术动作，发现问题并进行针对性的调整和改进。科技元素的应用还能够提升训练环境的质量，通过虚拟现实技术、模拟训练软件等科技手段，运动员可以在模拟的比赛环境中进行练习，提前适应比赛场地，减少比赛中的未知因素，提升比赛成绩。这种高质量的训练环境，不仅能提升运动员的技术水平，还能增强他们的心理准备，提高比赛的自信心。将科技元素与田径运动训练进行有机结合，不仅可以提高训练效率和效果，还是对体育事业发展的有力支持。科技的应用使训练更加精准和高效，同时为运动员提供了更多元化的训练手段和更加广阔的学习视野。这种创新的训练方式不仅能够促进运动员的全面发展，还能为田径运动的推广和发展提供新的思路和方法。

二、田径运动训练中信息技术的应用价值

（一）有利于充分调动运动员的积极性，激发练习兴趣

信息技术的应用不仅能够有效地辅助传统的示范讲解，还能为运动员提供一个更加有趣和吸引人的训练环境。通过激发运动员的训练热情，信息技术的应用能够鼓励运动员更加积极主动地参与训练，从而提高训练的效率和效果。在田径运动训练中，教练员可以有意识地利用多媒体技术提供丰富的训练资料，为运动员带来全新的学习体验。这种做法不仅能够增加训练的趣味性，还能使训练内容更加多元化，能够满足不同运动员的学习需求。例如，在进行跨栏跑训练时，通过展示收集的数据和图像，运动员可以直观地了解到正确的跨栏技术和操作方法；通过动画功能和技能解析的展示，运动员能够更加深入地理解技术细节，有助于他们快速掌握技能，提高技术水平。这种基于科技的训练方式不仅能够提升运动员对训练内容的理解和兴趣，还能够促进训练方法的创新和发展。教练员可以根据运动员的反馈和学习进度，实时调整训练计划和内容，使训练更加个性化和高效化。此外，利用科技手段收集和分析训练数据，教练员能够更准确地评估运动员的训练效果，为运动员提供科学的指导和反馈。

以跨栏项目训练为例，教练员采用让运动员观看培训录像和国外顶尖跨栏运动员的参赛录像的方法，能够显著提高训练效率和技术掌握速度。通过这种方式，运动员不仅能够直观地看到专业运动员在比赛中的精准动作和技术要领，还能通过对比自身的动作找出差异和不足，从而有针对性地进行调整和改进。跨栏运动的技术要点包括起动攻栏、保持人体姿势、腾空过栏、下栏、栏间跑技能以及最后冲刺时的步伐等。这些都是确保跨栏运动员发挥出色的关键技术环节。通过观看录像，运动员能够具体地了解每一个技术环节应如何正确执行、如何在过栏时保持最佳的人体姿势、如何调整步伐以适

应栏间距以及如何在最后冲刺时保持速度和稳定性。录像分析还能帮助运动员构建动作的动力定型，是因为视觉上的信息能够更直接地进入运动员的认知系统，从而帮助运动员更快地模拟和理解技术动作的执行过程。这种方法使运动员在模仿顶尖运动员的动作时不再是表面的模仿，而是能够深入理解动作背后的原理和意图，从而更加准确地掌握技术要领。

（二）有利于运动员建立正确的感性认识，提高运动技能

在田径运动的日常训练活动中，运动员可通过视觉信息获取技能提升的关键知识，尤其是在技术动作复杂、执行时间短暂的情况下。例如，在进行体操技巧、连续跳跃、滚翻技巧、射击项目中的用力方法以及空中操作等动作时，运动员会面临诸多挑战。由于这些操作的复杂性和快速性，运动员很难单凭教练员的现场演示准确捕捉到每一个细节，因此掌握这些高级技巧成为一大挑战。特别是在三级跳远等项目的训练中，教练员的讲解和示范对于初学者来说可能过于抽象和复杂，难以理解。在单脚跳、跨步跳等技术训练过程中，运动员往往需要对动作技巧的每一个小细节都有深刻的理解和掌握，才能有效提高技术水平。在这种情况下，现代信息技术的应用变得尤为重要。利用视频分析软件、慢动作回放、三维动画模拟等信息技术工具，教练员可以帮助运动员以更直观的方式分析技术动作的每一个环节。这些工具能够将复杂的技术动作分解展示，让运动员能够清晰地看到每一个动作的起始、过程和结束，以及动作中的关键点。这不仅能够帮助运动员更快地理解技术要领，还能让运动员在训练中有的放矢，有针对性地练习，有效提高训练效率。信息技术还可以为运动员提供及时反馈，通过对训练过程的录像进行分析，教练员和运动员可以立即发现技术动作执行中的问题，并进行及时的调整和改进。这种及时反馈机制不仅加速了学习过程，还提高了技术掌握的准确性。

这种方法通过将技术动作进行分解式训练，能够帮助运动员理解每一个训练步骤，使他们的技术动作更规范，但这也可能带来一定的挑战，因为这种方法要求运动员对每个细节都要有深刻的理解和掌握，所以增加了训练的

复杂度。同时，这种方法的应用极大地提升了训练的效果，使运动员在更短的时间内以更高的效率掌握技术动作。利用慢动作、暂停和重放等教学手段，教练员能够将技术动作的重点和难点环节更为细致地展示给运动员，不仅能够使运动员更清楚、更准确地观察和学习每一个技术动作，还能帮助他们理解技术动作执行的时机和力度分配。这对于技术动作的精确执行至关重要。此外，现代教育技术（如多媒体技术）的应用进一步增强了教学的直观性和生动性。这种多媒体学习方式，能使运动员更好地理解技术动作的每一个细节，从而更有效地掌握技术动作。展示动作的整体过程能够让教练员更全面地捕捉技术动作的关键部分，有效地指导运动员突破技术动作的重点和难点。这种方法不仅能够提高训练的科学性和系统性，还能够根据运动员的学习进度和技术掌握情况，及时调整训练计划和方法，使训练更加有效和个性化。

（三）有利于培养运动员分析和解决问题的能力

教练员通过编制并提供涵盖各类体育运动技能重点和难点的教材，能够在训练前使运动员对即将学习的技能有一个全面的了解。这种准备工作不仅能够为运动员提供深入理解技术动作的基础，还能够激发他们对学习内容的兴趣，为之后的训练奠定良好的基础。在培训过程中，教练员鼓励运动员共同参与技能的分析对比，不仅能够促进团队间的交流和协作，还能够增强运动员分析和解决问题的能力。通过集体讨论，运动员能够从不同角度审视问题，共同寻找解决方案。这种互动式学习方法能够极大地提升训练的互动性和效果。特别是在标枪、射击等技术性较强的项目中，将运动员的训练录像分为不同的级别（优秀、一般和差）并让运动员相互交流和思考。这一做法更是将信息技术的应用推向了高潮。通过视频回放，运动员能够直观地看到自己和他人的技术动作，从而能够对比分析各自的优缺点。这种直观的学习方式使运动员能够更加清晰地认识到自己的不足，同时能从优秀的动作中学习和借鉴。经过集体的讨论和分析，教练员能够根据讨论结果总结出标枪投掷的技术动作要领。这种方法不仅能够使运动员学会相关技能，还能够教会他们如何进行有效训练。这一过程展示了现代信息技术在田径运动训练中应用的巨大优势：提高了运动员的观察能力，同时显著提升了训练的效率和质量。

（四）有利于运动员自己纠正错误动作，建立正确的动作概念

动态技能录像分析管理系统的运用使教练员能够根据运动员的具体训练情况，选择展示某个经典错误动作的实例。通过在运动员掌握技能的关键阶段展示这些错误示例，教练员不仅能够让运动员清晰地认识到错误动作带来的后果，还能在让运动员学习如何纠正这些错误，从而更加准确地把握技能动作。动态技能录像分析管理系统还能够提供定量分析的结果，对于运动员理解和纠正技术动作中的错误具有重要价值。定量分析能够将技术动作的各个方面进行量化评估，使运动员能够从数据的角度了解自己的技术水平，并在此基础上进行有针对性的训练。通过将技术动作分解成多个具体情景，并使用慢动作回放，运动员可以更加细致和深入地理解每一个技术动作在不同时间和空间条件下的执行要求。这种分解和慢动作回放的方法不仅能够激发运动员的形象思维，还有助于他们在观察和对比中发现技术动作的细微差别，进而在教练员的帮助下作出正确的技术判断和调整。

教练员通过充分利用科技信息的特点及其提供的丰富资源，可以更加科学、有效地指导运动员的训练，从而推动田径运动培训的现代化发展。科技信息的应用不仅涉及对传统训练方法的改进，还扩展到训练分析、运动员监控、技术动作研究等多个方面。为了最大限度地利用现代科技信息，在日常的田径运动训练中，教练员需结合科技的发展和具体的训练需求，精心选择和设计训练内容。例如，教练员可通过高速摄像技术捕捉运动员在训练和比赛中的动作，进而利用视频分析软件对动作进行深入分析，找出技术动作中的不足，以便有针对性地进行调整和优化；利用可穿戴设备监测运动员的生理状态（如心率、速度、耗氧量等），可以实时获取运动员的体能情况，帮助教练员科学地安排训练强度和恢复计划，有效预防过度训练和运动损伤；数据分析和云计算技术的应用能够对大量训练数据进行汇总和分析，为教练员提供决策支持，实现个性化训练方案的制订。教练员在运用科技信息时，应不断探索和实践新的训练方法，将科技创新融入日常训练之中，包括但不限于采用虚拟现实技术模拟比赛环境，提高运动员的竞技状态适应能力；利用社交媒体和网络平台分享训练知识和经验，建立运动员之间的互动和学习网络；开发和使用专门的训练应用程序，提供定制化的训练计划和反馈。

三、现代科技在田径运动训练中的应用

（一）多媒体信息技术与田径运动训练的融合

在将现代科技元素融入田径运动训练的具体实施过程中，明确现代科技的优势，并将现代科技与田径运动的训练模型紧密结合起来，对于提升训练的实际效果至关重要。多媒体信息的融合使用，尤其是声音和视频材料的结合，不仅能够为运动员提供一个丰富多彩的学习环境，还能大大增强训练的趣味性和互动性，有效地激发运动员的学习热情和参与积极性。通过这种创新的训练方法，运动员能够在轻松愉快的氛围中掌握田径运动技能。这种寓教于乐的方式还解决了运动员可能存在的缺乏积极性问题，让他们更加主动地参与到训练中。这种方法的应用使运动员不再是被动接受训练内容，而是积极探索和实践，对于提高技术技能掌握的效率和质量极为有益。另外，通过将现代化的信息技术有效地融入田径运动训练过程（如利用在线平台分享训练视频、使用运动分析软件来分析技术动作等），教练员可以更加灵活地设计课程内容，使训练更加贴近运动员的实际需求。运动员通过参与互动学习平台，不仅能够获得及时的技术反馈和指导，还能与其他运动员进行交流和比较。这种互动和竞争机制有助于提高运动员的训练动力和学习效率。

（二）信息技术在帮助运动员直观掌握动作要领方面的应用

通过科技元素的引入，教练员可以为田径运动训练注入新的活力，不仅能够丰富训练内容，还能够为运动员掌握田径运动技巧提供新的途径。在传统的训练模式中，运动员面临的一个主要挑战是难以精确掌握基础技巧和关键操作，部分原因在于训练过程中教练员无法精确评估和指导每个运动员的

动作标准，导致运动员无法达到预期的训练目标，进而影响了对专业技巧的掌握和运动的水平。现代科技（如视频分析工具、动作捕捉系统、及时反馈软件）为教练员提供了监测和分析运动员训练水平的新方法。通过这些工具，教练员能够详细记录运动员的每一个动作，从而进行更加细致和准确的技术分析。例如，教练员可使用高速摄影机捕捉运动员的动作，通过慢动作回放帮助运动员观察和理解每个技术环节的细节，进而使运动员明确自己的不足，并在教练员的指导下进行针对性的改进。使用数据分析软件可以对运动员的状态进行定量评估，为运动员提供具体的改进方向和目标。这种定量化的反馈对于运动员理解自己的技术水平和训练进展极为重要，有助于运动员更加有目标性地进行训练。

随着科技信息技术的飞速发展，田径运动训练方式也在不断革新。运动员现在有机会通过更加直观的情境训练模式来深入理解和掌握运动的关键操作技巧。这种训练模式的核心在于创造一个接近实战的学习环境，使运动员能够在模拟的比赛情景中学习和实践，从而更快速、更准确地掌握技术动作。在这个过程中，教练员的角色变得尤为重要，不仅需要在训练中加强指导，还要密切监督运动员的训练状态，确保每个动作的准确性，及时发现并纠正运动员的错误动作。利用科技信息技术（如视频分析、实时反馈系统等），教练员可以更有效地进行这些工作，帮助运动员改进技术动作，提高训练质量。在现代运动训练体系中，情境训练模式与科技信息的结合运用已经成为提升田径运动训练效果的重要手段。例如，在跳远训练中，为了让运动员在训练前对跳远的理论和技巧有深刻的理解，教练员可以利用科技信息技术构建情境训练方案，包括使用虚拟现实技术模拟跳远比赛的场景、通过视频素材展示优秀运动员的跳远技巧以及分析技术动作的关键点。通过这种情境训练方案，运动员不仅能够在理论和实践中获得全面的学习，还能在一个模拟的、接近真实的比赛环境中进行训练，大大提升了运动员的训练兴趣和训练动力。此外，这种训练方式还能帮助运动员更好地理解技术动作的应用场景，加深对技术动作背后原理的理解，从而在实际比赛中更加灵活地运用所学技巧。

通过教练员的精心指导，运动员能够更深刻地理解在训练过程中存在的缺陷，并学会正确的训练方法。在信息技术的支持下，运动员可以进入一个创造性的模拟田径运动训练的情境中。这种方法不仅能够显著提升学习效率，还能极大地增强运动员对田径运动的热爱和兴趣。这种训练方案有效地结合了技术性与趣味性，使训练过程既严谨又不失乐趣，进而达到优化训练效果的目的。在这个过程中，教练员可利用现代信息技术（如视频分析工具、虚拟现实技术等）展示技术动作的标准模式和常见错误，运动员通过观看这些直观的资料，不仅能够清晰地识别和理解技术动作的关键点，还能够在模拟的训练情境中实践这些技能，从而能够更快速、更准确地掌握技术要领。情境式训练通过模拟比赛环境，能够让运动员在训练中感受到比赛的氛围和压力，有效地提高运动员的应变能力和心理素质。教练员还能够通过信息技术收集和分析训练数据，为运动员提供个性化的训练建议，进一步提升训练的针对性和有效性。这种训练方案的成功实施不仅依赖于教练员对技术动作的深入理解和教学经验，还需要广大教练员熟练掌握信息技术的应用。通过这种方式，运动员不仅能够在训练中找到自身的不足并加以改进，还能在享受训练过程的同时，提高技术水平，培养对田径运动的长久热爱和兴趣。

（三）田径运动训练的信息化系统

通过信息技术与田径运动训练过程的有机融合，教练员可以创建一个全面的数字化管理系统，极大地提升运动员的训练成效。这一系统使运动员的绩效数据和训练进度得以清晰地展示，能够确保训练成果和技术水平持续并同步提升。利用信息技术手段，教练员可以综合运用专业的软件和数据库管理系统，根据运动员的实际训练需求和学习状况，构建出一个包含细致记录的完整数据库。这不仅使运动员的每日训练细节能够被系统地记录和追踪，还能为教练员提供一个强大的工具，以全面分析运动员的训练成果和体育表现。通过对运动员的训练数据进行全方位的统计和分析，教练员能够更加精准地掌握每位运动员的训练状况及个人的优势与不足。这种数据驱动的分析方法能够为教练员提供科学依据，帮助教练员为运动员定制更加个性化、针对性强的训练计划。这种方法还有助于及时发现并解决运动员在训练中遇到的具体问题，进而优化训练策略、提升训练效率。通过建立这样一个信息化的训练管理系统，教练员不仅可以更高效地监测和分析运动员的训练状态，还能够通过数据反馈对训练计划进行实时调整和优化。这种系统化的训练管理方式能够确保训练的连贯性和系统性，同时增强训练过程的透明度和科学性。

构建田径运动培训的数字化体系涉及多种信息管理接口的应用，这是为了更好地适应运动员和教练员的具体需求。在这个体系中，运动员和教练员可以使用各自的用户名和密码登录系统，不仅便于他们及时获取训练相关的信息，还可以根据自己的训练进度和需求个性化地调整训练计划。这种个性化的登录方式能够确保信息的安全性和针对性，让训练管理变得更加高效和有序。另外，采用多样化的信息管理接口，在现代教育背景下，展现了教育模式的多样性和灵活性。它不仅为运动员提供了一个全面、便捷的训练信息平台，还为教练员提供了一个强大的训练管理和监测工具。这种方式通过提供实时的训练数据分析、视频回放、技术动作分析等功能，使运动员能够更加直观地了解自己的训练状态和进步空间，同时使教练员能够更加精准地把握运动员的训练效果，及时进行训练指导和调整。在设计田径运动训练方案时，将具体的训练内容与信息技术结合起来，是实现训练数字化的关键。通过引入智能化的训练管理系统，教练员可以为运动员提供更加系统化、智能化的训练指导。例如，通过数据分析工具评估运动员的体能状况和技术水平、利用模拟训练软件进行技术动作的练习以及使用在线视频资源进行技术学习和模仿等，都是信息技术在田径运动训练中应用的具体体现。

（四）信息化田径运动训练环境

在田径运动训练的实施过程中，整合科技元素不仅可以丰富训练内容，还能创造更加多元和有效的训练环境。为了达到这个目标，教练员需要增加对科技资源的投入，为运动员提供更加信息化和科学化的训练条件。这样的投资不仅体现在硬件设施的完善上，还包括软件系统的开发以及最新科技成果在训练中的应用。采用模块化的训练方法，教练员可以为运动员设计一套完整的、系统的训练体系。这种方法能够通过模块划分，针对性地强化运动员在各个方面的能力，如速度、耐力、技巧等。同时，模块化训练可以确保运动员在一个健康和安全的练习氛围中进行田径运动训练，避免过度训练和运动损伤。科技的应用，尤其是在先进科学技术方法的支持下，教练员能够有效地提高田径运动训练的条件和质量。例如，利用运动生物力学分析、心率监测、GPS 跟踪等先进技术，教练员可以帮助运动员更精准地理解和掌握跑步技巧，同时监测训练强度，确保训练的科学性和个性化。这种方法能够克服传统训练中受自然环境和天气条件限制的问题，让训练更加灵活和高效。在中长距离跑步训练中，科技的运用可以帮助运动员更好地理解跑步节奏、呼吸调控和节能跑姿等基本技巧，同时通过科学的方法设计训练计划，帮助运动员实现个人的训练目标。这种科技支持的训练方法不仅能够提升运动员的运动技能，还能增强运动员的自信心和运动乐趣。

在马拉松训练中，户外环境的不确定性（如气象变化和自然条件的多样性）往往会对运动员的训练效果产生影响，导致训练计划无法按预期执行。为了有效应对这些外部因素，教练员需要探索新的训练方法，利用现代科技手段（如虚拟现实技术）为运动员提供一个尽可能接近实际的训练环境。这种技术的应用能够模拟各种天气条件下的马拉松赛道，从而让运动员在任何时候都能进行高效的训练。随着信息技术的快速进步，虚拟现实技术为田径运动训练提供了无限的可能性。教练员通过这种技术能够创造出多种训练场景，不仅可以模拟不同的天气条件，还可以模拟不同的地形和海拔，让运动员在训练过程中体验到各种可能遇到的赛事环境，从而更好地准备比赛。这种仿真训练环境能够大大提升运动员的适应性和训练效率，同时增加训练的趣味性，激发运动员的练习积极性。现代科技的运用不仅包括创建虚拟训练环境，还包括运动分析软件、生理监测设备等现代科技设施和辅助工具的应用。这些工具能够帮助教练员更准确地分析运动员的训练数据（包括心率、步频、步长等），为运动员提供科学的训练建议，优化训练计划。通过这些科技手段，运动员的训练过程变得更加科学化和系统化，能够大大提高训练的效率和效果。

深入了解田径运动训练的特性及内在规律，结合当代科技信息的应用，能够为田径运动训练注入新的活力、丰富训练内容、营造浓郁的训练氛围。这样的融合不仅能够提高训练的效率和质量，还能为运动员提供一个多元化的学习环境，提升他们的训练体验，激发训练的积极性和主动性。当前，科技信息的快速发展为田径运动训练提供了前所未有的机遇。通过应用高精度的运动分析工具、生物力学评估系统以及虚拟现实技术等，教练员能够更精确地把握运动员的技术动作，及时发现并纠正动作中的不足，从而确保训练效果的最大化。此外，教练员可以利用数据分析技术，根据运动员的实时状态调整训练计划，实现个性化训练，更好地满足运动员的不同需求。通过利用现代科技手段（如智能穿戴设备），教练员不仅能够实时监测运动员的生理状态（如心率、血氧饱和度等），还能通过大数据分析预测运动员的训练疲劳度和恢复情况，为运动员的健康训练提供科学依据。虚拟现实技术的应用能够在无须外出的情况下模拟各种田径运动训练环境（如不同的气候条件、地形等），不仅能够为运动员提供更为丰富和真实的训练体验，还能大大提高训练的安全性和可控性。运动员可以在这种模拟环境中重复练习技术动作直至精通，显著提高了技术学习的效率。科技信息的融入不仅提高了训练的技术层面，还通过提供互动性强、趣味性高的训练方式，极大地激发了运动员的学习兴趣和训练积极性。教练员和运动员之间的互动交流越频繁，训练过程中的反馈就越及时，从而有效提升运动员对训练内容的吸收和应用，激励他们更加主动地参与到训练中，追求更高的训练目标。

（五）互联网资源在丰富田径运动训练内容方面的应用

运动员在田径运动训练中接触到的新鲜事物往往能激发运动员的训练兴趣。这是因为新奇的训练内容能够为运动员带来更加生动和充满挑战性的训练体验。利用互联网信息技术，教练员能够从全球范围内汲取丰富的教学资源，为运动员带来多样化的训练内容。在这样的背景下，教练员有机会通过科技手段，不断地更新和丰富课程内容，使运动员的训练方式和内容更加多元化，从而有效推进训练目标的达成。科技信息的引入能够为运动员构建一个更加完整化和体系化的田径运动训练体系与框架，不仅包括训练计划的设计和实施，还涉及训练过程中的信息反馈和调整。例如，在训练过程中，教练员可以利用科技信息营造一个轻松活跃的训练环境、通过播放训练动机视频展示世界级运动员的比赛录像或者提供图文并茂的技术分析资料。这些都能极大地提高运动员的训练兴趣和积极性。另外，科技信息的应用还能为运动员提供一个更加立体的训练空间。借助视频资料和图文教程，运动员可以更直观地学习和模仿高水平的技术动作、理解运动技巧的科学原理、掌握运动时的正确姿态和呼吸方法。这种立体的学习方式能够帮助运动员在训练中快速提高技术水平，同时打破了传统教学方法的局限性。在田径运动训练结束后，教练员还可以通过互联网科技信息构建的实时互动网络平台，与运动员进行有效沟通。这种实时沟通机制不仅能够及时反馈运动员的训练状态和进步，还能激发运动员的思考，提出新的训练目标或者调整现有的训练计划。此外，这种互动平台还能够为运动员提供一个分享经验、交流技巧的空间，增强团队之间的凝聚力和互助精神。

（六）多媒体课件的应用

随着科技信息的迅速发展，运动训练领域也迈向高效和创新，其中多媒体课件的广泛应用标志着教学方式的重大转变。尤其在田径运动训练领域，融合多媒体课件不仅是对传统教学方法的有效补充，还代表了一种训练模式的创新。多媒体信息技术的融合通过将文本、音频、图片、动画和视频等多种媒介集成为一个完整的视觉表达体系，能够极大地丰富教学内容，提供更加直观和生动的学习材料。在田径运动训练中应用多媒体课件，可以显著提高运动员的学习兴趣和训练动力。视觉冲击力强的多媒体内容不仅能激活运动员的运动神经，还能刺激运动员的感官神经，从而更有效地促进运动员对田径运动技能的理解和掌握。此外，多媒体技术的应用还能使教育资源的整合和分享变得更为便捷，教练员可以轻松地将世界各地优秀的田径运动训练资料和最新的运动科学研究成果整合到课程中，为运动员提供更加丰富和专业的训练参考。以跳远项目为例，传统的模仿和示范教学方法往往难以细致地展示技术动作中的关键点和微妙之处。然而，借助多媒体课件和微课，运动员不仅能在课后观看重播，还能通过视频的暂停、慢放功能对技术动作的难点进行重点学习。这种方式能够让运动员更精确地理解每个动作的执行方法和技术细节，进而在实践中快速提高自己的技术水平。多媒体技术的应用使田径运动训练课堂变得更加高效和目标明确。运动员可以通过多种感官进行学习，不仅能在视觉上得到满足，还可以通过听觉和触觉等多种方式加深理解。例如，动画和模拟软件能够模拟运动员在不同条件下的状态，让运动员在学习理论的同时，能够有机会体验到实际运动中可能遇到的各种情况。

（七）信息技术在训练评价方面的应用

在田径运动训练领域，传统的评价方式多聚焦于运动员的最终成绩，而对运动员在训练过程中的进步与提升给予的关注不足。这种方法虽然能够评估运动员的运动水平，却忽视了运动员技术提升的过程，尤其是在技术动作学习和掌握方面。田径运动项目（如跳远、射击和跨栏等）涉及的技术动作复杂，需要运动员在短时间内完成，对技术动作细节的要求极高。运动员在接触这些技术动作时，往往因为缺乏经验和关注度不足而难以精确掌握。在这一背景下，通过及时的评价方法，教练员可以对运动员的状态进行细致的评估，不仅能够找出技术动作的关键点和需要改进的地方，还能够帮助运动员建立自信心，增加对田径运动项目的兴趣。这种评价方式更注重过程，强调运动员在训练中的积极尝试和持续进步，而不仅仅关注最后的成绩。现代科技信息的应用为田径运动训练提供了新的视角和方法。通过科技手段（如视频分析、运动追踪和数据分析等），教练员能够更精确地把握运动员的训练状态和技术动作的执行质量。这些科技工具不仅能够帮助运动员更好地理解和掌握复杂的技术动作，还能将训练内容与日常生活锻炼紧密结合，使科技信息成为田径运动员训练的有效辅助。引入现代科技信息后，教练员可以将田径运动训练内容与各种活动相结合，如利用互动软件进行技术动作学习、使用在线平台分享训练经验和心得、通过虚拟现实技术模拟比赛环境等。这样的多样化训练方式不仅能提升运动员的训练效果，还能显著增强运动员的参与感和积极性。现代科技信息的应用为田径运动训练带来了更广阔的发展空间，使训练过程更加高效、有趣和个性化。

第五章 田径运动的训练计划与训练效果

第一节 田径运动训练计划的制订

一、基本情况

(一)训练条件

1.现有训练条件

现有的训练条件评估涵盖一系列关键因素,如环境条件、设施完备度以及教练员和运动员的素质。优越的环境条件能够为运动员提供良好的训练场所,同时吸引对田径运动有浓厚兴趣和特长的新成员。针对团队的特点,训练计划的关注点应包括教练员的专业技能、运动员的技术水平、团队的整体水平和潜在发展空间。教练员的专业素质直接关系训练质量和运动员技能的提升,教练员的经验、方法以及对运动员个体差异的敏感度构成了训练成效的基石。运动员的技术水平和身体条件能够反映当前训练活动的成效与挑战,是制订训练计划的重要依据。团队的整体水平不仅体现在比赛成绩上,还包括运动员的协作精神、应对压力的能力以及面对挑战的积极态度。这些因素共同决定了团队的凝聚力和竞争力。潜在发展空间的评估关注的是未来的成长潜力，包括技术、战术创新的可能性以及通过优化训练计划和改善环境等手段提高整体水平的机会。

2. 场馆设施

在田径运动训练计划的制订过程中，对训练基地的总体评价应包含环境设施、训练器材的可用性和质量以及这些条件如何支持教练员和运动员达成训练目标。环境设施方面需要考虑是否有室外田径场、风雨操场以及力量训练房等，由此可以判定训练基地能否全天为运动员提供训练，并且可以确保训练活动的多样性与全面性。具体而言，这些设施的存在与否，不仅可以反映运动员能否在不同天气条件下持续训练，还能反映训练基地在提升运动员的力量、技术水平、战术能力上是否具备理想条件。对于基本训练器材的评价则涉及杠铃、垫子、胶带、栏架等的可用性。这些器材的多样性和充足程度是确保训练质量的基础，进而保障教练员根据训练计划进行具体的、有针对性的技能训练。这些设备的现代化和完好程度能够影响训练效率和运动员的安全，是制订训练计划时必须考虑的重要因素。

3. 训练水平

在制订田径运动训练计划的准备工作中，总体评价还应融合训练环境、设施与器材的可用性以及教练员和运动员的能力等评价指标，使训练计划能够为训练和比赛成果的深度分析提供重要依据。训练水平的评价着重识别与提升能够直接影响团队水平以及运动员发展的关键因素。环境与设施能够为运动员提供进行日常训练所需的物质基础，其完备性可确保运动员能够在各种天气条件下持续训练，训练器材的多样性和高质量能够支持技术技能的精细打磨。从室外的田径场到风雨操场，再到力量训练室，这些设施的存在能够显著提高训练活动的效率和效果，为运动员的全面发展打下坚实的基础。运动员的高积极性对于训练计划的成功至关重要，由于运动员的热情和投入程度能够直接影响训练的质量及比赛的状态，因此训练计划应更加注重个体化训练和能力提升。为提升运动员的技术水平，教练员应提供专业的训练和比赛指导。尽管教练员具备专项训练的能力，但是在高水平训练方面是否具备较高的指导水平，也是影响训练水平的关键因素。

4. 竞赛水平

在日常的训练中，运动员和教练员虽然已具备基本的竞赛能力和策略理解，但在面对更高水平的竞争时，仍需通过更多的学习和实战经验来提升对高压竞赛环境的适应能力和策略运用。针对团队的特点，训练计划的制订应当维持和提升已有的优势，同时积极探索在高级别比赛中提高竞技水平的途径。这些措施包括增强教练员和运动员对高水平竞赛特点的认识、通过与其他顶尖队伍进行交流赛或参加更多省级和全国级比赛来积累经验、利用专业研讨会和培训机会深化战术和策略知识。这样的做法不仅能够提高运动员的技术水平和心理素质，还能促使教练员对训练方法和比赛策略进行创新思考。

5. 团队的管理

训练计划中关于团队的管理主要体现在投入的训练经费上。这种财政支持能够为田径运动的设施、器材更新和优化提供必要的资源，以确保训练活动的顺利进行。此外，对教练员提供补贴有助于提高教练员的积极性和训练质量，进而促进运动员技能的提升。对于团队的特点，训练计划应注意处理运动员学习与训练的关系，在确保运动员追求运动成就的同时，能维持学习成绩。这种平衡的理念不仅有助于培养身心健康、多面发展的个体，还能为运动员日后的职业道路提供更多可能性。然而，尽管教练员享有补贴，但对运动员的财政支持不足可能影响运动员的训练积极性和比赛状态，尤其是在需要投入较多个人时间和努力的情况下。因此，增加对运动员的经济激励，不仅能减轻运动员的经济负担，还能有效提高运动员对训练和比赛的积极性，进而促进团队整体水平的提升。

6. 必要条件

在田径运动训练计划的制订过程中，全面的总体评价及对团队特征的认识不仅揭示了当前训练环境与竞赛状态的优势，还明确指出了待改善之处。这种评价能够对确保团队持续进步与运动员全面发展的多个关键领域进行探讨。为了促进训练和比赛水平的全面提升，在训练基地的设施与器材需求方面，加大对力量训练设备和专门肌群训练设备的投入及完善辅助训练器材，对于提高运动员的体能和技能至关重要。这些设施的更新和完善能够为运动员提供实现技术进步和维持高水平训练的物质基础。同时，团队的选拔机制也是优化训练成效的关键一环。选拔机制通过科学的测试和评估程序，能够筛选出具有高潜力和发展空间的运动员，为训练基地培养高水平运动团队奠定坚实的基础。这种精细化的选拔过程能够确保训练资源的有效利用，同时能够激发运动员的潜能。教练员的专业发展同样要受到重视，通过参加培训、交流和观摩高水平比赛，教练员能够不断提升自身的业务能力，从而更有效地指导运动员，促进运动员技术和战略的全面发展。增加训练和比赛强度的措施（如假期集训、短期集训以及与其他队伍的友谊赛）不仅能够增加运动员的实战经验，还能提升团队的凝聚力和竞争力。对于教练员和运动员的经济激励，保证经济激励至少达到省市级同类团队的平均水平，是吸引和保持人才、激发训练热情和比赛动力的关键因素。运动员的学业和生活支持措施（如文化课的补课机制和训练前后的营养补给）能够体现对运动员全面发展的关怀。这不仅有助于运动员保持身体健康，还能够确保他们在运动成就和学业进步之间取得平衡。

（二）训练方式

1. 训练形式

在田径运动队的日程安排中，训练活动应遵循一套既定的周期性模式，确保运动员能够在维持学业的同时，充分投入体育锻炼中。训练期间的每个下午，在课堂学习之后，教练员应指导运动员进行系统的训练。这样的安排能够充分利用学校时间表之外的时段，以确保训练的连续性和效率。而到了周六，训练活动只安排在上午进行，留给运动员下午时间进行充分休息。这样的节奏不仅能够帮助运动员恢复体力，还能为其心理上的放松提供空间。

这种训练与休息的交替模式体现了对运动员健康和全面发展的考虑，通过精心设计的时间安排，既保证了训练的强度和专业性，又顾及了运动员的身心健康。加之教练员的专业引导，运动员能在技术、体能和心理等方面得到均衡发展，具体的日常训练时间安排如表5-1所示。

表5-1　日常训练时间

时间	夏季	冬季
周一至周五	15：00—17：00	15：30—17：30
周六	9：00—11：00	9：00—11：00

短期集训是田径运动训练计划中的关键组成部分，一般在每年冬季与夏季以及省市级以上比赛的前三个月进行。这种安排体现了对运动员备战重要比赛与季节变化的适应性考虑。在集中训练期间，教练员会针对运动员的个体情况及整体队伍的发展需求，制订更为集中和强化的训练内容。此时的训练不仅关注技术和体能的提升，还包括对策略的运用和对心理素质的锻炼，具体训练时间安排如表5-2所示。

表5-2　夏训与冬训时间

时间	夏训	冬训
周一至周六	7：00—9：00	14：00—17：00

2.训练时间

教练员与运动员在日常训练及冬季与夏季的集训期间，要充分展现对训练的长期坚持，确保有足够的时间进行体能与技能的提升。在这种训练形式中，每组训练的时长设定为40分钟。这一安排体现了对运动员体力和注意力分配的精细考量，能够通过高效而集中的训练单元，最大化训练效果。在这样的训练体系下，教练员能够针对性地设计训练内容，包括但不限于技术练习、体能提升、战术模拟等多个方面。每个训练单元时长的明确性有助于维持运动员的注意力集中，同时确保运动员拥有足够的恢复时间，预防过度训练导致的伤害。通过在关键的节点进行集训，运动员能够在体能和技能上得到针对性的调整和提升，为重要比赛作准备。这种周期性的密集训练模式不仅能够提高运动员的基本技能和竞技状态，还能促进心理素质的提升，使运动员在比赛中表现出最佳状态，具体训练时间安排如表 5-3 所示。

表 5-3 训练时间

训练时间	每日	每周	每年
训练次数	2 次	10～12 次	290～310 次

3. 起始状态诊断

（1）运动素质。在田径运动的短期集训中，对运动员的运动素质进行细致分析是提高训练效果的关键步骤。这一过程遵循中国田径运动训练田径大纲的规定，专注于对田径运动员在短跑项目上的专项素质进行测定。通过采集和测量运动员的专项素质成绩指标，再将这些指标转换为百分分值进行比较，教练员可以深入了解每位运动员的个人能力和潜力以及在特定项目上的优势和不足。这种分析方法不仅能够为教练员提供一个量化的评估工具，以判断运动员当前的训练状态和比赛准备情况，还能为制订个性化训练计划提供科学依据。通过对短跑专项素质进行具体分析，教练员能够识别运动员需要加强的领域（如起跑速度、耐力或者技术动作的准确性等），从而在短期集训中有针对性地设计训练内容，有效提升运动员的整体水平。

具体而言，这种分析基于对运动员在不同田径运动项目中成绩的观察与评估，能够识别出每位运动员的强项和弱点，以便制订出最适合提升运动员竞技水平的训练方案。针对那些在特定项目上成绩处于中等偏上的运动员，训练计划侧重于进一步强化已有的优势，同时识别并提升那些阻碍运动员达到更高水平的因素（涉及对技术细节的调整、体能的增强或心理素质的提升），确保运动员能够在擅长的项目中取得更好的成绩。对于成绩不够理想的运动员，这种分析需要准确识别导致成绩不佳的具体原因，包括技术不精、体能不足、战术应用不当或心理状态不稳定等方面。训练计划会特别强调运动员在技能、体能、战术理解和心理调节等方面的加强，以提高运动员在不擅长项目上的成绩，进而提升整体水平。对于在某些项目上已经显示出高水平的运动员，训练需要维持和进一步优化运动员的优势，同时要对比赛成绩中出现的显著差异进行分析，识别并加强那些相对较弱的能力。这种针对性的训练能够实现运动员技能的全面发展，使运动员在各个项目上都能发挥出较高的水平。日常集训的训练计划通过这样的分析与制订，能够确保每位运动员都在其潜能上得到最大的挖掘与提升。教练员在这一过程中扮演了至关重要的角色，他们不仅需要有丰富的专业知识来进行准确的分析，还需要具备高效的沟通能力来确保运动员理解并接受训练计划及出色的指导技巧来调动运动员的训练热情和比赛斗志。

（2）年龄和性别特点。在明确田径运动员日常的训练形式的过程中，年龄和性别特点也是重点考虑对象。教练员在制订训练计划时，既要考虑团队的男女比例，又要考虑年龄段的分布情况，以确保田径运动员的日常训练方案与运动员的生理发展规律和心理发展规律高度适应。针对特定的队伍构成，日常训练应采取综合性和个性化的训练方法。训练内容旨在提高所有运动员的基本运动技能（如起步技术、加速能力和耐力），同时注重增强竞技心理的培养。鉴于男女生在此年龄段的身体强度和耐力存在差异，教练员应为每位运动员制订符合个人身体条件的训练强度和内容，确保训练既有效又安全。由于考虑到女生在这一年龄段往往具有较好的柔韧性和平衡感，因此女性运动员的训练在某些方面会更加注重灵活性和协调性的提升。对男性运动员而言，训练可能更加侧重力量和速度的提高。此外，针对性的心理训练也应被纳入训练计划中，以增强运动员的比赛集中力、自信心和应对压力的能力。日常训练方案的一个重要方面是促进队员之间的团队协作和相互支持。运动员虽然在性别和身体发展上存在差异，但通过团队活动和集体训练，他们可以建立彼此间的信任和合作关系，对于提升团队整体水平至关重要。在训练过程中，教练员应细致地观察每位运动员的训练进度和身体反应，及时调整训练计划，以防止过度训练和潜在的伤害。同时，通过定期的评估和反馈，教练员可以确保训练目标的实现，促进运动员在短期集训期间的技能提升。

在针对田径运动员的日常训练制订训练方案时，教练员应特别注意不同年龄阶段的运动员在各发展阶段的特殊需求。就年龄相对较小的运动员而言，他们在反应速度和动作速度发展上有较大的提升空间，并且对训练的反应能力和吸收能力较强，因而为提升他们的田径运动技能提供了良好的生理条件。而对于年龄相对较大的运动员而言，由于身体所能承受的运动负荷和负荷强度相对较大，并且技术层面已经定型，因此教练员应该考虑不断强化身体素质方面的训练。在此基础上，教练员应深入考虑性别差异和训练经验，以确保训练既有效又适宜。在性别差异方面，由于不同年龄段女性运动员的身体发育通常优先于男性运动员，她们在速度和力量方面会较早展现出优势，因此训练计划需要细致区分性别，根据每位运动员的实际身体发育情况和能力水平选择个性化的训练负荷。这种方法能够确保女性运动员在其发育优势基础上得到进一步提升，同时能够为男性运动员制订更加合理的训练负荷，以促进其速度和力量的发展。在这个起步阶段，系统的、有组织性的训练是稳步提高成绩的关键。训练内容涵盖了从基础体能训练、技术动作训练到心理准备等多个方面，旨在全方位提升运动员的田径运动能力。短期集训可以利用运动员发展敏感期和生理发育优势，通过科学合理的训练计划，最大限度地发掘和提高运动员的潜能。训练不仅注重技能和体能的提升，还注重对运动员进行心理调节和团队协作能力的培养，以确保全体运动员能够在比赛中展现出最佳状态。

（3）参赛情况。在田径运动员日常训练计划的制订过程中，教练员不仅要结合运动员的年龄和成长阶段，还要深入了解运动员的比赛经验。这样才能为明确未来训练的方向提供重要依据。具体而言，教练员应立足运动员的参赛情况、成绩获得情况、比赛经验，有针对性地制订日常训练计划和安排具体任务。由于运动员选拔过程中，参赛履历往往是优先选拔和破格选拔的重要条件，因此运动员在进入田径队之前，普遍会有省、区、市青少年田径运动会的参赛经验，这些参赛经验为运动员提供了初步的比赛体验。以此为依据，教练员可按照运动员的年龄和生长发育程度精心选择比赛，以确保运动员能在适宜的阶段参与适宜的竞赛，从而促进运动员的全面发展。为了提高运动员的竞技水平，特别是在重要比赛中的状态，教练员可以更多地安排测验赛和交流赛。与具有一定训练经验和成绩的同级别田径队进行小规模的交流赛不仅可以丰富运动员的比赛经历，还能提高运动员在竞赛中的自我管理能力和心理调节能力。这样的策略旨在通过实战经验的累积，帮助运动员在关键时刻发挥出最佳水平。另外，针对短跑运动员的短期集训还包括对运动员个体差异的细致分析和训练计划的个性化调整。考虑到性别和年龄带来的生理差异以及运动员在比赛中展现的具体技能和潜能，教练员应制订更为科学和精准的训练方法，包括技术技能的提升、体能训练的加强、心理素质的培养以及团队协作能力的提高。

（4）训练负荷情况。在田径运动员的日常训练过程中，总体训练负荷的采集与分析对于制订和调整运动员的训练计划十分重要，必须得到高度重视。教练员应遵循《论运动训练计划》中年度训练计划的规范用表所规定的内容，科学地收集并分析运动员在上一年度和本年度的训练负荷数据。这种方法使教练员能够准确地评估运动员在年度中所承受的总体负荷情况，从而确保训练既高效又安全。通过对比上一年度和本年度训练负荷的数据，教练员不仅能够观察到运动员的负荷变化，还能基于这些变化制订出更加个性化和更具目标导向的训练计划。这样的分析有助于识别运动员在训练过程中的强项和更具弱点以及可能存在的过度训练风险。因此，教练员可以根据分析结果调整训练强度、频率和持续时间，以最大限度地提升运动员的竞技水平，同时避免因训练过度而引发的伤害。在田径运动的日常训练形式中，教练员还应重点关注运动员的生理和心理反应，以确保训练计划的实施既能满足运动员的个体需求，又符合其发展阶段的明显特征，总体负荷情况如表5-4所示。这就要求教练员具备深厚的专业知识和敏锐的观察能力，以便及时调整训练计划，回应运动员的反馈，并根据运动员的进步和成长进行适当的修改。短期集训的实施还应采取分阶段的训练方法，将年度训练计划分解为若干个阶段和周期，每个阶段都有其具体的训练目标和负荷分配。这种分阶段的训练形式有助于系统地提升运动员的技术、体能和心理素质，同时保持训练的有序性和连续性。通过周期性的评估和调整，教练员能够确保每个训练阶段都能达到预期的效果，从而逐步实现年度训练计划的总体目标。在整个日常训练过程中，教练员和运动员之间的沟通和合作显得尤为重要。教练员需要向运动员明确训练的目标、方法和预期成果，同时鼓励运动员积极参与训练计划的实施和评估。运动员的积极反馈和建议将成为调整训练计划的重要依据，有助于创造一个既有挑战性又有支持性的训练环境。

表 5-4　总训练负荷

统计内容	上一年度训练情况	本年度训练情况
年度训练总日数	310 天	310 天
年度训练总周数	44 周	44 周
年度训练总次数	310 次	310 次
每次训练时间	120 分钟	120 分钟
最高专项训练强度	200 米 28 秒，400 米 1 分 05 秒	200 米 28 秒，400 米 1 分 05 秒
平均训练强度	200 米 31 秒，400 米 1 分 15 秒	200 米 31 秒，400 米 1 分 15 秒
最高专项训练量	400 米 ×6 组，200 米 ×6 组	400 米 ×6 组，200 米 ×8 组
平均训练量	200 米 ×4 组，400 米 ×3 组	200 米 ×4 组，400 米 ×3 组

中国田径运动训练田径大纲的相关规定对年度训练日数、周数、训练时数、训练时间作出了科学而系统的规划。在日常训练过程中，教练员不仅要追求高负荷训练，以加速运动员的技能提升，还要考虑高负荷对运动员心理和生理状态所造成的影响。这样才能确保训练既能达到预期目标，又能有效避免风险的产生。针对这一挑战，教练员应以优化原有训练计划为基础，确保训练内容和训练量能够适应运动员的身体和心理承受能力。主要训练内容包括速度、力量、耐力和技术，这些都是短跑运动员提升运动水平的关键因素。为了确保训练计划的有效性和安全性，教练员需要对这些训练内容的实施方式和强度进行精心设计和调整。在训练强度方面，教练员应该根据运动员的个体差异（如年龄、性别、身体条件以及技能水平），制订个性化的训练计划。速度和技术训练可以更多地采用模拟比赛和小组竞技形式，以提高运动员的兴趣和参与度，同时能有效控制训练负荷，减少身体疲劳。力量和耐力训练则应注重科学性和循序渐进原则，避免过度或突然增加训练强度，以预防运动伤害。具体训练内容负荷如表 5-5 所示。另外，教练员还应重视运动员的心理调节和恢复，包括适当的休息、营养补充以及心理支持。通过有效的心理干预措施（如设定合理的目标、鼓励正面思考以及提供团队支持），教练员可以帮助运动员更好地应对训练压力，提升心理韧性。在实施

短期集训的过程中,教练员还应定期对运动员的训练效果进行评估,包括技术技能的提升、体能状态的变化以及心理适应的进步。这种持续的评估不仅可以帮助教练员及时调整训练计划、确保训练目标的实现,还能为运动员提供反馈和激励,增强运动员对训练的信心和动力。

表5-5 主要训练内容负荷

时间	主要训练内容	主要训练方法手段
星期一	专项速度	30米、60米、80米、100米、150米跑;400米专项跑:150～200米6～10个
星期二	力量素质、耐力训练	上肢力量、多级跳、抗阻练习(利用弹力带);耐力练习:3000～50000米节奏跑
星期三	速度耐力	200米、300米间歇跑或不同跑距的组合跑;4～8组上肢力量练习:卧推或抓举等
星期四	力量素质练习	小肌肉群的力量训练:卧推、快速半蹲等练习6～10组
星期五	速度和专项训练	30米、60米、80米、100米、150米跑;400米专项跑:150～200米6～10个;快速力量、中力量练习;腰腹肌练习:悬垂举腿或仰卧起坐60～80次
星期六	技术和素质练习	加速跑80米、跑格;60米托重物跑4组、肩带力量、躯干力量、腰腹肌、摆臂等练习
星期日	休息	——

在田径运动员的短期集训中,根据《中国田径训练大纲》的指导原则,针对田径运动员的训练安排应着重考虑运动员所处训练阶段的特点以及运动员身体素质、专项技能、运动能力发展的一般规律,将速度放在运动员日常训练的首位,而非仅仅强调速度耐力。然而,当前训练形式中存在的一些做法(如速度训练的距离设置过长)可能并未有效锻炼到运动员的速度能力,反而在无形中增强了速度耐力的部分。这不仅错过了提升快速能力的最佳时期,还可能导致训练目标的偏离。为了更好地满足运动员的训练需要,日常训练应该重新调整,并优化训练内容和方法。在速度训练方面,教练员应确保训练距离不超过60米,以便专注于提高运动员的起步速度和加速能力。这对于田径运动项目来说至关重要。通过精心设计的短距离冲刺训练,运动员可以在保持最大速度的同时,提升快速反应的能力和爆发力。在训练内容中,教练员还应加入专门针对柔韧性和灵敏性的练习,对于提高运动员的身

体协调性、平衡感以及避免运动伤害都有重要作用。通过定期进行柔韧性练习（如拉伸和柔韧性动作）及灵敏性训练（如敏捷梯和变向跑等），运动员可以有效增强身体控制能力和运动技巧。力量训练部分应重点发展运动员的爆发力和肌肉协调能力，这要求在训练中加入更多的弹跳力量练习，如立定三级跳远、单足跳和跨步跳等。这类练习不仅有助于提高运动员的爆发力，还能增强运动员的下肢力量和身体协调性。通过这种方式，运动员可以在提升个人技术水平的同时，增强身体的综合运动能力。在实施日常训练的过程中，教练员需密切观察运动员的训练反应和身体状态，及时调整训练内容和强度，以确保训练的科学性和有效性。此外，教练员还应鼓励运动员之间的相互学习和交流，营造积极向上的训练氛围，从而提高训练的整体效益。

（三）训练的目标

1. 比赛名次目标

在各年度，田径队要设定更高且更具挑战性的比赛目标，以达到以赛促练的目的。运动员不仅要将保持当前比赛成绩作为首要任务，还要确保田径队整体水平在同地区甚至更广的范围内占据领先地位。为实现这些目标，田径队日常训练的形式必须科学、系统、富有针对性，以保证运动员在各自比赛中能获得理想的名次，从而为团体总分的目标作出贡献。日常训练的形式应采取综合性和个性化相结合的策略，要基于对运动员的能力和潜力的深入分析，制订针对速度、力量、耐力和技术的全面训练计划。这一计划应强调对专项技能的培养，如起步技巧、加速能力以及在冲刺阶段的耐力保持。针对速度训练，集训可采用短距离冲刺和变速跑等方式，以提高运动员的起步反应和加速能力。这些训练应在确保不超过快速能力训练推荐距离的前提下进行，旨在最大化发挥运动员的速度潜能。在力量训练方面，除了常规的力量练习，教练员还可加入与短跑项目密切相关的弹跳力量训练，如立定三级跳远、单足跳和跨步跳等。这些练习能够增强运动员的下肢力量和爆发力，提高整体竞技能力。耐力和技术训练同样是训练计划的重要组成部分，可通过持续跑、间歇跑等耐力训练方法增强运动员的有氧耐力和无氧耐力，确保他们在比赛的后期仍能维持较高速度。技术训练侧重于短跑起步、加速以及冲刺阶段的技术动作,以确保运动员在比赛中能够有效利用自身优势。为了应对比赛中可能遇到的各种情况,日常集训还包括模拟比赛和策略训练,让运动员在实战中学习如何根据比赛的具体情况调整自己的策略和节奏。通过这种方式,运动员能够在心理和战术上更好地准备比赛,提高在关键时刻的竞争力。

2. 竞技水平目标

在田径队的日常集训中,竞技水平的成绩指标制订是一个精心策划的过程,其中教练员起到了决定性的作用。通过深入分析运动员过去一年的成绩增长幅度和个人的发展潜力并结合年度比赛的目标,教练员可以为每位运动员设定具体而富有挑战性的成绩指标。这种方法不仅能够为运动员提供清晰的目标导向,还能确保整个团队在接下来的区市级或省级比赛中获得优异的成绩,满足团体总分的要求。为实现这些精心设定的竞技水平指标,日常集训应采取多维度的训练形式,每一个环节都应全面提升运动员的竞技能力。这些训练不仅包含速度、力量、耐力和技术等方面的综合训练,还包含针对运动员心理状态的调整和策略能力的提升。在速度训练中,考虑到运动员身体和运动技能发展的一般规律,教练员要特别加强一系列短距离冲刺训练的设计,以优化起步和加速技术。力量训练侧重于增强运动员的爆发力和下肢力量,可采用多样化的弹跳练习(如立定三级跳远和单足跳等),以提高运动员的竞技水平。耐力训练可通过有氧和无氧运动相结合的方式进行,以增强运动员的整体体能和在比赛中的持久力。技术训练则侧重于短跑的起步、加速以及冲刺阶段的技巧优化,确保运动员在比赛中能够充分发挥技术优势。除了对身体能力的系统训练,教练员还应注重运动员心理素质的培养。教练员可通过模拟比赛、心理训练课程和团队建设活动,增强运动员的自信心、竞赛意识和抗压能力,确保运动员在关键时刻能保持最佳状态。短期集训中,教练员还可利用数据分析和视频回放等现代训练手段,帮助运动员更直观地认识自己的优势和不足,从而有针对性地进行改进。教练员和运动员之间的紧密沟通可以有效保证训练计划的持续优化和个性化调整,以满足运动员的成长需要。

3. 竞技能力目标

在田径运动员的日常训练中，竞技能力的提升是核心目标，包括体能和技术等方面的全面发展。这一训练目标的实现需要综合考虑运动员在训练过程中出现的不同问题，并采取针对性的训练措施，以确保每位运动员都能在比赛中发挥最佳水平。体能训练是短跑运动员成功的基石，涉及速度、力量、耐力等多个维度。在训练过程中，针对体能方面出现的问题，教练员可设计一系列有针对性的训练项目。例如，为了提升运动员的速度和爆发力，训练中可加入短距离冲刺和爆发力强化练习（如短跑加速跑和立定跳远），同时可通过跳绳、快速脚步移动等练习进一步提高运动员的协调性和敏捷性；在力量训练方面，考虑到短跑项目对下肢力量和核心力量的高要求，教练员可安排深蹲、俯卧撑和仰卧起坐等基础力量训练，同时结合弹力带和小哑铃等器械进行针对性的肌群训练，以增强运动员的整体力量水平；为了提高运动员的耐力，训练中可安排间歇跑和长跑练习，帮助运动员提升在短跑比赛后期依然能保持高速度运动的能力。技术的提升同样关键，涵盖起跑技巧、步频步幅调整、冲刺技术等方面。针对运动员在技术层面存在的不足，教练员可采取分解教学法，将每一项技术动作细分，通过反复演练，确保运动员能够精准掌握每一个技术细节。特别是起跑技巧的训练，运动员可通过模拟起跑器的使用和起跑姿势的反复练习，加强对起跑阶段的理解和掌握，从而在比赛中争取到有利的开局。对于运动员在训练中出现的具体问题，教练员可采用个性化训练计划，根据每位运动员的具体情况调整训练内容和训练强度。通过对运动员进行定期的体能测试和技术评估，教练员能够及时发现问题并进行调整，确保训练计划的有效性和针对性。

二、年度训练周期的划分及各阶段的主要任务

（一）训练周期的划分

针对田径队的年度训练安排，教练员可依据年度重要竞技比赛的日程，

将年度训练划分为两个周期。第一周期覆盖了冬季和春季，这个阶段主要聚焦于冬训以及春季的比赛准备。在冬训期间，重点应放在基础体能的建设和技术的细化上，因为冬季的比赛较少，所以为教练员和运动员提供了宝贵的时间来强化体能基础和技术能力。冬季训练通常包括力量训练、耐力提升、速度训练以及柔韧性和协调性的提高，以确保运动员在比赛前能达到最佳的体能状态和技术水平。冬训结束后，春季的训练和比赛周期开始，此时训练内容更多地转向比赛技巧和策略演练以及对运动员心理状态的调整，确保运动员能够在春季的比赛中充分展现冬训期间的成果。春季也是评估冬训效果的重要时期，教练员会通过春季比赛来观察运动员的状态，据此调整训练计划，以便更好地准备夏季和秋季的比赛。第二周期涵盖了夏季训练和秋季比赛。夏训通常更注重技术的精细调整和战术的应用，在体能训练上也会有所增强，以应对即将到来的秋季比赛。在炎热的夏季，教练员要特别注意运动员的身体状况，合理安排训练强度和训练时间，以防止中暑和过度疲劳。夏季训练期结束后，队员将进入秋季比赛周期，这是年度训练计划的高潮，运动员需要在这一时期展示出全年训练的成果，为队伍争取荣誉。这样的划分能够最大化运动员的训练效益，并确保运动员在关键的比赛中发挥出最佳水平。具体训练周期划分如表5-6所示。

表 5-6 年度训练周期的划分

月份	1	2	3	4	5	6	7	8	9	10	11	12
周期	第一周期								第二周期			
阶段	准备期			比赛期（一）		恢复期（一）	准备期（三）		准备期（四）	比赛期（二）		恢复期（二）
	准备期（一）		准备期（二）									
主要训练内容	①以耐力为核心的体能训练；②以技术规范化为核心的技术训练		①以速度和力量为核心的体能训练；②以改善动作细节为核心的技术训练	①以速度为核心的体能训练；②以完整战术为核心的战术训练；③以表象训练为核心的心理训练		①以耐力为核心的体能训练；②以技术规范化为核心的技术训练	①以增强速度和力量为核心的体能训练；②以改善动作细节为核心的技术训练		①以强化速度和力量为核心的体能训练；②以改善意识为核心的战术训练；③以注意力集中为核心的心理训练	①以速度为核心的体能训练；②以完整战术为核心的战术训练		①以耐力为核心的体能训练；②以技术规范化的技术训练

在田径队的日常训练中，训练安排应紧密围绕比赛周期进行规划，确保运动员能在关键时刻展现最佳状态。这种训练模式旨在通过科学的方法逐步提升运动员的竞技水平，同时兼顾他们的身体健康和长期发展，可划分为几个关键阶段。训练周期的第一准备期是打基础的阶段，此时的训练负荷以量为主，目的是增强运动员的体能基础，如提高耐力、力量和速度等。这一阶段的训练对于建立运动员整体的体能和技能极为重要，能够为后续的高强度训练奠定坚实的基础。通过跑步、基础体操、力量训练等多样化的训练内容，运动员能够全面提升自身的体能指标，为专项技能训练做好准备。进入第二准备期，训练逐渐转向强化阶段，重点是将训练重心过渡到运动员的专项训练中。在这一阶段，训练开始聚焦于提升运动员在特定田径运动项目上的技术和策略，如短跑技巧的细节调整、起跑反应的提速等。这一阶段的训练负荷逐渐增加，同时更加注重训练的质量，确保运动员能在专项技能上取得明显进步。考虑到每位运动员的竞技水平和专项技能的差异，准备期的具体时间长度具有一定的灵活性，不是机械地固定为2个月结束后进入下一阶段，而是根据运动员的实际状态和训练效果进行适当的调整。这种灵活的调整机制有助于更好地满足每位运动员的个性化需求，使他们更有效率地提升竞技水平。由于田径运动项目的重要比赛主要集中在每年的4、5月和10、11月，因此训练计划应特别考虑比赛周期的特点。每个比赛周期都细分为赛前周、比赛周和恢复周，确保运动员能够在比赛前得到充分准备，在比赛中发挥出最佳水平，并在比赛后得到有效恢复。赛前周主要聚焦于比赛策略的演练和心理的准备，比赛周是展现训练成果的时刻，恢复周则重在帮助运动员恢复体能，评估比赛状态，并针对发现的问题进行调整。

（二）各阶段的主要任务

在田径队的日常训练中，训练内容和训练任务的设计应围绕体能、技能、战术能力的提升展开，旨在针对运动员的个性化需求，营造一个全面发展的训练环境。通过将运动员根据性别、年龄及专项分为三大组，教练员能够更有效地针对每个组的特点和需要制订训练任务，使每位运动员的运动水平得到最大限度的提升。

1. 第一准备期

在第一准备期中，训练内容涵盖了力量、耐力、速度和协调性等多个方面，以全面提升运动员的身体素质。力量训练侧重于增强运动员的肌肉力量，通过各种力量练习（如深蹲、俯卧撑和引体向上等），帮助运动员提升下肢和上肢的力量。耐力训练通过长跑、间歇跑等方式，能够增强运动员的心肺功能和耐力，确保运动员在比赛中保持良好的体能状态。速度训练通过短距离冲刺、加速跑等方式，来提高运动员的起步速度和瞬间爆发力。协调性训练通过各种平衡和灵敏性练习（如跳绳、梯度训练等），来增强运动员的身体协调性和反应速度。第一准备期的具体训练计划如表5-7所示。另外，柔韧性和灵活性训练在第一准备期中也占有重要地位。教练员可通过安排伸展、瑜伽和柔韧性练习，锻炼运动员身体的柔软度和伸展能力，不仅有助于提高运动技能的执行质量，还能有效预防运动伤害。

表5-7 年度训练中第一准备期的训练计划

分类	内容
训练时间	××年1月—××年2月
阶段任务	增加运动员的体能储备；提高运动员机体的供氧能力；加快机体的耗氧速度
训练内容	以耐力为核心的体能训练；以技术规范化为核心的技术训练
训练方法	徒手练习和负重组合练习；持续训练；间隔训练

2. 第二准备期

第二准备期标志着训练强度和专注度的提升，旨在使运动员的机体逐渐适应比赛时的高强度刺激。在这个阶段，教练员在保证训练量的同时，应注重提高训练的强度，从而确保运动员能够在接下来的比赛中展现出最佳状态。随着训练内容从基础训练逐步转向专项训练，运动员开始更加深入地针对自己的主要项目进行练习（包括更为复杂和具体的技术动作训练及模拟比赛条件下的各种场景训练），旨在提升在特定项目上的竞技水平。例如，对于短跑运动员，专项训练可能会侧重于起跑技术、加速阶段的效率提升以及终点冲刺技巧的优化。在提高训练强度的同时，教练员需要密切关注运动员的身体反应和恢复情况，确保训练强度在运动员能够安全承受的范围内。第二准备期的具体训练计划如表 5-8 所示。第二准备期涉及对训练计划的不断调整和优化以及恢复策略的科学设计，如通过适当的休息、营养补充和恢复训练来帮助运动员有效恢复体能，预防过度训练和运动伤害。

表 5-8　年度训练中第二准备期的训练计划

分类	内容
训练时间	××年3月
阶段任务	提高速度
训练内容	以速度和力量为核心的体能训练；以改善动作细节为核心的技术训练
训练方法	简单反应速度；复杂反应速度；动作速度；快速用力法；小强度快速用力法；各种跳跃练习

3. 第一比赛期

第一比赛期的日常训练的形式应围绕提升运动员的竞技状态、技术熟练度以及比赛心理调节能力进行。在训练内容上，第一比赛期的训练从基础体能训练逐渐过渡到更为专项的技术练习，确保运动员能够在比赛中充分发挥其技术优势和战术优势。体能训练强调速度和耐力的提升，以适应比赛的高强度要求。教练员可通过间歇性训练、速度耐力训练以及具有竞赛性质的训练来增强运动员的身体素质，使运动员能够在比赛中持续发挥较高水平，尤其是在比赛的冲刺阶段。技术训练则聚焦于短跑起步、加速技巧以及跑姿的优化等专项技能，通过高频次的模拟练习和技术动作的反复纠正，确保运动员能够在比赛中准确地、快速地执行技术动作。此外，教练员也会利用视频分析等手段，帮助运动员直观地认识并改进技术动作中的不足。第一比赛期的训练还应特别强调心理准备，教练员可通过模拟比赛环境、心理训练课程以及分享高水平运动员的比赛经验等方式，增强运动员的比赛自信心和心理抗压能力。第一比赛期的具体训练计划如表 5-9 所示。训练中设置的模拟比赛环节能够让运动员提前适应比赛的氛围和压力，从而在实际比赛中更加从容不迫。

表 5-9　年度训练中第一比赛期的训练计划

分类	内容
训练时间	××年4月—××年5月
阶段任务	完成比赛名次目标
训练内容	以速度为核心的体能训练；以完整战术为核心的战术训练；以表象训练为核心的心理训练
训练方法	重复训练；间歇训练；最大强度训练；视频观看法；模拟比赛法

4.第三准备期

第三准备期的训练与冬训相比，虽然仍旧聚焦于体能和技术的全面提升，但训练的侧重点和方式有所不同，特别强调训练的时效性和强度控制。夏训期间，由于临近重要的比赛，训练的目的不仅包括维持和提升运动员的体能水平和技术能力，还包括通过中至高强度的训练刺激，帮助运动员逐渐达到个人成绩的顶峰，为即将到来的比赛做好准备。在这一阶段，教练员会精心设计训练计划，确保训练强度既能够有效提升运动员的竞技状态，又能避免过度训练带来的身体损伤。训练内容在这一期间追求量与强度的平衡，强调对运动员体能和技术双向推进的同时，注重训练进度的合理安排。训练负荷的增加要循序渐进，避免操之过急，要求教练员对每位运动员的身体状态和训练反应有着细致的观察和分析，以便及时调整训练计划。夏训期间，教练员应特别注意高温天气对运动员训练效果和身体状况的影响。教练员应适时调整训练时间，尽可能避免在高温时段进行户外训练，同时加强对运动员水分和电解质的补充，确保运动员的身体处于最佳状态。在技术训练方面，夏训期间的训练会更多地采用比赛模拟和专项技术的精细调校，帮助运动员在技术执行上更加精准，提高比赛中的应变能力。第三准备期的具体训练计划如表 5-10 所示。另外，教练员还会加强心理训练，通过建立正面的心态、增强自信心以及提升比赛专注度等方面的训练，帮助运动员在精神层面上也达到最佳状态。

表 5-10　年度训练中第三准备期的训练计划

分类	内容
训练时间	××年7月—××年8月
阶段任务	提高运动员的速度，发展运动员的专项速度能力

续 表

分类	内容
训练内容	以增强速度和力量为核心的体能训练;以改善动作细节为核心的技术训练
训练方法	简单反应;复杂反应;快速用力法;小强度快速用力法;各种跳跃练习

5. 第四准备期

这一阶段的核心目标是通过逐步减少训练负荷并积极调整运动员的身体和心理状态,为即将到来的比赛创造最佳的竞技状态。在此阶段,教练员的角色尤为关键,他们不仅需要精确观察运动员的日常训练状态和竞技状态,还需要根据每位运动员的具体情况,制订出个性化的调整计划,包括合理安排训练内容和强度,以确保运动员的体能在比赛前达到最佳水平,同时避免过度训练导致的疲劳或伤害。第四准备期的训练内容更加注重技术的细节调整和战术的演练以及心理准备的加强。通过模拟比赛的方式,教练员能够帮助运动员熟悉比赛流程,提高比赛中的适应能力和应变策略。除此之外,教练员可通过视频分析、个别指导等手段,进一步优化运动员的技术动作,使之更加精准有效。心理状态的调整同样不容忽视,教练员可通过增强运动员的自信心、减轻比赛压力、集中注意力等方法,帮助运动员建立积极的心态。这不仅包括一对一的心理辅导,还包括团队建设活动,以增强团队凝聚力、创造良好的团队氛围,使运动员能够在比赛中互相支持与鼓励。第四准备期的具体训练计划如表 5-11 所示。选择合理的时机让运动员冲击个人最好成绩,是第四准备期中的一个具有高度策略性的手段。教练员需要综合考虑运动员的身体状况、训练响应、心理状态以及比赛条件等多方面因素,精准把握最佳的时机,为运动员创造突破自我、实现个人最好成绩的机会。

表5-11 年度训练中第四准备期的训练计划

分类	内容
训练时间	××年9月
阶段任务	提高队员的专项最好成绩
训练内容	以强化速度和力量为核心的体能训练;以改善战术意识为核心的战术训练;以注意力集中为核心的心理训练
训练方法	重复法;间歇法;最大强度训练法;模拟比赛法

6. 第二比赛期

这一时期的训练安排旨在细致调整，以确保运动员能够在比赛中展现出最佳的竞技状态。在这一训练阶段，教练员面对的挑战之一是管理训练负荷的变化，特别是在两节训练课之间可能出现的负荷波动。第二比赛期的具体训练计划如表5-12所示。虽然整体训练趋势保持稳定，但针对即将到来的比赛，训练负荷的微调是必要的，旨在精细化地训练运动员的体能和技术，确保运动员在关键时刻能发挥出最高水平。

表5-12　年度训练中的第二比赛期的训练计划

分类	内容
训练时间	××年10月—××年11月
阶段任务	区比赛团体总分排名第×；全国比赛团体总分前×
训练内容	以速度为核心的体能训练；以完整战术为核心的战术训练
训练方法	重复训练；间歇训练；最大强度训练；模拟比赛法

7. 恢复期

在田径运动员的日常训练中，恢复期扮演着至关重要的角色。它不仅关注运动员在经过一段紧张训练或比赛后有机体的恢复，还为即将到来的训练周期做好全面的准备。这个阶段的训练目的是缓解长期高强度训练或比赛带来的身体与心理疲劳，确保运动员能以最佳状态进入下一训练周期。在恢复期，教练员可采取多样化的训练方法和手段，有效地缓解运动员的身体疲劳和心理压力。恢复期的具体训练计划如表5-13所示。

表5-13　年度训练中恢复期的训练计划

分类	内容
训练时间	××年6月和××年12月
阶段任务	调整运动员的机体状态；缓解运动员的精神疲劳
训练内容	以耐力为核心的体能训练；以技术规范化为核心的技术训练
训练方法	持续训练；间歇训练；游戏训练；徒手练习和负重组合练习法

三、训练的负荷

（一）年度训练负荷的动态变化趋势

通过在不同周期（即准备期、比赛期、恢复期）对训练负荷进行精准控制，教练员能够帮助运动员实现训练效果的最大化，同时预防运动性疲劳的产生。在准备期，训练负荷主要集中在体能建设和技术基础的提升上。此时，量的积累相对较大，强度逐渐增加，以确保运动员的体能和技能能够为接下来的比赛期打下坚实的基础。训练内容多样化，包括耐力训练、力量训练、速度训练和技术练习等。通过渐进的方式，运动员的身体能够逐步适应增加的训练负荷，以提高综合竞技能力。

1. 第一周期负荷变化

在田径运动员的全年训练计划中，第一周期的设计应遵循运动训练学的基本原则，通过不同阶段的训练负荷安排，确保运动员能够在体能、技术、心理等方面得到全面提升，同时有效防止运动性疲劳的产生。从冬季开始的第一准备期以训练量为主导，目的在于为运动员积累体能储备，同时为整个年度的训练和比赛打下坚实的基础。在这个阶段，教练员应安排大量的基础体能训练（如耐力跑、力量练习、灵敏性和协调性训练）及基本技术动作的训练。这种以量为主的训练方式有助于增强运动员的整体体能水平，为后续更高强度的训练奠定基础。进入第二准备期，训练开始注重量和强度的结合，逐渐将训练重心转移到强度上，以确保运动员在体能和技术上都达到参加第一比赛阶段所需的水平。这一阶段的训练更加具有针对性和专项化，如针对短跑、跳远等项目的特定技能训练以及模拟比赛环境的实战演练都会被纳入训练计划中。通过这样的训练，运动员不仅能提升专项技能，还能增强比赛中的适应能力和心理素质。在第一比赛阶段，训练负荷以强度为主，此时的训练更加注重提高运动员的竞技状态。教练员在这一阶段需要精细控制训练强度，避免过度训练导致运动性疲劳。适时地安排高强度训练，同时保证充足的恢复时间和适当的营养支持，可以帮助运动员在比赛中达到最佳状态。6月份的恢复期则标志着第一周期的结束，这一时期的训练负荷明显下调，主要通过轻量级训练、休息、营养调整以及心理放松等方式帮助运动员恢复。这不仅包括身体的恢复，还包括心理状态的调整，能够为运动员进入下一周期的训练和比赛做好全面准备。

2. 第二周期负荷变化

第二周期从夏训开始，应涵盖整个竞技提升和恢复的循环。这个周期的训练应精心考虑运动员的体能积累、技能提升、比赛适应性以及恢复需求，最大限度地提高运动员的竞技水平，并确保他们的身心健康。第三准备期第一个月（7月）的训练，主要侧重于训练量的积累，同时辅以适度的训练强度，目的在于增强运动员的基础体能，为随后更高强度的训练打下坚实的基础。这一时期的训练内容可能包括耐力跑、基础体能训练以及技术基础的巩固等，通过大量的训练来提升运动员的整体体能水平。进入第三准备期的第二个月（8月），训练的量进一步上调，训练强度也相应增加，以确保运动员的体能和技能能够同步提升。这时，训练内容开始更加注重专项技能的提高和战术的应用，通过模拟比赛环境的训练，提高运动员对比赛情况的适应能力和技术执行的准确性。到了第四准备期，训练以强度为主，逐渐降低训练量，以便让运动员逐步适应比赛的高强度要求。这一阶段的训练内容会更加聚焦于提升运动员的专项能力和对比赛策略的运用，同时加强心理调节训练，确保运动员在心理和生理上都能够适应即将到来的比赛强度。第二比赛期的训练则继续以强度为主、以量为辅，目的是让运动员在比赛中达到本年度的个人最佳成绩。这一阶段，教练员应密切关注运动员的状态调整，确保训练强度既能够帮助运动员提升竞技水平，又不会造成过度疲劳。在最后的恢复期，训练的量和强度都会下调，主要目的是帮助运动员恢复体能和调整竞技状态，通过低强度的体能训练、技术恢复以及心理放松等方式，确保运动员能够从紧张的比赛和训练中得到充分恢复，为之后的训练周期做好准备。

（二）各训练手段的负荷安排要求

训练负荷的安排需要精心设计，确保训练负荷与运动员的身体生长规律及竞技项目需求相匹配。这种方法论的应用体现了对运动训练学原则的深刻理解和尊重，旨在通过系统化、科学化的训练负荷计划，实现优化训练效果的目标。训练开始于对运动员的体能、技术基础和心理状态进行全面评估，以确保训练计划的个性化和针对性。

1. 速度训练负荷要求

在田径运动员的日常训练过程中，速度训练作为提升运动员短跑技能的关键部分，应得到充分的重视和科学的安排。这部分训练可细分为反应速度、动作速度和移动速度，每个细分领域都可根据不同的训练周期阶段进行负荷和侧重点的适当调整。对于田径运动训练的初级阶段，速度训练应遵循特定的原则和结构。在整个年度训练中，速度训练应保持每周进行 1～2 次的快速跑训练，每次训练的距离控制在 60 米以内。这样的距离既能有效提升速度，又能防止过度负荷导致的伤害。对于反应速度和动作速度的训练，重点应放在单个动作或动作组合的快速执行上，每次练习的持续时间应控制在 10 秒以内，建议时长为 6～8 秒。这样的安排能够提高运动员的爆发力和瞬时反应能力，对于短跑项目尤为关键。训练中每组进行大约 4 次练习，总共进行 3 组，这样的重复次数和组数设置考虑到了运动员的身体承受能力和恢复能力，能够在提升速度的同时，避免过度训练和可能造成的运动损伤。针对田径运动员的生理特点，间歇时间的安排尤为重要。单次训练的休息时间为 3～5 分钟，以确保运动员能够充分恢复；组间的休息时间设置为 10～15 分钟，直到心率恢复到每分钟 110 次。这样充分的休息时间不仅有助于运动员的身体恢复，还能保障训练效率和训练质量。

2. 力量训练负荷要求

对于田径运动员而言，力量训练的目的并不是追求绝对力量和最大力量的提升，而是通过克服自身体重、运用轻器械以及进行弹跳和身体素质练习等方式，增强肌肉力量并促进身体协调性和运动能力的提高。这样的训练方式既可以有效增强运动员的身体素质，又能避免过早使用高负荷训练可能带来的伤害。在实施力量训练时，避免使用静力训练手段是一个重要原则。静力训练可能会对运动员的骨骼和肌肉产生不利影响，因而采用动态、有节奏的训练方式更为适宜。训练负荷的安排应从较低的初始负荷开始，大约为运动员能承受最大重量的40%，然后逐步增加至不超过80%。每个练习的组数、次数以及休息时间都应经过科学设定，确保运动员在安全的前提下，逐步增强力量。在组间和次间的休息时间，采取积极的恢复方式极为重要，如轻松慢跑、拉伸或轻柔的按摩等可以促进肌肉的放松和血液循环，避免肌肉过度紧张和可能造成的损伤。针对快速力量和力量耐力的训练，负荷强度和训练方式的选择均需考虑运动员的具体承受能力。快速力量训练负荷控应制在30%～60%的范围内；力量耐力训练更注重持久性，负荷应在20%～40%的范围内，以保障训练的安全性和有效性。力量训练的总时长和频次也需严格控制，一般不超过60分钟，每周不超过2次，尤其在比赛周，教练员应根据运动员的状态适当减少力量训练的量和强度，以确保运动员能够以最佳状态参与比赛。

3.耐力训练负荷要求

在田径运动员的日常训练过程中，耐力训练作为短跑项目重要的训练内容之一，应采取科学的、细致的训练方法，旨在提高运动员的心肺功能和运动器官的承受能力，缩短运动员的恢复时间。这种针对性的训练策略不仅考虑到短跑项目的特点，还充分考虑到运动员的生理和心理特点。耐力训练主要依靠中低强度的有氧耐力训练，不同于中长跑项目采用的训练方式。为短跑运动员量身定制的耐力训练的重点在于通过低至中等强度的持续或重复训练，有效提升运动员的体能水平，同时避免过高的训练强度导致的潜在伤害。运动员的耐力训练应避免采用高强度、短间歇的训练方法，更倾向于采用低强度的重复训练法或持续训练法。这样的训练方法能够保证运动员在不超负荷的情况下，有效提升心肺功能和肌肉耐力，对于恢复和体能增加尤其有效。耐力训练的时间和强度安排应依据运动员的耐力基础和机体承受能力而定。最佳训练时间介于20～50分钟之间，负荷强度控制在30%～60%，心率则维持在每分钟140～170次。这种训练负荷的设置既能有效提升耐力，又能避免过度训练的风险。对于400米跑运动员，由于项目特性，其有氧耐力训练的负荷相对于100米跑和200米跑运动员而言会有所提高。此外，400米跑运动员的训练计划中还应适当加入无氧耐力训练元素，但最大训练强度不宜超过80%，并且间歇时间要充分，确保有40%～50%的恢复。需要注意的是，若采用空腹晨训的方式，教练员需要更加谨慎地控制训练负荷的强度和量，以防营养缺乏导致的运动器官损伤。这种做法体现了对运动员身体状况的细致关怀，旨在保障运动员的健康，同时促进体能的提升。

4. 灵敏性和柔韧性训练负荷要求

在田径运动员的日常训练过程中，运动员的柔韧性和灵敏性训练应采取一系列综合性和系统性的方法。这些训练方法应紧密结合运动员的生理发展特点，旨在充分利用运动员成长的关键期，有效提高运动员在短跑等项目中的运动能力。特别是在柔韧性和灵敏性方面，训练计划应充分考虑提升这些素质对于运动员未来发展的重要性及如何安全有效地实施这些训练。在进行柔韧性和灵敏性的训练时，教练员首先应确保运动员进行充分的准备活动，通过一系列的热身和轻柔拉伸动作来提升肌肉温度，为后续更具强度的训练做好准备。这一阶段的重点在于让运动员的身体在进入主要训练前达到一个较佳的生理状态，从而减少在实施高难度训练时可能发生的肌肉和关节拉伤。在接下来的柔韧性训练中，教练员可采取动静结合的方法，让运动员在完成一系列静态拉伸后立刻进行相关肌群的动态训练。这种训练模式旨在通过静态拉伸提高肌肉的伸展性，紧接的动态训练则有助于增强肌肉的弹性和控制力，对于短跑等需要快速、准确执行动作的项目尤为重要。考虑到运动员的生理特点，训练过程中教练员应特别注意控制力度，避免过猛的拉伸动作，以确保训练安全，防止运动损伤。这一点在灵敏性训练中同样适用。教练员可通过设定从简单到复杂的训练动作，避免过长的单个动作时间，确保运动员在非疲劳状态下练习，以保证动作的准确性和速度。另外，教练员还应特别注意营养和恢复的重要性，尤其是在空腹晨练等特殊训练时段，更要小心控制训练的强度和量，以免因营养不足而导致运动器官损伤。

5.技能训练负荷要求

在田径运动员的日常训练中,对于各个项目的技术训练方法都应精心设计,确保运动员能够在保持个人特色的同时,掌握高效的跑动技术。这种训练方式充分考虑了技术对于提升短跑成绩的重要性及每位运动员身体结构的差异性,旨在为每位运动员定制最适合个人特点的技术动作。在各个项目中,良好的跑动技术能有效提升力量的传导效率,加快身体重心的移动速度,从而达到提高速度、节省体力的目的。因此,教练员应高度重视技术动作的训练,注重培养运动员在快速跑动中的正确姿势和动作协调性。然而,技术训练并非简单地模仿顶尖运动员的动作,而是要基于每位运动员的身体结构和个人特征,发掘并培养适合其自身的跑动技巧。这种个性化的训练方法既能保证技术动作的科学性,又能尊重运动员的个体差异性。技能训练的实施是全年无休的,贯穿整个训练周期。同时,在比赛期阶段,教练员应根据实际情况适当调整技术动作训练的强度和频率,以防运动员因过度关注技术细节而影响比赛状态或产生不必要的心理负担。这种灵活的训练策略能够确保运动员在比赛中自信地、稳定地发挥出最佳水平。技能的练习可采用徒手和负重两种形式,通过不同的训练手段强化运动员的技术动作和身体素质。负重训练的强度会根据运动员的承受能力和技术水平不断调整,以确保训练过程中不会因负重过重导致动作变形或运动损伤。这种综合徒手与负重训练的方法有助于运动员在增强身体素质的同时,更加精准地掌握和执行技术动作。

第二节 训练计划的实施与调整

一、训练计划的实施

(一)明确列出具体的绝对性评价的指标成绩

目标设定应考虑运动员的水平、潜能以及训练和比赛的具体情况,其中包括成绩更新的可能幅度、技术、体质以及战术目标的设定。这些目标的设定能够为运动员提供明确的训练方向和激励,从而有效地促进运动员技术水平和整体竞技状态的提升。成绩更新的可能幅度是基于运动员当前水平和潜在能力的一种预估。对于高水平运动员,年度成绩更新的目标幅度设定为100米短跑在0.5秒左右,200米短跑为0.5～0.8秒,而400米短跑为1～1.5秒。这样的目标设定考虑到运动员提升空间的实际情况,能够为运动员提供一个既有挑战性又在能力范围内的目标。对于中等水平的运动员,目标幅度则可以设定得更大,以激发他们更强的提升动力和决心。

技术目标的设定是短跑训练中的一个核心环节,明确的技术目标不仅包括对跑步速度、耐力等基本技能的提升要求,还应细化到起跑、加速、保持速度和冲刺等各个阶段的技术细节。这要求教练员根据运动员的技术现状和潜在缺陷,制订具体的、有针对性的技术提升计划。体质目标的设定涉及运动员的身体条件和健康状况,包括力量、速度、耐力、灵活性等多个方面的身体素质。通过体质检测和医学检查,教练员和运动员可以明确体质提升的具体目标(如力量提升的具体数值、体态调整的方向等),从而有针对性地安排训练内容,有效提升运动员的身体素质和运动水平。战术目标的设定更侧重比赛策略和心理准备,不仅包括战术运用和比赛策略的选择,还包括运动员心理适应能力的加强,如如何应对比赛中的不确定因素、如何在压力下保持最佳状态等。通过系统的心理训练和模拟比赛,运动员可以在心理和战术上为比赛做好充分准备。

(二)做好各阶段训练期的各项工作

在田径运动训练体系中,准备期(强化阶段)和比赛准备期(强化训练阶段)是两个关键的阶段,能够为运动员在比赛中取得优异成绩奠定基础。这两个阶段的训练目标和训练方法有所不同,但目的都是通过科学合理的训练提升运动员的身体素质和技术水平,同时加强运动员心理素质的培养。具体训练目标和方法如表5-14所示。

表5-14 田径运动训练阶段的主要内容

类别	训练内容及手段
短跑	加速跑30～60米,快速跑50～70米,小步跑15米。高抬腿15米,后蹬跑(扶墙后蹬跑)15米,后踢—小腿前送15～20米,下坡跑25～40米,200米过关跑33～44秒、弯道跑70～100米、迎面接力跑4×100米、接力跑、蹲踞式起跑、冲刺跑20～30米,各种形式的摆臂、牵引跑30～50米
中长跑	走、跑结合1600～2000米,慢跑、快跑、变速跑1200～1600米。绕篮球场跑1～3圈、自然地形跑200～400米、反复跑强度85%、600～800米;匀速跑、过关跑1200米,跑楼梯、追逐跑1200米。俯卧撑脚上头下、头上脚下、蹲跳要求重心起伏明显。跳台阶(分双脚和单脚)、单脚连续跳15～20米负重全蹲起、立定三级跳、斜面做仰卧起坐、原地踏步做两步一吸两步一呼、节奏跑150～200米,匀速放松跑100～200米,下弯道上弯道跑80～150米,没有强度30～40分钟慢跑,10～16步反复跑练定助跑距离2～4步跑做腾空动作。4～6步助跑腾空过40厘米横杆,斜面由下往上跳立定跳远。挺举杠铃要求快速臂直、负重半蹲跳15～20米各种踢腿、摆腿、劈叉练习、仰卧起坐元宝收腹、两头翘、原地跳起大腿触胸(连续做、规定次数或时间跳绳)、连续跳跃垫子7～12只
跳远	全程助跑,定标志点的练习、四步蹬摆做腾空步。对墙做提腿送髋动作、跨步跑台阶、从高往下跳小腿上摆臂。立定跳远要求小腿前送、4～6步助跑腾空过40厘米杆、2～4步跑做腾空动作、10～16步反复跑练定助跑距、最后几步加速练习、1～8步助跑起跳练习三步起跳20米摆蹬结合。垫步起跳20米摆蹬结合。做一步起跳20米摆蹬结合
投掷	左脚前右脚后,重心在右腿做蹬带扣、原地正面单手掷1～2千克实心球,左臂在前右臂在后做快速挥臂动作、一步交叉一连续交叉步练习,行进间持球跑、面对肋木两脚开立手握横木做交叉,原地插枪练习,侧对投掷方向手持橡皮带做蹬拉。原地投掷要求挥臂快、扣腕方向正,全程助跑要求动作连贯协调、原地引球动作练习

在准备期,训练的主要目标是全面提升运动员的身体素质,包括力量、

耐力、速度等基本运动能力。这个阶段的训练旨在为接下来的专项训练打下坚实的体能基础。因此，这一阶段训练强度不宜过高，以避免过度疲劳，但训练量需要足够大，以确保运动员的体能得到有效提升。在准备期，技术训练同样重要，但更多的是为了配合身体素质的提高和基本技能的巩固。当进入比赛准备期时，训练的重点转向更具针对性的速度和技术提升。这一阶段，训练内容更加注重提高运动员在特定项目上的运动能力，特别是通过技术训练提升运动技能的精准度和效率。心理训练在这个阶段变得尤为重要，教练员可通过增加心理承受训练和心理适应训练，帮助运动员建立克服困难的意志品质，并有效管理比赛前的紧张情绪。比赛准备期的训练还应注意避免过度疲劳，特别是要注意准备期负荷的影响，确保运动员能够在良好的身体状态下迎接比赛。在整个训练周期中，教练员需要根据运动员的个体差异和训练反应，灵活调整训练计划，包括对训练强度、训练量和训练内容作出及时调整以及根据运动员的恢复状况和心理状态进行适当的训练干预。教练员还需密切关注运动员的健康和身体反应，及时调整训练计划，以预防运动损伤。

（三）落实好各训练期的训练计划

在田径运动训练中，追求最大肌肉力量的发挥是至关重要的目标之一，不仅包括提升肌肉的最大输出力量，还涉及增强耐力、速度、爆发力等多个方面能力的训练。这些训练内容的综合提升对于运动员的整体水平有着决定性的影响。在追求最大肌肉力量的过程中，教练员应特别强调耐久性的提高。这不仅关乎肌肉力量的持续输出，还涉及速度耐力的提升。通过进行多项距离的速度耐力训练，运动员能够在保持高速运动的同时，延长持续时间。这对于多种运动项目，尤其是需要长时间保持高强度运动的项目来说十分重要。速度的培养不应只停留在短暂的加速上，还要训练运动员的速度持续能力。这要求运动员在达到最大速度的同时，能保持尽可能长的时间。这种训练能够有效提升运动员在比赛中对速度变化的适应能力，使其在关键时刻能够迅速提速或保持速度。爆发力训练注重提高运动员瞬间释放力量的能力，因为这种能力在许多运动项目中都至关重要，特别是在起跑、跳跃和瞬间加速等方面。通过专门的爆发力训练，运动员能够在比赛的关键时刻发挥出最佳水平。为了确保训练目标的实现，每位教练员都必须制订详尽的训练计划，并在训练实践中认真执行。这要求教练员不仅要有严谨的、全面的计划执行态度，还需要定期进行训练效果的检查与训练计划的修订，以确保训练内容和目标的有效对接。此外，根据不同的训练阶段，教练员还需要制订相应的阶段性训练计划，以保证各训练期的计划能够得到有效实施并达成训练目标。

（四）加强各项工作的管理

在田径运动训练中，组织管理的工作占据着核心地位，直接关系训练的效果和运动员的发展。良好的训练组织管理不仅需要科学合理地制订和执行训练计划，还需要合理利用人力、财力和物力资源，构建一个团结协作、积极向上的训练环境。通过有效的组织架构来协调各项工作是确保训练计划顺利实施的关键。正确运用管理方法对于提高训练效率同样至关重要。教练员通过采用多种管理技术和手段（包括激励机制的引入），可以有效调动每位运动员的积极性和参与度。激励方法可以是物质上的奖励，也可以是精神上的鼓舞，关键在于激发运动员的内在动力，促使运动员在训练中全力以赴，确保各项工作的高效运转。进行科学化的管理是提高训练效果的另一项基本要求，运动训练不仅要关注技能的提升，还应该全面关照运动员的意志品质、身体素质和基础知识的培养。这要求教练员不仅要有专业的训练技术，还需要对运动员进行全面的素质教育，包括心理素质的培养、体能的增强以及运动知识的学习，使运动员在技术提升的同时，能全面提升自我。注重训练与巩固相结合是提高训练科学化水平的重要环节，在超负荷训练后，运动员的生理和心理状态都会发生变化，需要教练员及时观察、分析并采取相应的措施巩固训练成果，避免训练成果的流失。例如，教练员可通过恢复训练、营养补给以及心理辅导等方式，帮助运动员恢复状态、巩固训练成果，不仅能提升运动员的身体素质，还能增强运动员的心理韧性。

(五)加强训练工作的考核管理

在田径运动训练中,确保训练成效的显著性不仅是教练员和运动员共同的目标,还是提高运动成绩、实现竞技突破的关键。因此,加强训练环节的考核管理变得至关重要。这种考核管理需要采用纵向对比和横向对比的方式来执行,以确保训练成效的评估既全面又具有针对性。纵向对比主要是指通过运动员自身训练前后的比较,以评估训练计划的实施效果。这种对比关注的是运动员个人技能的进步和身体素质的提升,特别是那些在训练计划中设定的预期目标,如力量、速度、耐力以及专项技能等方面的提高。通过定期的测试和评估,教练员可以直观地了解每位运动员的训练成果,及时调整训练计划,确保训练方向和训练方法的正确性。

横向对比则是将运动员的训练成果与同项目的竞争对手或标杆进行比较。这种比较可以帮助教练员和运动员找出在技术和体能上的差距,识别训练中的不足之处。通过分析竞争对手的训练方法和比赛策略,运动员可以更有针对性地优化自身的训练计划,提升那些相对薄弱的领域,从而在技术和战术上走在对手前面。为了确保训练考核的科学性和系统性,建立运动员的学习和技术档案是非常必要的。这些档案应详细记录运动员的训练历程、比赛成绩、技术提升情况以及身体素质的变化等内容,为教练员提供全面的、客观的数据支持。通过对这些档案进行分析,教练员可以更准确地评估运动员的发展趋势,科学合理地规划训练内容和训练强度,确保训练效果的最大化。通过全面评估训练队伍的整体水平和进步情况,教练员可以对训练计划的有效性作出客观的判断,同时能够对运动队的整体战力进行评估。这种评估不仅涉及技术和体能方面,还包括团队协作、竞技心态等多个方面的考量,能够为后续训练和比赛的策略制订打下坚实的基础。

二、训练计划的调整

(一)"动态可控式"训练模式的构建

一个合理且科学的训练计划不仅能够指导训练的方向和重点,对于运动员技能的提升和体能的增强也至关重要。然而，训练计划的实施并非一成不变，而是需要根据外界环境和运动员自身的身体状态进行动态的调整和控制。这种调整和控制能够确保训练计划与运动员当前的训练需求保持一致，从而提高训练的有效性和针对性。在田径运动训练中，信息的输入与输出是一个动态交互的过程。训练计划作为输入信息，能够通过教练员和运动员的执行，在训练系统内部产生结构和状态的变化。这种变化是训练计划执行的直接结果，同时能够反映训练的成效。然而，如果训练计划因为某些外界因素或运动员身体状态的变化需要调整，而这种调整未能及时、有效地实施，就可能导致输入信息与输出信息之间出现不匹配的现象，进而影响训练效果的实现。为了提高训练计划的有效实施并强化对训练效果的控制，构建"动态可控式"田径运动训练模式成为一种创新的尝试。这种训练模式的核心在于其动态化和可控性，它能够根据运动员的实际训练和比赛需求灵活调整训练计划，从而确保训练内容与运动员的实际状态相匹配。

具体而言，教练员先要根据运动员的身体状态和训练反馈确定训练的预期目标，并据此制订全面的训练计划。这一步骤能够确保训练计划的科学性和合理性。之后教练员需要输入相关的训练计划信息，并在训练实践过程中进行可行性分析。这一步骤旨在通过对训练计划的执行过程进行监测，评估其实施的效果和适宜性。对此，教练员可开展基于训练实施结果的评估工作，输出相关的训练信息（包括训练成效的分析和训练过程中存在问题的识别），为训练计划的调整提供依据。最终教练员可对训练计划进行实时的校正与修订，并整合新计划、实施新计划。这一步骤是动态化可控式训练模式的关键，能够确保训练计划持续适应运动员的实际训练需求，从而提高训练的科学性和有效性。

（二）"动态可控式"训练模式对训练计划的调整

在田径运动训练中，一个高效且具有针对性的训练计划是提高运动员运动技能的关键。教练员在训练过程中的角色不仅是指导者，还是策划者和反馈信息的处理者。通过对运动员的身体状态进行细致的观察和评估，教练员可以开展更为精确的现场训练指导，确保运动员在正确的方向上努力。当运动员根据教练员的指导完成特定动作后，教练员需要对运动员的状态进行及时评估。这一过程涉及对运动员动作的观察、分析以及有针对性的反馈。根据这些反馈，教练员可以制订出下一步的训练计划，明确接下来训练的重点和需要加强的内容。这种方法不仅强调了训练内容的适应性和针对性，还强化了训练的连续性和系统性。

在制订训练指令时，教练员的目标并非让运动员追求最高难度的动作或达到最佳训练成绩，而是依据田径运动教学计划和目标要求，找到运动员在训练中存在的差异和不足，然后选取最易实现、最关键的训练内容进行针对性训练。这样的训练思路既考虑了运动员的实际能力，又保证了训练的有效性和实用性。田径运动考核的成绩可以作为日常训练中动作规范化的标准和激励，从而提高运动员训练的积极性和动力。在田径运动训练过程中，及时利用反馈的信息更是关键中的关键。任何在田径运动训练计划的延迟或不及时的调整都可能对训练效果产生不利影响。例如，在跳高训练中，如果运动员在起跳过程中存在髋挺幅度不充分、急于收腿等问题，教练员应及时与运动员沟通，指出问题所在，并在下一项训练计划中加强腰腹力量的训练，以确保运动员能够在下次训练中避免相同的错误，提升训练效果。教练员与运动员的及时交流不仅有助于训练计划的及时修正，还能增强运动员的训练信心。通过明确指出运动员训练中的不足，并提供具体的改进方案，教练员能够帮助运动员清楚认识到自己的进步空间和提升方向，从而激发运动员的训练热情和自信心。

第三节 训练效果的评估与反馈

一、训练效果的评估

田径运动训练效果的评估工作具有复杂性和系统性，要求实施一个周密且具体的评估程序。这一程序不仅需要遵循田径运动效果评估工作的固有规律，还要根据实际情况对评估工作的各个步骤进行具体安排，确保高水平田径运动队的评估工作既系统又高效。其中，评估工作的准备阶段是评估过程的基础，实施阶段是评估过程的核心，评估工作的总结和反馈阶段是整个评估过程的关键。

（一）田径运动队评估准备阶段的工作与任务

古代智慧常提醒世人，成功的秘诀在于充分的准备。这一理念对于田径运动训练效果的评估同样适用。在田径运动训练效果的评估过程中，准备阶段的工作不仅是基础，还是保证评估工作顺利进行的关键。只有做好这些细致入微的准备工作，接下来的评估工作才能顺利地进行。

1.田径运动队评估准备阶段的主要工作

在田径运动训练效果的评估准备阶段，深入理解评估的核心目的、明确评估的责任人员以及精确定义评估的具体内容是构建整个评估体系的基石。这一阶段的工作不仅关系评估工作的顺利进行，还直接影响评估结果的准确性和实用性。

（1）确定评估目的。通过精确设定评估目的，教练员可以有效地诊断运动员的训练水平，发现训练过程中的问题，并据此进行必要的调整和优化，以提升整体的训练效果。① 田径运动作为一项高度竞争性的体育项目，对运动员的技能水平和身体状态提出了极高的要求。因此，评估的首要目的便是鉴定运动员训练水平的高低，这不仅包括对运动员个人技能的评价，还涵盖了体能、战术理解能力等多个方面的考量。通过这种全面的评估，教练员可以更准确地把握运动员的训练状态，及时调整训练计划，以达到更优的训练效果。除了对运动员的训练水平进行评估，诊断训练中存在的问题也是评估工作的重要目的之一。训练过程中可能出现各种问题，如训练方法的不当、训练计划的不合理、运动员心理状态的波动等，都可能影响训练效果的提升。通过系统的评估工作，教练员可以及时发现并解决这些问题，以保证训练工作的顺利进行。评估的目的还包括衡量田径运动员的运动水平是否达到了训练目标所要求的标准。这一点对于竞技体育尤为关键，因为运动员的表现直接关系比赛的成败。通过评估，教练员和管理者可以清晰地了解运动员当前的水平和潜力，进而更有针对性地制订训练计划和比赛策略。

明确评估目的在田径运动训练效果评估工作中占据着核心地位，它直接影响评估的组织、内容、方法及方案的制订。每一次评估工作的开展都是为了达成特定的目标，这些目标可以是提高运动员的训练效率、优化训练方法、提升运动成绩、增强运动员心理素质、改善团队协作能力等。通过精确地定义这些目的，评估工作才能有的放矢，确保资源和精力被有效利用，最终达成预期的效果。

（2）确定评估的人员。在田径运动训练效果评估的过程中，确定评估的人员是一个至关重要的步骤。这些人员不仅是评估工作的主要组织者，还是评估的执行主体，其角色定位、专业能力和对评估目标的理解深度能够直接影响评估的质量和效果。由于评估的目的和对象存在多样性，评估的主体和组织者也呈现多种形式，包括但不限于社会评估、同行评估、现场评估以及自我评估等。在田径运动训练效果评估中，根据不同的评估主体，评估的关注点各有侧重。教练员作为运动训练和管理的直接负责人，其评估重点主要

---

① 教育部高等教育教学评估中心.中国高等教育评估词汇[M].北京：高等教育出版社，2010：62.

集中在运动员的状态和运动水平上。他们通过对运动员的日常训练状态、技能掌握程度和比赛成绩等方面进行评估，以便更有效地指导训练，提升运动员的整体水平。对于管理者来说，他们关注的是运动队整体的运动成绩及教练员的能力和素质。这不仅关系学校体育项目的声誉，还是评估训练资源配置、管理效率和培养机制是否科学合理的重要依据。国家各级教育行政机关则更加关注田径运动训练水平的综合评估。这种评估不仅包括运动成绩的考量，还涵盖训练条件、教练团队建设、运动员成长环境等多个方面，旨在从宏观层面把握和指导田径运动的发展方向，促进体育教育事业的整体进步。因此，田径运动训练效果评估过程中的准备阶段需要根据评估的具体目的和对象，明确特定评估工作的主要组织者。在这一过程中，建立一个既能够连接管理部门与社会力量，又能够充分利用地区资源和同行专业力量，甚至激发内部自我评价机制的评估结构至关重要。这样的结构不仅可以确保评估工作的多元性和客观性，还能够发挥社会和训练团队内部的双重评估作用，从而更全面地、更深入地理解和推动高水平田径运动队的发展。

（3）确定评估内容。在田径运动训练效果的评估中，确定评估内容是一个至关重要的环节，直接关系评估工作的针对性和有效性。评估内容的选择需要基于对田径运动训练过程及其效果影响因素的全面理解，旨在聚焦对提高训练效果至关重要的因素及相互间的联系。评估的内容既可以是全面评估，也可以是针对特定方面的单项评估。全面评估意味着对田径运动训练过程中的所有相关因素进行综合考量，包括运动员的技术技能、身体条件、心理状态、训练环境和设施、教练员的指导方法等；单项评估则专注于某一具体方面或因素，如专项技术的掌握程度、特定身体素质的发展情况等。选择哪种评估方式应根据评估目的和实际需要决定。在确定具体评估哪些因素时，关键在于识别那些对训练效果影响最大的因素，即评估工作的重点。这些因素及相互之间的联系构成了提高田径运动训练效果的核心。例如，如果目标是提高运动员的速度和耐力，那么评估的内容可能聚焦于运动员的有氧训练计划、无氧训练计划、恢复策略、营养状况等。评估过程也需明确哪些因素属于次要矛盾或矛盾的次要方面。这些因素虽然对训练效果有一定影响，但在当前阶段可能不是改进训练效果的关键点。这些因素可以选择暂时忽略或放在次要位置，以避免评估资源的分散和浪费，确保评估工作能集中精力解决最关键的问题。

在田径运动训练效果评估中，评估的核心内容包括组织领导、运动队管理、教练员队伍的建设与管理、条件保障以及训练过程等关键方面。这些内容涵盖了田径运动训练及管理的各个方面，能够确保评估工作全面反映运动队的实际状况和存在的问题，进而为提高训练效果提供科学的依据。评估目的的确立为整个评估工作的开展提供了明确的方向和目标，不仅能够指导评估人员和评估内容的选择，还能够确保评估工作高效地、有序地进行。评估目的的具体化需要通过确定专业而合理的评估人员和科学精准的评估内容来实现。这一过程要求评估组织者充分认识评估工作的复杂性和系统性，以及对详尽准备工作的必要性。评估人员的选择是确保评估目标实现的关键步骤，本质上是评估工作的组织准备过程。选择评估人员时需要综合考虑评估人员的专业知识、经验以及与评估内容的相关度，确保评估团队既有足够的专业背景，又具备评估所需的多元视角。评估人员的选择还需要考虑公正性和客观性，确保评估结果的真实性和有效性。确定评估内容的过程则是评估方案准备的过程。此阶段需要根据评估目的细化具体的评估项，包括但不限于组织领导力的评估、运动队管理模式和效率、教练员队伍的专业能力及管理情况、训练和比赛条件的保障水平以及训练过程的科学性和合理性等。精确的评估内容选择不仅能够确保评估工作的重点明确，还能够有效提升评估工作的针对性和实用性。在这一过程中，评估内容的确定需要紧密结合实际情况和评估目标，通过科学的方法和手段，设计出既实际又高效的评估方案。这要求评估组织者深入了解田径运动训练的各个方面，精准识别评估的重点和难点，同时充分利用现有资源和条件创新评估方法和手段。

2.田径运动队评估准备阶段的主要任务

为保障田径运动训练评估过程的有效实施，方案准备环节的重要性不言而喻，要求综合考虑并精心设计评估策略，确保每一步都能为达成评估目标提供支持。

（1）制订田径运动训练效果评估目标。田径运动训练效果评估作为一项有意识和有计划的工作，要求在方案准备阶段就对训练的整体目标进行明确的理解和掌握。这种评估工作不仅涉及内容繁多的评估项目，还包含丰富多样的评估要素，特别是当将运动训练管理作为评估对象时，分析评估目标成为一个关键步骤。这一过程主要有两个需要解决的问题：综合性评估目标和单项性评估目标。综合性评估目标覆盖了田径运动队建设和管理的各个方面（如人才选拔、档案管理、训练竞赛以及特殊管理等），旨在全面评价运动队的整体建设水平。单项性评估目标则聚焦于管理的特定方面（如训练竞赛管理），可能涵盖训练时数、科学的训练计划档案和训练比赛总结等具体内容。选择综合性评估还是单项性评估取决于评估的具体目的和需要。对田径运动训练效果的评估，核心目的在于全面了解田径运动训练整体情况及如何促进运动员的发展。这要求评估方案准备阶段必须精准定位评估目标，充分考虑评估工作的目的性和针对性，确保评估工作能够有效地指导训练工作的改进和优化，进而提升运动队的整体水平和运动员的个人能力。

（2）设计高水平田径运动队评估方案。评估方案构成了田径运动训练效果评估工作的基础，旨在确保评估工作能够系统、科学地进行。评估方案能够详细阐述评估的原则、内容、标准、方法及程序，是评估工作顺利开展的关键依据。[1] 设计一个合理、有效的评估方案首先需要明确评估的目的，这是整个评估工作的出发点和落脚点。其次，评估工作根据这一目的，设计出符合评估需求的评估准则，确保评估工作的目标性和针对性。在这一过程中，分级目标的设定及各准则之间权重的分配，反映了评估工作的重点和难点，体现了评估组织者对田径运动训练工作的深入理解和全面把握。这些步骤能够确保评估工作全面覆盖田径运动训练的关键方面，同时能够聚焦于最为关键的评估内容。再次，确定评价的具体表目和为收集信息设计的不同表格，是确保评估数据准确性和全面性的重要步骤，不仅涉及评估工作的具体执行方法，还涉及数据收集的工具和技巧。最后，构建评估结论模块并将评

---

[1] 教育部高等教育教学评估中心.中国高等教育评估词汇[M].北京：高等教育出版社，2010：69.

估活动的所有结果汇总分析，形成具有指导意义的结论和建议，对于提升田径运动训练效果具有重要价值。

（3）设计评估准则和评估标准。评估准则在田径运动训练效果评估中不仅代表了评估方案的核心，还是建立评估指标体系的基础，能够确保评估工作科学、系统地执行，为评估工作提供了价值尺度。评估准则的制定要求评估者对田径运动训练过程及管理的规律有深入的理解和认识。这种深刻地认识是评估标准科学设计的前提，因为只有真正理解了训练过程的本质，评估标准才能有效地反映运动员的整体情况和训练效果。在具体实施评估工作时，评估标准的选择至关重要。这些标准是对评估对象进行价值判断的基准，体现了对被评估对象质量要求的具体规定。[①] 田径运动训练效果评估标准的设定基于对训练工作的全面认识，涉及多个方面，包括运动员的技术水平、身体条件、心理状态、训练环境等。评估标准的设计反映了评估者的观点和看法，而且因人而异，体现了不同评估者对训练效果认识程度的差异。[②] 评估标准通常可以分为两大类：绝对标准和相对标准。绝对标准基于理性分析和丰富的经验，提供了固定的评价尺度，使评估结果具有可比性和标准化。相对标准则是根据参评对象的总体数据和资料制定的，强调的是在特定参评群体中的相对位置和水平，更注重评估对象之间的差异性。

（4）设计评估的指标系统。田径运动训练效果评估的指标系统是确保评估工作科学性和准确性的基石。这个系统由评估指标的要素集和评估指标的标准集等基本要素构成，涉及评估过程中的各个方面，包括运动员的身体条件、技术技能、心理状态、训练环境以及教练员的指导效果等。构建一个全面而科学的评估指标系统需要在明确田径运动训练目标的基础上，采用合理的理论和方法，将这些目标具体化、行为化，从而确保每个评估项目都能够准确反映运动训练的真实效果。通过内涵分析方法改善指标要素集的品质是指标系统构建过程的第一步，意味着每个评估指标都需要进行深入分析，明

---

① 周光明. 高等学校发展性教学评估研究 [M]. 长沙：湖南人民出版社，2009：175.
② 教育部高等教育教学评估中心. 中国高等教育评估词汇 [M]. 北京：高等教育出版社，2010：68.

确其所代表的具体内容和评估维度。例如，评估人员在评估运动员的技术技能时，不仅要考虑运动员的基本技能掌握情况，还要考虑特定项目技能、技术执行的准确性和技术动作的稳定性等具体指标。此外，根据要素集设计相应的评估标准，明确各要素的内涵，是实现评估目标的关键。这些评估标准需要具体、明确，能够量化评估结果，以便评估过程的执行和评估结果的解读。例如，针对运动员的体能水平，评估可以通过具体的体能测试项目（如耐力跑、立定跳远等）和相应的体能标准来量化。完成这些步骤后，田径运动训练效果评估的准备方案才具有可行性和可检性。这意味着评估方案不仅需要在理论上可行，在实践中也需要能够有效执行，评估结果需要通过实际数据进行验证。因此，构建指标系统不仅是对田径运动训练各方面进行细致分析的过程，还是对评估工作实际可操作性的保障。

（5）确立评估指标权重。在田径运动训练效果评估中，确立指标权重是一个精确且关键的步骤，直接影响评估结果的准确性和可靠性。通过为各个子指标分配适当的权重，评估过程可以更加公正和科学，并且反映各个指标在整个评估体系中的重要性。这一过程要求评估者不仅要有丰富的专业知识，还需要掌握数理统计等相关的方法技能。确立指标权重的步骤是在指标体系设计完成之后进行的，意味着在进行权重分配之前，评估者必须先清晰地确定评估目标，并基于这些目标设计出一个全面、合理的指标体系。该指标体系应涵盖田径运动训练的各个方面，包括运动员的身体条件、技术技能、心理状态、训练环境、教练员的指导效果等。随后，评估者需要根据每个子指标在整体评估目标中的作用和重要性进行权重的分配。这一步骤通常采用数理统计方法（如德尔菲法、层次分析法等）来确保权重的分配既有科学依据，又能充分反映专家的经验和判断。这种方法可以量化各个子指标对于达成总体评估目标的贡献度，确保评估结果的客观性和公正性。权重的确立与量化方法的选择不仅是对指标体系的补充和完善，还会对指标体系的设计产生反作用。这是由于在进行权重分配和量化过程中，某些原先设定的指标并不如预期那样重要，或者某些关键指标存在被遗漏的情况，因此这一过程可能促使评估者对指标体系进行调整和优化，从而进一步提升评估方案的科学性和实用性。

（6）选择评估信息收集和处理的方法。选择适合田径运动训练效果评估的方法和工具，对于确保评估信息的收集和处理至关重要。这一选择过程必须以客观性、可行性和科学性为基本原则，确保所选方法和工具能够精准地收集与评估目标相关的数据和信息。每一个评估目标的实现都依赖于对相关评估信息的准确收集和分析处理，因而选择合适的评估方法和工具对于评估的成功执行具有决定性的影响。客观性要求评估方法和工具能够在最大限度上减少主观判断对评估结果的影响，确保评估数据的真实性和准确性。这意味着评估过程应尽量采用标准化、系统化的方法和工具（如标准化测试、问卷调查等），以获取可靠和一致的评估数据。可行性则强调所选方法和工具应符合评估的实际情况，包括评估对象的特点、评估团队的能力以及资源的可用性等。评估方法和工具的选择需要考虑实施的简便性和成本效益，确保评估工作能够在现有资源和条件下顺利进行。科学性则要求评估方法和工具的选择应基于科学的理论和实践经验，能够合理地反映评估对象的实际情况和需要。这要求评估者具有相应的专业知识和技能，能够根据评估目标的具体需求，选择或设计出科学、有效的评估方法和工具。

（7）确定评估人员。在田径运动训练效果评估中，评估队伍的组成和质量成为实施评估工作的决定性因素。评估专家作为评估实践中的主要执行者，他们的专业能力、经验以及对评估方法的掌握程度直接影响着评估的准确性和可靠性。因此，确保评估队伍由合格的专家组成，并通过专业培训使其符合评估的具体要求，是评估工作成功的关键。从专家库中筛选合适的评估人员需要考虑多个因素，包括专家的专业背景、以往在田径运动训练效果评估方面的经验以及对田径运动训练理论和实践的理解程度。此外，评估人员的选择还应考虑独立性和客观性，以确保评估工作的公正性。筛选的评估专家队伍在正式投入评估工作之前，进行专门的培训至关重要。培训内容应涵盖评估方案的详细介绍、评估方法和评估工具的使用以及数据收集和处理的标准操作程序等。这样的培训不仅能够提升评估队伍的专业能力，确保他们对评估工作有充分的理解和准备，还有助于统一评估标准，减少评估中的主观偏差，提高评估结果的一致性和可信度。

（二）田径运动训练评估实施阶段的工作内容

田径运动训练效果评估实施阶段是整个评估流程的核心部分，直接影响评估结果的有效性和准确性。在此阶段，评估工作的质量和效率成为衡量评估成功的关键指标。因此，为确保评估实施工作的顺利进行，评估团队需要做好以下几个工作。

1. 做好宣传动员工作

"良好的开端等于成功了一半"在田径运动训练效果评估的实施前期尤为适用，此阶段的导入工作不仅是评估工作启动的关键，还是确保评估流程科学化、规范化以及合理化的基础。这一阶段的核心目的是通过有效的沟通和宣传，将参评单位从对评估的不了解逐步引导至充分了解，并最终参与和支持评估工作，从而营造一个积极的、合作的评估环境。实施阶段的宣传工作具有战略性意义，旨在广泛、深入地传达田径运动训练效果评估的重要性和必要性。通过这一过程，评估团队可以全面梳理并检查训练过程中存在的问题，收集关键信息，为后续根据评估结果分析问题原因、改进训练方法奠定坚实基础。宣传和动员过程不仅有助于提升所有参与方对评估意义的认识，还能鼓舞士气、激发积极性。这一过程通过有效沟通，可以调动教练员、运动员以及相关管理人员的积极性和主动性，使他们全面投入评估过程中。在宣传动员的过程中，各种资源和力量都需要参与到评估工作中来，要求评估组织者采用多种宣传手段和渠道（如会议、研讨会、培训、网络和媒体等），确保评估的目的、意义、方法和预期效果等信息能够广泛传播。评估组织者还需针对不同的参评单位和个体，采用差异化的宣传策略，以确保信息传达的有效性和针对性。另外，宣传动员过程中的细致工作也至关重要，包括对参评单位和个体进行一对一的沟通、解答疑惑、听取意见、增强互信，以及通过实地访问、调研等方式，深入了解他们的实际需要和期望。这种深入的沟通有助于消除参评方的顾虑，增强其对评估工作的认同感和参与度。

2. 下达评估通知书

评估通知书在田径运动训练效果评估中不仅是评估工作正式启动的标志，还是确保评估过程正规化、系统化的重要文档。由评估机构出具的这一行政公文详细说明了评估的目的、原则、时间、程序以及具体要求，为被评估对象明确了评估的框架和预期，能够确保所有参与方对评估工作有一个清晰、统一的理解。评估通知书中对评估目的的阐述能够帮助被评估对象理解评估工作的核心意图，无论是为了全面检查和提升训练效果、识别训练过程中的问题，还是为了提供改进训练工作的依据，清晰的目的说明都可增强评估的针对性和有效性。评估原则的说明能够确保评估工作的公正性、客观性和科学性，明确指出评估工作应遵循的基本原则不仅能够保障评估过程的合理性，还能够增强评估结果的可信度和接受度。评估时间的规定能够为评估工作的顺利进行提供时间框架，在时间安排上进行明确说明能够确保所有参与方合理安排自己的工作和生活，为评估留出充足的时间，同时有利于评估工作按计划进行，保障评估工作的连贯性和时效性。评估程序和要求的详细列举能够为评估的具体实施提供操作指南，不仅包括评估的具体步骤（如资料收集、现场访问、数据分析等），还涵盖了评估过程中的具体要求（如所需提交的资料种类、数据的格式要求等）。这样的规定有助于统一评估标准，确保评估工作的系统性和规范性。评估通知书所具有的行政约束效力意味着被评估对象必须按照通知书中的规定接受评估，能够确保评估工作的正式性和强制性。这种约束力不仅体现了评估工作的重要性，还保证了评估工作能够得到充分的重视和配合。

3. 收集评估信息

在田径运动训练效果评估的过程中，信息资料的收集是评估工作的基础，它直接关系评估结论的科学性和客观性。评估资料的全面性、准确性、说服力是评估成功的关键。这个阶段的工作核心是解决"怎样评估"的问题，聚焦于选用合适的评估技术。在田径运动训练效果评估中，对参评运动员的了解主要来自两个渠道：一是参评单位提交的自评材料，其内容提供了从参评单位自身视角出发的信息；二是评估专家依据田径运动训练效果评估指标体系所收集的信息，主要通过评估专家的观察、访谈等方式获得，更加客观和全面。有效的信息收集不仅要考虑信息的全面性，还需要注重信息的重要性和相关性，从而进行有重点的收集。由于田径运动训练涉及的信息十分复杂，且评估的人力、物力存在限制，不可能做到面面俱到，因此在评估过程中选择有效的统计技术和统计方法，对进行科学的信息筛选和分析变得尤为重要。在收集信息的过程中，评估组织者应当运用现代统计学的方法（如抽样调查、问卷调查等），以提高信息收集的效率和覆盖面。此外，评估团队还需要具备较强的数据分析能力，能够对收集的信息进行客观、理性的分析和解读，以确保评估结论的科学性和合理性。为了使评估结果更加客观和全面，评估过程还需要注重信息来源的多元化，除了参评单位的自评材料和评估专家的现场评估，信息来源的还可以包括对运动员的访谈、观察训练和比赛情况、分析运动员的成绩发展趋势等。这可以从多个角度和维度全面了解运动员的训练状态和训练效果，为作出准确的评估提供更加丰富的数据支撑。

4. 整理评估信息

在田径运动训练效果评估工作中，对收集的信息进行迅速而准确的整理是确保评估准确性的关键环节。这一过程不仅关系评估结果的科学性和客观性，对于后续的分析和处理工作也至关重要。信息整理工作的全面性体现在它覆盖了从信息归类、审核到建档的各个阶段，每一步都需要精细的操作和细致的管理。[1]

归类是信息整理过程的起始阶段。这一步要求评估者将收集的各类信息资料在规定的时间内进行有效汇集，并根据事先设定的分类标准进行初步的归类处理。这一阶段的工作目的在于将庞杂的信息按照一定的逻辑和规律进行分类整理，为后续的审核和分析工作奠定基础。通过这样的归类，评估者可以对收集的信息有一个全面而清晰的了解，便于识别信息的完整性和系统性。

---

[1] 肖远军. 教育评价原理及应用 [M]. 杭州：浙江大学出版社，2004：52.

审核是信息整理工作的核心。在这一步骤中，评估者需要对归类后的信息进行逐一的审核和鉴别，以确保所有信息的准确性和相关性。根据评估目的和要求，评估者需要对信息进行筛选，剔除那些不符合评估要求或与评估目标无关的信息。对于信息中存在的缺漏部分，评估者需要及时补充完整；对于需要加工处理的数据，评估者需要采用适当的方法进行处理。这一步骤是确保评估结果准确性和科学性的关键，对于提高评估工作的质量和效率具有重要意义。

建档是信息整理工作的最后阶段。评估者通过建立完整的信息档案，不仅为评估工作提供了详尽的基础资料，还为未来的跟踪研究和长期管理提供了依据。建档工作要求评估者对归类和审核过的信息进行系统化管理，建立易于查询和利用的信息数据库或信息档案。这样不仅能够提高信息利用的效率，还能保证评估工作的可持续性和发展性。

5. 进行评定

在田径运动训练效果评估过程中，当评估信息通过归类、审核和建档等步骤被整理好之后，接下来的工作便是进行具体的评估工作，即基于收集和整理的信息作出初步的评估结论。这一环节是评估工作的核心，因为评估结论的准确性和科学性直接关系评估功能的有效发挥以及对被评估对象未来工作和长期发展的指导意义。进行简单而科学的评定意味着评估主体需要采用合理的方法和准则，确保评估过程的客观性和公正性。评估结论的形成应当基于对收集的信息的全面分析和深入理解，综合考虑田径运动训练的多个方面，包括运动员的技术水平、身体素质、心理状态、训练环境和教练员的指导效果等。在形成初步评估结论之后，评估主体需要进一步撰写评语，提出评估等次的意见。评语的编写不仅要准确反映评估发现和结论，还应当具有指导性和建设性，为被评估对象提供改进训练、提升运动水平的具体建议。此外，评估等次的提出应当基于明确的评估标准和评估准则，体现出不同级别的训练效果，从而为被评估对象的今后工作和长期发展提供参考。

(三)田径运动队评估结果与反馈的处理

在田径运动队训练成果的评估过程中,形成评估结果标志着评估实施阶段的完成。此环节涉及评估组织者综合应用评估理论和统计方法,对参评队员在一定周期内的整体水平进行量化和质化分析,从而得出全面的评估意见。这一过程不仅关注参评院校在田径运动领域的成就,还会深入分析其训练和管理的各个方面,以确保评估结果的客观性和全面性。需要注意的是,评估结果的形成并不意味着评估工作的全部结束。与此相反,这只是一个新的起点,因为高水平田径运动队评估的根本目的在于促进各参评院校的持续发展和提升,所以为达到这一目标,对评估结果的充分分析和反馈变得尤为关键。通过深入剖析评估发现的问题和不足,参评院校能够获得宝贵的改进意见和建议,从而有针对性地调整和优化自身的建设策略和实施方案。

1. 整合评估结果

田径运动队的评估结果处理环节是整个评估活动的收官阶段,不仅是对前两个阶段(评估准备和评估实施)的延伸,还是整个评估活动达成其目的的关键所在。[①] 这一环节的核心目标在于通过系统地分析和整合,形成对参评院校田径运动队建设和管理水平的全面评价,进而指导和促进其持续发展与优化。首先,处理评估结果涉及对各评估项得到的结果运用统计方法进行综合分析。这一步骤旨在将分散的、具体的评估数据汇总成对评估对象的整体综合结论。这不仅需要评估团队具备扎实的统计学知识和技能,还需要运动员能够对数据进行客观、准确的解读,以确保评估结果的科学性和公正性。其次,评估团队需要确定评估结果。在这一过程中,评估组织者需对所有级别的评定结果进行深入的定性和定量分析,不仅要判断参评单位是否达到了既定的合格标准,还要针对未能达标的领域给出具体的改进建议。这要求评估团队不仅要有能力作出准确的判断,还要具备一定的问题诊断能力和解决问题能力,以便能够为评估对象提供实质性的、可操作的改进措施。最后,建立的评估档案中所有与评估相关的文件、数据和结论都应当妥善保

---

① 何兆华,陈宇明. 教育评估研究 [M]. 西安:三秦出版社,2009:182.

存,形成完整的评估档案。这不仅为后续的评估工作提供了宝贵的历史资料,还为参评院校提供了持续改进的依据。通过对评估档案进行分析和反思,参评院校可以更加明确自身的优势和不足,更有针对性地制订未来的发展计划。

2.评估结果信息反馈

在评估过程中,信息反馈环节的重要性不容忽视。它不仅是评估的一个关键步骤,还是确保评估成果能够转化为实际改进措施的桥梁。在田径运动队的评估过程中,一旦评估结果整合完成,及时、准确地将这些信息反馈给相关的单位和部门就显得尤为重要。这一反馈过程主要涉及两个方面。一方面是向教育行政部门或领导层报告评估结果,为高层决策提供了科学依据。评估结果的汇报不仅包括田径运动队的当前状况、优势和不足,还包括具体的改进建议和未来的发展方向。通过这种方式,决策者可以对整个评估对象有一个全面的、深入的了解,从而作出更为合理和有效的决策。另一方面,评估团队通过网络等公共平台公布评估结果,并直接将评估结论反馈给被评估的单位,能够使被评估单位清晰地认识自身存在的问题和不足。这种公开、透明的反馈机制不仅有助于提高评估的公信力,还能够鼓励参评单位基于评估结果进行自我反思和自我改进,从而在实践中逐步提升自己的管理和运营水平。另外,信息反馈环节强调的是及时性和准确性。只有及时将评估结果反馈给相关方,才能确保评估信息在最适宜的时间内被应用于决策和改进工作中;同时,反馈的信息必须准确无误,避免因信息误解或传递错误而影响评估结果的应用效果。

二、训练过程中的反馈

在运动训练领域,年度训练计划的反馈机制起着至关重要的作用,不仅关系训练效果的优化,还直接影响运动员的整体水平和发展。有效的反馈能够帮助教练员及时掌握运动员的竞技状态、疲劳程度和心理状况,从而在训练过程中作出相应的调整和优化,确保训练活动能够高效、有序地进行。

(一)训练课中的反馈

在田径运动训练活动中,反馈是一个无处不在的元素,通过观察运动员的肢体语言、表情和精神状态,教练员可以获得大量关于运动员状态和训练效果的信息。这些信息对于调整训练计划、优化训练效果以及预防运动损伤等方面都至关重要。肢体语言作为运动员的非言语沟通方式,为教练员提供了一种直接而有效的反馈手段。在运动过程中,肢体语言可以反映运动员对某一动作掌握的程度。例如,运动员在执行一项他们已经熟练掌握的动作时,如果出现了动作不协调或完成难度加大的情况,可能意味着运动员在某些方面遇到了困难或者是训练强度过大,此时教练员需要及时调整训练计划,降低难度,避免过度训练和运动损伤;如果运动员能够轻松地完成训练任务,教练员则应考虑增加训练的难度和负荷,以促进运动员的技术进步和身体素质的提升。训练中,运动员的表情是另一种重要的反馈方式。它可以帮助教练员及时了解运动员的伤病情况。如果运动员在训练过程中表现出痛苦的表情,往往是运动损伤的信号,教练员应立即询问情况并采取相应的措施,如减轻训练强度、调整训练内容或安排运动员进行必要的康复训练。运动员在训练过程中的精神状态同样能够提供重要的反馈信息。如果运动员在连续多次的训练中表现出精神不振,可能是生理或心理疲劳的表现,教练员应该关注运动员的休息和恢复,必要时调整训练计划,给予运动员足够的休息时间,以避免过度疲劳对运动员的健康和训练效果产生不利影响。

(二)训练课后的反馈

通过多种方式获取的反馈信息,教练员能够更全面地了解运动员的训练状态和需求,进而作出科学的训练调整方案。其中,观察运动员在训练活动中的状态和鼓励他们养成编写训练日记的习惯是两种有效的反馈方法。训练日记作为运动员个人的训练记录,不仅可以帮助运动员自我反省和总结训练成果,还能让教练员通过日记内容侧面了解到运动员对训练计划的看法、对训练内容和方法的选择以及对训练强度负荷的感受。这种从运动员角度出发的反馈能够提供更加个性化和细致化的信息,帮助教练员更好地理解每位运动员的具体情况，从而在未来的训练安排中作出更合适的调整，以满足不同运动员的需求。生化指标的检测也是训练活动后反馈中十分重要的一环，通过定期将运动员带往医疗机构进行生化指标的检测，教练员可以从科学数据的角度获得运动员当前的身体状态和竞技水平，包括但不限于血液、激素水平等生化指标。这些客观数据能够为教练员提供准确的信息，依据这些信息，教练员可以判断运动员是否处于最佳的竞技状态，或者是否存在过度训练的风险，进而决定是提高还是降低训练负荷的难度。运用这些反馈方法，教练员能够从运动员的主观体验和客观数据两个方面获得全面的反馈信息。这种双向反馈机制不仅增强了训练的透明度和互动性，还为运动员提供了一个持续学习和自我提升的机会。更重要的是，这种及时和有效的反馈可以预防训练中可能出现的误区，确保运动员的身心健康，为实现最佳训练效果提供强有力的支持。

（三）训练成绩和比赛成绩的反馈

训练成绩和比赛成绩是评估运动员训练效益最直接的指标。它们不仅能够反映运动员的当前竞技状态，还能够为教练员提供关于训练计划适用性的重要信息。这种关于成绩的分析和评估对于制订和调整训练计划及优化运动员的训练策略至关重要。赛后，教练员撰写的比赛报告分析是一个重要的反馈工具。通过详细的比赛分析，教练员可以准确地识别运动员在比赛中的状态，包括成功的技术动作和比赛策略以及那些需要改进的错误和不足。这种分析不仅基于对比赛的观察，还应结合训练数据、运动员的身体状态和心理状况等多方面的信息，以确保分析的全面性和准确性。通过这种赛后分析，教练员能够为接下来的训练和比赛制订更有针对性的计划。例如，如果运动员在比赛中因为体能下降而影响了成绩，那么接下来的训练就需要加强体能训练；如果是因为技术动作不精确而导致失误，那么技术练习就应成为重点。此外，赛后分析还可以帮助教练员和运动员共同了解对手的战术和技术特点，为针对性的策略训练提供依据。

赛后分析报告应当与运动员进行充分的沟通和讨论。这种交流不仅可以帮助运动员更好地理解自己在比赛中的状态，认识自己的长处和不足，还能够提升运动员对于训练和比赛的认知，增强运动员学习和改进的动力。教练员也可以通过与运动员的交流了解运动员的心理感受和身体状况，从运动员的角度出发，进一步优化训练计划。赛后分析报告还应该成为持续学习和改进过程的一部分，不仅要关注单次比赛的成绩，还应该将每次比赛的分析积累起来，形成运动员的长期发展档案。这样可以帮助教练员和运动员追踪进步趋势，识别长期存在的问题，并根据这些信息制订有针对性的长期训练规划。

三、反馈结果的运用

在运动训练的复杂和动态过程中，教练员的职责不仅是训练指导，还应该根据运动员的反馈信息进行训练计划的实时调整，以确保训练方案的科学性和个性化。教练员通过训练活动中和活动后获取的反馈，能够精确判断运动员的竞技状态，从而对训练的目标、任务、方法和手段进行适时调整。教练员需要根据训练中运动员的状态和反馈来评估运动员的竞技水平，包括观察运动员的技术执行、体能消耗、心理应对等多个方面。例如，如果发现运动员在执行某项技术动作时表现出不稳定或退步，教练员可能需要重新制订针对性的训练任务，调整训练的量和强度，以帮助运动员克服技术短板，提高竞技水平。对运动员疲劳状态的监测和管理是训练计划调整的重要依据，教练员通过对运动员在训练过程中表现出的疲劳状态（如运动员的恢复时间、生理反应等）进行观察，可以判断运动员的身体承受能力和恢复能力。据此，教练员能够调整训练计划中不同强度负荷的比例及单次训练活动的时长，确保运动员能够在避免过度训练的同时，最大化训练效果。比赛是检验训练成果的重要方式，也是获取反馈信息的重要场合。通过比赛，教练员不仅能评估运动员的竞技水平，还能深入了解运动员在技术和战术方面的水平及心理状态。比赛后的分析和讨论可以帮助教练员识别运动员在体能、技能、战术应用和心理调节等方面的不足，进而在接下来的训练中作出相应的调整。这可能意味着教练员会在训练计划中增加体能训练的比重，以提升运动员的耐力和力量；或者调整技术和战术训练的内容，以改进运动员的技术执行和战术应用能力；或者加强心理训练，以提高运动员的比赛心理素质。

第六章　田径运动员的伤病预防与康复训练

第一节　常见田径运动伤病及其预防

一、常见田径运动伤病的成因分析

为了深入探索田径运动员在训练活动中遭遇运动损伤的主要原因，本书对笔者所在地的田径运动队进行了调查，对影响田径运动伤病的主要因素进行了分析。通过收集和分析数据，本书揭示了影响田径运动伤病的关键因素（包括生理因素和训练因素），对制定预防措施具有重要意义。

（一）生理因素对田径运动伤病的影响

在生理因素方面，问卷调查结果指出，旧伤复发是导致运动损伤的主要因素，强调了对于历史伤病的管理和复发预防措施的重要性。这表明对于有伤史的运动员，关注旧伤的恢复并采取适当的预防措施是避免再度受伤的关键。运动疲劳作为第二大因素，体现了合理安排训练量和保证体能恢复的必要性。由于训练过度或者体能没有获得充分的恢复会显著增加受伤的风险，因此平衡训练强度和体能恢复时间是至关重要的。肌肉力量不足被确定为第三大因素，体现了力量训练在减少受伤风险中的重要作用。适当的力量训练可以提高肌肉和关节的稳定性，减少运动损伤的风险，还能提升运动能力。训练劳损和柔韧性不足分别是第四和第五大因素，再次证实了均衡和全面的训练计划对预防伤病的重要性。训练应该全面，兼顾力量、耐力、速度和柔韧性训练，避免因训练不当导致的损伤。体能储备不足是第六大因素，强调了综合体能训练的必要性。全面的体能训练可以确保运动员具备面对高强度训练和比赛的体能基础，是预防运动损伤的关键组成部分。问卷调查结果还提到了其他因素，如吸烟和饮酒可能会间接对运动损伤产生负面影响。这些因素可能削弱运动员的总体健康和体能，并增加运动员受伤的风险。生理因素的具体数据如表6-1所示。

表6-1 田径运动伤病的生理因素统计

致伤原因	选择次数/次	所占比例（基数106人）
旧伤复发	63	59.4%
运动疲劳	57	53.8%
肌肉力量不足	55	51.9%
训练劳损	43	40.6%
柔韧性不足	39	36.8%
体能储备不足	26	24.5%
其他原因	5	4.7%

通过表6-1的数据统计结果可以看出，旧伤复发在导致运动损伤的生理因素中占据显著位置，反映了训练环境的局限性及运动员对于伤病管理的轻视可能导致的严重后果。在伤病发生后，一些运动员可能因为快速感受到疼痛减轻而忽视了持续的康复训练，导致在重新面对高强度训练或比赛时伤病再次发生。旧伤复发问题的核心在于运动员和教练员对于伤病恢复过程的认识不足。尽管在伤病初期运动员可能会采取积极的康复措施，但是一旦疼痛感消失，康复训练的持续性就会被忽视。这种"好了伤疤忘了疼"的心态，加上训练和比赛的压力，会使运动员在没有完全恢复的情况下重新开始高强度的体育活动，增加旧伤复发的风险。运动疲劳作为另一个主要因素，反映

了训练和恢复之间的平衡问题。长时间的高强度训练加上缺乏有效的放松和恢复手段，会导致疲劳积累，从而增加受伤风险。此外，田径运动员在追求比赛成绩的同时，会承受身体和心理的双重压力，如果休息和恢复不充分，就很难支撑第二天的训练，长期这样可能导致持续的运动疲劳。肌肉力量不足会增加运动损伤的风险，因为力量不足可能导致运动技术的不稳定，所以会增加受伤的可能性。肌肉的力量对于保护关节、韧带等软组织起着重要作用，若缺乏足够的肌肉力量，运动员在面对高强度的训练或比赛时，会更容易受到损伤。

训练量过大与体能恢复不足以及长期重复某一动作导致的肌肉和关节磨损，是训练劳损的主要原因。不容忽视的是，肌肉力量不足也会导致训练劳损的发生。例如，股四头肌力量不足可能迫使膝关节承担额外负担以完成特定动作，最终可能导致运动劳损。柔韧性不足对运动损伤的影响同样不容小觑，当运动员试图完成某项技术动作但肌肉长度不足以满足训练要求时，肌肉伸展会超过其自然拉伸长度，结果导致肌肉张力不足，进而引发急性拉伤。这种情况说明了提高肌肉的柔韧性对预防运动损伤十分重要。体能储备不足对运动损伤的负面影响也十分明显。当运动员的体能水平下降时，维持正确的动作姿势变得困难，可能会导致生物力线的变化，肌肉的支撑力不足，进而引发诸崴脚等损伤。这强调了保持良好的体能水平对于预防运动损伤的重要性。还有一些其他因素可能会间接导致运动损伤，包括个人的灵敏性差、不良习惯（如吸烟和饮酒）等。这些个体差异性因素加剧了运动损伤的风险，强调了采取个性化训练和预防措施的必要性。

（二）训练因素对田径运动伤病的影响

在训练因素对运动损伤率的影响中，技术动作不规范是导致运动损伤的主要因素，强调了技术训练的重要性，指出了精确执行运动技术对于减少运动损伤的必要性。训练中技术动作的每一个细节都需要教练员的仔细指导和运动员的精准实践，以确保动作的正确性和安全性。准备活动不充分是造成运动损伤的第二大因素，突出了良好热身对于防止运动损伤的重要性。适当的热身可以提高肌肉温度，增加关节灵活性，从而在更广泛的运动范围内保护运动员免受伤害。训练负荷过大也是导致运动损伤的第三大因素，表明训练计划需要根据运动员的个人能力和恢复情况进行调整，避免因过度训练而引起的伤害。放松活动不充分是导致运动损伤的第四大因素，说明适当的放松和冷却活动在训练后对于帮助肌肉恢复、减少肌肉疼痛和紧张的重要性。带伤训练是导致伤病情况出现的第五大因素，强调了在伤病未完全恢复的情况下继续训练可能会加重伤情，延长恢复时间。恢复时间不足是导致运动损伤的第六大因素，揭示了充分的恢复对于保持运动员长期健康的关键性。注意力不集中是导致运动损伤的第七大因素，强调了专注训练的重要性。分心或缺乏注意力可能导致技术动作的错误，增加受伤风险。运动场冲撞等意外事件也是导致伤害的因素之一。这些因素往往是不可预测的，但运动员通过加强安全意识和预防措施，可以在一定程度上减少这类伤害的发生。除此之外，训练中的心理和情绪变化也是影响运动损伤的因素，突出了心理状态对运动水平和运动安全的影响，指出了保持积极心态和情绪稳定的重要性。训练因素的具体数据如表 6-2 所示。

表 6-2　田径运动伤病的训练因素统计

致伤原因	选择次数 / 次	所占比例（基数 106 人）
技术动作不规范	97	91.5%
准备活动不充分	96	90.6%
训练负荷过大	90	84.9%
放松活动不充分	83	78.3%
带伤训练	76	71.7%
恢复时间不足	71	67.0%
注意力不集中	53	50.0%
运动场冲撞等意外	41	38.7%
心理和情绪变化	36	34.0%

根据表 6-2 问卷调查结果的数据统计情况可以看出，技术动作不规范被广泛认为是引发运动损伤的主要因素。这一问题的存在，从一定程度上反映了教练团队的构成和专业背景的多样性。一部分教练员虽拥有丰富的田径运动经验，但他们中的一些人未必经过了专业的教练员培训。这样的背景可

能限制了他们在技术动作的教学和纠正上达到专业标准的能力。运动员自身的技术动作习惯也是一个不容忽视的因素，许多进入专业队伍的运动员在此之前已经形成了自己的技术动作模式，如果这些动作模式存在错误而未得到及时纠正，随着时间的推移，这些不规范的技术动作就可能成为引发运动损伤的隐患。缺乏系统训练的环境会使这些技术动作上的错误得不到有效的改善，从而增加运动损伤的风险。不充分的准备活动同样是导致运动损伤的主要原因之一，充分的准备活动可以有效地预防运动损伤，同时对提高运动成绩有着积极的影响。然而，田径运动员由于训练时间的限制，往往难以保证充足的准备活动，因此不仅影响了运动员的比赛状态，还增加了受伤的风险。这一现象说明训练计划需要合理安排，以确保有足够的时间进行有效的热身和准备活动，从而为运动员提供一个安全的训练环境。

训练负荷过大也是一个显著的影响因素。田径运动员在追求卓越成绩的过程中，经常面临着密集的训练和比赛日程，不仅给他们带来了极大的身体负荷，还带来了心理上的压力，这种压力和负荷的双重挑战增加了运动损伤的风险。营养状况不足以支撑高强度训练的需求，进一步加剧了运动损伤的风险。运动员在训练过程中会消耗大量能量，如果不通过适当的营养补给来补充，就很难保持身体的最佳状态，会影响训练效果，同时容易因为身体机能下降而受到伤害。运动后的放松活动不充分是导致运动损伤的另一个重要原因。放松活动有助于快速消除体内乳酸，减轻肌肉疲劳。然而，当放松活动被忽视时，乳酸的堆积会导致肌肉僵硬、失去弹性，从而增加受伤的可能性。在这种情况下，即使是简单的训练动作也可能导致损伤。一些教练员的传统观念认为，增加训练量是提高运动成绩的有效方法。这种观念有时会导致训练计划的过度负荷，忽略了运动员身体和心理承受能力的极限，容易导致过度训练，从而增加运动损伤的风险。

带伤训练的行为也被广大田径运动员视为造成伤病的重要因素之一。这种情况下，运动员往往因为对轻微伤痛的忽视而使伤病逐步加重，最终对训练和比赛产生显著影响。伤病恢复的时间不足也是一个重要的因素，尤其是在高校环境中，学生运动员在应对学习和训练的压力之外，还会积极参与校园活动，晚上可能还会参加社交活动。这些都会侵占恢复时间，导致体能难以得到及时的恢复。注意力不集中也被普遍认为是运动伤病的主要原因之一。这种状态可能源于休息和睡眠的不足，导致运动员在隔日的训练中注意力不集中，从而增加意外受伤的风险。此外，对于训练中的细节缺乏关注（如轻视小伤小病、忽视错误动作的纠正）也可能在不经意间造成运动损伤。田径运动训练中的意外撞击伤害也不容忽视，由于运动场往往为多功能、公共使用的场所，因此跑道和投掷区域的安全管理就显得尤为重要，人员的频繁穿行（尤其是在投掷区域的非专业人士横穿）极大地增加了运动员受伤的风险。除了这些直接的原因，训练中的心理和情绪变化也对运动损伤有着不可忽视的影响。心理状态的波动、情绪的不稳定都可能影响运动员的训练专注度和技术动作的准确性，进而增加受伤的可能性。

二、常见田径运动伤病的预防措施

（一）加强自我保护意识

自我保护意识对于运动员在面对不可预见的挑战时至关重要，不仅是保障个人安全的关键，还是提升竞技水平的基础。在日常训练活动和比赛过程中，运动员面对的是不断变化的环境和多样的挑战，这要求他们不仅要在身体上做好充分的准备，还要在心理上做好充分的准备。这种准备不仅涉及技能和策略的训练，还包括对自我保护知识的学习和理解。教练员在这一过程中扮演着至关重要的角色。通过定期教授运动员预防运动损伤的方法，教练员不仅传授了保护技巧，还培养了运动员对自身健康状况的关注和全面观察的习惯。这些方法包括了解人体基本构造的知识以及如何在运动中科学地使用自己的身体。这些都是避免损伤和提高运动水平十分重要的元素。在田径运动训练中，运动员应学习如何根据自己的健康状况和体能水平制订训练计划。这不仅涉及训练的强度和频率，还包括恢复时间和方法。适当的恢复是预防过度训练和运动损伤的关键，也是保持身体和心理健康的重要因素。科学合理的运动训练方法对提高运动成绩同样重要，运动员需要在教练员的指导下，利用现代科技优化训练方法，持续提升自己的竞技水平。运动员还需要学会如何在竞技压力下保持冷静、如何进行心理调节，确保在比赛中能够发挥出最佳水平。

　　竞技体育追求的是超越极限——速度更快、力量更强、成绩更优。在这一过程中，运动员经常面临着需要在短时间内提高运动水平的压力，使他们不得不在日常训练活动中进行高强度和大负荷的训练。面对这种情况，运动员需要在思想上做好准备，以避免因过度疲劳而引发运动损伤的风险。其中，提升自我观察能力在训练和比赛中显得尤为重要。这意味着运动员应当在感受到身体有任何不良反应时，能够迅速识别并及时与教练员及队医分享这些信息，以便采取相应的措施。这种及时的沟通和反馈机制对于预防损伤、确保运动员健康和提高训练效果至关重要。在追求更高运动成就的同时，运动员和教练员必须共同关注运动员自身的身体健康和心理状态。一个全面的训练计划不仅包括技术和体能训练，还应涵盖恢复措施和心理支持，这样才能有效降低损伤风险。这种方法强调的是一种平衡——在追求极限的同时，要保护运动员免受不必要的身心伤害。田径运动员在面对高强度训练的挑战时，学会如何观察自己的身体信号，认识休息和恢复的重要性，是避免过度疲劳和运动损伤的关键。这不仅是一种身体上的自我保护机制，还是心理调适的一部分，能够帮助运动员维持良好的心态对抗训练和比赛中的压力。

　　在田径运动中，为了确保训练活动的顺利进行、避免不必要的损伤，教练员和运动员在训练前需共同承担检查场地和器材安全情况的责任。这一过程中，若发现任何潜在的安全隐患，教练员和运动员必须立即与训练基地的相关负责人联系，确保这些问题能够被及时处理。这样的预防措施是为了创建一个安全的训练环境，从而让运动员能够专注提升自己的技能和体能，不用担心可能受到伤害。另外，运动员在训练过程中也需要特别注意自己的着装。选择合适的训练服装对于预防运动损伤至关重要。不合适的着装（如不专业的鞋子或不适宜的服装）可能导致运动效率降低，甚至增加受伤风险。此外，运动场上佩戴耳钉、耳环、戒指等饰品或穿着高跟鞋等不适宜的着装，不仅会干扰运动训练，还可能成为造成运动损伤的直接原因。因此，强调运动员在训练时选择符合要求的装备，是确保训练效率和训练安全的重要环节。

（二）注重训练前的准备活动，使内容多样化

在田径运动训练中，一个完整的训练课程往往被分为几个阶段，其中准备活动阶段的重要性不容忽视。观察国际上对大负荷训练课程的安排不难发现，准备活动阶段、主要训练阶段以及放松活动阶段所分配的时间是相等的。这种做法突出了准备活动和放松活动的关键作用。准备活动能有效地唤醒中枢神经系统，将中枢神经调整到适宜的活动状态，同时增进关节的活动范围，提升肌肉的弹性、体温以及关节的敏感性。这一过程有助于克服人体的功能性惰性，使身体能够迅速适应并进入一个适宜的工作状态，为随后的训练内容做好全面的准备。然而，在进行准备活动时，运动员也需要注意一些事项。准备活动的负荷和强度应当适中，过度的负荷和强度不仅不能有效地提升运动效果，还可能使运动员感到疲劳，进而影响正常训练内容和比赛状态。在这种情况下，运动员的身体机能可能会有所下降，并会增加肌肉拉伤或韧带扭伤等运动损伤的风险。因此，教练员在设计准备活动时，需要精心考量活动的内容，确保活动既能达到预热和准备的目的，又能避免因过度负荷而导致不必要的伤害。科学地安排准备活动不仅可以提高运动员对即将进行的训练内容的适应性，还能有效预防训练中可能出现的运动损伤。这需要教练员根据运动员的具体情况（包括体能状态、训练阶段和即将面临的训练内容）制订出个性化且科学的准备活动计划。这种方法不仅适用于训练课程，还适用于比赛前的准备活动，能确保运动员在最佳状态下迎接挑战。

在管理训练中，准备活动向正式训练的过渡时间的把控对运动员有着重要影响，适当的间隔时间对于维持运动员身体处于最佳状态至关重要。间隔时间过长可能导致身体从激活状态回落到休息状态，不仅削弱了准备活动的效果，还可能在比赛或训练中增加受伤的风险。特别是在大赛前，若未能妥善管理这一间隔时间，运动员在进入比赛时身体各机能可能无法达到最佳状态，从而影响比赛状态，甚至可能导致运动损伤。选择与训练课内容相匹配的准备活动也很重要，准备活动应该与专项训练内容紧密结合，从而确保运动员的身体能够得到针对性的准备，有效预防运动损伤。准备活动的内容需要循序渐进、逐步提升，以便运动员的身体逐步适应即将到来的训练强度。教练员必须根据实际情况（包括训练环境、运动员的个体差异、气候条件等因素）灵活调整准备活动的内容，以最大限度地发挥准备活动的作用。准备活动的目标应是使运动员感到身体轻松、微微出汗和温暖。这表明身体已经得到适当的激活，准备好参加强度更大的训练或比赛。从实践角度来看，保持准备活动与正式训练内容的间隔时间不超过 5 分钟可以有效地维持这种激活状态，避免身体功能降低到休息状态。为了实现这些目标，教练员在整个训练过程中的角色至关重要。教练员需要具备灵活调整训练安排的能力，能够根据环境变化和运动员的状态作出快速决策。这种敏锐的洞察力和应变能力有助于最大化训练效果，同时最小化运动损伤的风险。

（三）注重训练后的放松整理阶段

训练后的放松整理活动在体育训练中扮演着至关重要的角色，其重要性不亚于训练前的准备活动。过去，一些教练员可能对训练后的放松活动不够重视，将其视为一个形式化的程序而非训练的核心部分。然而，随着科学研究的深入和训练理论的发展，人们逐渐认识到，训练后的放松整理活动对于运动员的恢复和长期发展具有十分重要的作用。如今，这一环节已被广泛认为是训练过程的一个重要组成部分，受到了教练员和运动员的普遍重视。在紧张且高强度的训练活动之后，运动员的身体往往处于高度兴奋和紧张的状态，不仅会导致明显的运动疲劳，还可能在训练不当时引发局部肌肉过度负担和肌肉酸痛。为了有效地应对这些问题，教练员和科研康复人员必须根据具体的训练内容和运动员的身体状况，精心选择合适的放松整理方法。这些方法可以包括轻松跑、拉伸练习、冷水浴、按摩等，旨在帮助运动员放松肌肉，促进血液循环，加速乳酸等的代谢，从而减少肌肉酸痛并加快恢复。正确实施训练后的放松活动不仅可以提高运动员的恢复效率，还有助于预防运动损伤，提升运动员的训练质量和竞技水平。此外，通过科学的放松整理活动，运动员能够更好地理解自己的身体状况，提高对训练反馈的敏感性，从而在长期训练过程中实现更加个性化和高效化的训练安排。

适当的放松方法不仅有助于提升肌肉的弹性，还能有效降低运动损伤的风险。在这一过程中，伸展肌肉和排除体内积累的乳酸成为重点。尽管传统的按摩方法在某些情况下可以带来暂时的放松感，但过重的手法可能会伤害到毛细血管，从而对身体的恢复产生负面影响。基于这样的理解，拉伸练习逐渐成为放松活动的主要形式。拉伸不仅能够有效增加肌肉的长度和韧性，还有助于促进血液循环，从而加快乳酸的代谢过程。此外，训练后使用冰敷是另一种有效的排酸方式，能够帮助减缓肌肉疼痛和炎症，尤其是在高强度训练之后。针对不同运动员的具体情况，教练员可以采用一系列个性化的放松方法，包括全身牵拉、物理治疗、按摩以及冷热水交替浸泡等。这些方法各有侧重，能够通过不同机制帮助运动员恢复。例如，全身牵拉有助于提高身体的灵活性，减少肌肉紧张；物理治疗方法（如超声波治疗）可以促进深层组织的修复；冷热水交替浸泡则是通过改变血管的扩张和收缩来促进血液循环，加速废物代谢。运动员在训练或比赛中感到某部位出现严重疼痛时，应立即采取冰敷措施以减轻炎症和肿胀，同时队医需要对受伤部位进行及时的评估和治疗。这样做不仅可以缓解疼痛，还有助于防止伤情恶化，确保运动员能够尽快回到训练状态。

（四）加强体能训练，提高薄弱环节

为了在田径运动项目中取得杰出成绩，运动员需要具备强大的体能储备，其中体能训练的作用不容小觑。田径运动项目的教练员应深刻认识到，体能训练在支持运动员达成高水平成绩背后扮演的关键角色。体能训练不仅关乎运动员在特定标准动作上的执行能力，还是他们完成高强度训练课程和比赛的基础。美国作为体能训练领域比较发达的国家之一，自20世纪50年代至20世纪80年代，相继推出了多项有关体能训练的科研成果，为体育训练领域带来了重大的理论和实践创新。这些成果不仅推动了体能训练的科学

化、系统化，还为运动员的成绩提升提供了重要支撑。相比之下，我国在这方面的发展速度相对较慢，过去很长一段时间内，训练方法仍旧沿用传统理念。尽管体能被普遍认为是运动能力的基础，但在实际的训练过程中，对体能训练的重视程度和科学性还有待提高。运动员想要取得优异成绩，除了技术和战术，体能的强大也是十分重要的基石。运动能力的提升体现在速度、耐力、力量、灵活性和协调性等多个方面。这些能力的培养都离不开系统而科学的体能训练。为了缩小与世界先进水平的差距，我国田径运动员和相关教练员必须进一步加强体能训练的科学研究和实践应用。这意味着我国田径运动员和教练员需要摒弃仅凭经验进行训练的传统观念，转而采用更加科学的训练方法和训练技术。通过对国外先进训练理论进行学习和本土化改造，并结合现代训练技术和设备的应用，运动员的体能水平可以得到有效提升，为实现更好的竞技成绩打下坚实的基础。

在体育领域，运动损伤的预防始终是教练员和运动员共同关注的重点，训练活动的开展首要原则便是尽可能地预防运动损伤的发生。实践证明，体能训练不仅是预防运动损伤的有效途径，还是延长运动员运动寿命的重要手段。科学的体能训练可以有效地提升运动员的身体机能、改善其体态，进而降低运动损伤的风险，延长运动生涯。体能训练的益处远不止于此，它还能使运动员的机体机能水平得到全面提升。一旦运动员达到较高的体能机能水平，其身体机能衰退的速度便会显著放缓，意味着他们能够在更长的时间内保持高水平的竞技状态。这对于运动员的职业生涯有着极其重要的意义，尤其是在竞技体育的高水平竞争中，每一分每一秒的状态保持都可能决定比赛的胜负。更为重要的是，体能训练能够为运动员提供一种持久的竞技能力保障。随着年龄的增长和运动生涯的延续，运动技术水平的衰退似乎是不可避免的。然而，如果运动员能够通过持续和有针对性的体能训练来维持身体机能的高水平，那么技术水平的衰退速度便可以得到有效控制。这不仅有助于运动员在长期的运动生涯中保持竞争力，还能为他们在面对年轻对手时提供更多的优势。因此，体能训练的意义已经远远超出了单纯的身体锻炼，成为一种全面提升运动员竞技能力、预防运动损伤、延长运动寿命的综合性策略。因此，教练员和运动员在备战大型比赛时，应将体能训练作为工作的重点，通过科学、系统的训练方法，不断探索和优化体能训练的方案，以确保运动员能在最佳状态下迎接挑战，实现自我超越。

在体育竞技领域，了解并加强运动员的身体薄弱环节是提高运动水平、实现优异成绩的关键步骤。在田径运动训练中，队医与教练员之间的紧密合作尤为重要。通过对运动员进行细致观察和专业评估，队医能够准确识别各个运动员在体能或技能上的薄弱环节。这一过程不仅涉及运动技能的分析，还包括对运动员的生理特征、身体条件以及潜在伤病风险的评估。识别出薄弱环节后，队医会及时与教练员进行沟通，将这些重要信息传递给负责日常训练的教练员，使他们能够根据运动员的具体情况调整训练计划。这种沟通能够保证训练的针对性和个性化，使训练计划不仅着眼于技术和战术的提高，还注重身体薄弱环节的加强。在这个过程中，让运动员明白自己身体上的不足，并加强薄弱环节的练习，是取得优秀运动成绩的重要保障。这种有针对性的训练不仅可以有效预防运动损伤，还能够全面提升运动员的身体素质和技能水平，为专项竞技奠定坚实的基础。这种跨学科的合作模式（即将医学评估与运动训练相结合）是当前运动科学领域的一大趋势，并突破了传统训练模式的局限，通过科学的方法优化运动员的训练和恢复过程，能够最大程度地发挥每位运动员的潜力。

（五）注重运动员的合理饮食结构

在田径运动中，运动员面临的是速度和负荷的双重挑战。这不仅对运动员的体能提出了高要求，还对其营养和恢复提出了特殊需求。鉴于此，运动员在经历高强度或超负荷的训练后，及时的营养补充成为确保恢复、提升运动状态的关键环节。除了保证充足的睡眠以促进身体的自然恢复，合理的饮食习惯和营养摄入对于运动员的身体恢复和能力提升至关重要。重视早餐的搭配不仅能为运动员提供一天训练所需的能量，还能确保营养均衡。养成固定时间吃早餐的习惯有助于形成稳定的能量摄入模式，为运动员的日常训练和比赛打下良好的物理基础。在这一过程中，教练员和运动队队医发挥着十分重要的作用。他们不仅需要定期对运动员进行运动营养的指导，确保运动员了解和掌握科学的饮食原则，还需定期了解和干预运动员的饮食情况，以及时监测和调整运动员的营养摄入，确保其满足高强度训练和比赛的需求。在营养指导方面，教练员和队医需要基于运动员的具体训练强度、体质条件和恢复需求，制订个性化的饮食计划，包括但不限于合理分配三大营养素（碳水化合物、蛋白质、脂肪）的比例、补充必要的维生素和矿物质以及确保摄入足够的水分。考虑到运动员运动后身体恢复的特殊需求，运动营养指导还应包括适当的补剂使用，如蛋白粉、氨基酸以及其他可以加速恢复的营养补充品。

在竞技体育领域，运动员的饮食管理和营养管理占据了提升运动能力和维持健康状态的核心地位。科研人员和营养师要承担起根据运动员的具体饮食情况，为运动员提供个性化营养指导的重要任务。特别是针对优秀的运动员，这种指导需要更加精细和专注，确保运动员的营养摄入不仅能满足基本的能量需求和营养需求，还要针对性地补充那些在高强度训练和比赛中可能消耗过多的微量元素和钙元素。微量元素和钙元素的补充对运动员的骨骼健康、肌肉功能以及整体的生理机能都至关重要。虽然身体对微量元素（如铁、锌、铜、硒等）的需求量不大，但是其对维持身体的正常代谢和促进恢复却非常关键。而钙元素不仅是维护骨骼健康的关键元素，还对肌肉收缩、血液凝固和神经传导等生理功能发挥重要作用。科研人员应定期评估运动员的营养状况，特别是对训练负荷大、比赛频繁的优秀运动员，确保其关键营养元素的摄入量。

（六）加强田径运动员的心理素质训练

随着竞技体育水平的不断提高，比赛的激烈程度日益加剧，运动员的心理素质就显得尤为重要。教练员、队医以及科研人员通过有计划的心理暗示和合理的训练方法，致力在训练和比赛中培养运动员的良好心理素质。这一过程的目标是使运动员能够在高压力的比赛环境中有效应对各种突发情况，从而发挥出最佳水平，取得优异的运动成绩。在现代竞技体育中，心理训练的重要性与日俱增，已经成为训练计划中十分重要的一部分。田径运动训练需要将心理素质训练纳入日常训练和比赛准备中。通过专门的心理训练，运动员能够学到如何在比赛中保持冷静、集中注意力、调节情绪、建立自信等心理技能。这些技能不仅有助于运动员在紧张的比赛中保持最佳状态，还能帮助他们积极地应对失败和挫折，增强心理韧性。心理训练的具体方法多样化，包括但不限于目标设定、自我暗示、放松训练、情绪管理等。通过这些方法，运动员可以增强自我认知，提高自我控制能力，从而在关键时刻更好地发挥技术和战术水平。例如，目标设定能够帮助运动员明确自己的训练目标和比赛目标，自我暗示和正面思维训练有助于建立积极的心态，放松训练（如深呼吸和冥想等）可以帮助运动员在紧张的比赛前放松心情，情绪管理技能能使运动员在面对不利情况时保持平静，迅速调整心态。

　　心理承受能力在运动员的整体竞技能力中占据了极其重要的位置，尤其是在竞技体育这一高压力环境下，良好的心理状态不仅直接关系运动成绩的优劣，还是预防运动损伤的关键因素之一。教练员和队医的角色在此环节中显得尤为关键，不仅要在日常训练及比赛中留意运动员的情绪变化，还要重视运动员的心理调节，帮助运动员学会如何有效地管理自己的情绪和心态。随着竞技体育水平的不断提高，我国田径运动训练工作的开展过程已经普遍意识到加强心理训练科学化程度的重要性并开始采取行动，包括为教练员和队医提供更多的培训机会、引进心理学专家进行跟踪服务，旨在全方位提升运动员的心理承受能力和心理调节技能。这种跨学科的合作将心理学专家、科研团队与田径队的日常训练紧密结合起来，是满足现代竞技体育科学训练需求的有效方式。为了进一步提升田径运动员的心理训练水平，教练员和相关科研团队应参加更多的专业培训和研讨活动，以便更加灵活地掌握并应对运动员的心理活动。这种持续的学习知识和更新知识的过程对于科学地、系统地进行心理训练至关重要，能够帮助教练员和科研团队更好地理解运动员的心理需求，采取更为有效的训练策略。利用最现代化的科学仪器和心理训练工具对运动员进行心理素质训练，也成为提高训练效果的重要手段。通过这些先进工具的帮助，运动员可以在模拟的竞赛环境中练习心理调节，提升应对比赛压力的能力，从而在真正的比赛中发挥出最佳状态。

第二节　田径运动中的康复训练

一、康复训练在田径运动中的重要性

(一)康复训练的综合治疗方面

在田径运动领域，运动员因高强度的训练和比赛，身体经常面临各种损伤的风险。这些损伤不仅包括肌肉拉伤、关节扭伤等物理性损伤，还有因长期高负荷训练所致的疲劳累积。因此，康复训练成为保障运动员健康、优化运动水平、延长运动生涯的重要环节。康复训练的核心在于通过综合治疗手段，调动人体自身的功能和潜力，全面促进身体功能的恢复和改善。对运动员而言，康复过程不仅包括疼痛缓解和伤口修复，还包括运动功能的全面恢复和进一步改善。从田径运动康复的角度出发，康复训练不仅结合了传统的物理治疗（如按摩、热疗、电疗等方法），还包括了专门的运动训练计划、心理辅导以及营养指导等多方面的内容。这种综合性的康复策略能够针对运动员的具体损伤情况和康复需求，制订个性化的治疗方案，以最大限度地促进运动员的快速恢复。运动训练作为康复过程中的核心内容之一，强调在保证伤处得到适当休息和恢复的同时，通过科学的训练方法逐步恢复和提升受损部位及全身的运动能力。运动训练包括力量训练、灵活性训练、协调性训练等多方面内容，目的是加强受损部位的支持力量、恢复运动技能、预防运动损伤的发生。

(二)康复训练的专业知识方面

在田径运动康复训练工作的实施过程中，该领域的专家需要对运动员个

体差异和专项需求进行深入理解。由于田径运动覆盖广泛,包括跑、跳、投等项目,每种项目对运动员的身体条件和技术要求有着不同的侧重点。因此,康复医学的专业人士需将他们的医学知识与临床经验与田径运动特性相结合,以实现对运动员康复需求的精准把握和有效满足。田径运动领域的康复训练专家通常具有对各类疾病、损伤治疗方案的深入理解。这一理论知识在田径运动中的应用,使专业人员能够针对运动员的特定损伤(如跑步引起的膝关节疼痛、跳高导致的脚踝扭伤等),通过系统评估和诊断,深入分析运动员的康复需求。这种分析反映了对田径运动技术要求和生物力学原理的理解,以及对运动员身体状态和康复进程的全面评估。随后,基于这些细致的评估和分析,康复医学专家能够制订出既科学又个性化的康复训练计划。在田径运动中,这种计划不仅要考虑运动员的物理恢复,还要注重技术层面的逐步恢复和提升。例如,针对跑步运动员的康复训练可能会包括增强下肢力量、改善跑步姿态的练习,同时配合适量的有氧训练以提高心肺功能。这种训练的设计和实施能够确保运动员在保持原有技术水平的基础上,有效地恢复身体机能,进而达到甚至超越伤前的运动状态。康复医学专业人士需在康复训练计划中综合应用多种方法(如物理疗法、功能性训练、技术性练习等),且每一种方法都应根据运动员的实际恢复情况和训练需求灵活调整。例如,早期康复阶段可能更多地依赖于物理治疗(如冷热敷、电疗等),以减轻疼痛和促进受伤部位的血液循环;后期康复阶段则可能更加强调功能性训练和技术恢复,以确保运动员能够平稳过渡到正常训练和比赛的状态。

(三)康复训练的实操过程方面

在田径运动中,康复训练的目的在于帮助受伤运动员重回赛场,展现出色的竞技状态。此过程涵盖了从基础体能恢复到专业技能提升的全方位训练,旨在通过科学化的方法加速运动员的康复进程,同时提升肌肉协调性和耐力。康复医学的转型成为更具针对性的康复训练,特别是在田径运动这一对身体能力要求极高的领域,显示了对运动员个体差异和具体需求的深入理解与满足。康复医学的专家凭借着对各类运动损伤治疗方案的熟知,利用他们丰富的医学知识和临床经验，能够为运动员提供一套全面的康复方案。这不仅需要对物理损伤进行治疗，还需要通过专门设计的训练计划，恢复运动员的身体机能和运动技能。运动训练在康复过程中扮演了极其重要的角色，不仅关注力量和耐力的恢复，还强调肌肉协调性的提升。这对于运动员（尤其是田径运动员）来说至关重要。肌肉协调性直接影响着运动技能（包括起跑、加速、跳跃、投掷等）的执行。这些技能的恢复和提升是运动员成功回归赛场的关键。田径运动对运动员的身体机能提出了高标准的要求，包括但不限于速度、力量、耐力、协调性和灵活性。因此，康复训练程序必须综合这些因素，设计出既能促进伤口愈合、减少疼痛，又能逐步提升身体各项指标的训练内容。这种训练方法的科学性在于，能够根据运动员当前的身体状态和康复进度，适时调整训练强度和内容。例如，在康复早期，训练可能更注重增加关节的活动范围和提高肌肉的基础力量；而在康复后期，训练可能更多地集中于提高运动技能和实战能力，如通过模拟比赛的方式，让运动员在接近真实比赛的环境下恢复竞技状态。通过这样细致且科学的康复训练，运动员不仅能够在身体上得到快速有效的恢复，还能在技能和心理上得到充分的准备，以便更快、更准确地重返赛场。康复训练的成功归功于康复医学领域专业人士的深厚医学知识和临床经验，以及他们对田径运动特性的深入理解。这种跨学科的合作确保了康复训练计划既科学合理又高度个性化，满足了不同运动员在不同康复阶段的具体需求。

（四）康复训练的心理支持方面

在田径运动的高压力环境下，运动员遭受的不仅是身体上的伤害，还有心理层面的冲击也不容忽视。当伤病发生时，除了身体功能的恢复，心理康复同样扮演着关键的角色。这一认识的普及促使了康复医学向康复训练的转变，强调了身心整合的康复理念。此理念在田径运动中尤为重要，因为运动员除了需要恢复身体状态，还需重建比赛时的信心和心理准备。康复医学领域的专业人士深知，伤痛和挫折给运动员带来的不仅是物理上的损伤，还有可能引发信心的动摇和心理的不安。因此，除了传统的物理康复方法，提供心理支持和心理辅导也成为康复过程中十分重要的一环。通过与运动员建立良好的沟通和信任关系，康复医生能够更深入地了解运动员的内心世界，从而提供更为个性化和有效的心理支持。在田径运动中，无论是短跑、长跑，还是跳高、投掷等项目，运动员都需具备高度的专注力、决断力和心理韧性。伤病不仅会影响运动员的身体状态，还可能影响心理状态。因此，心理康复的目标在于帮助运动员重塑信心，保持积极乐观的心态。通过心理辅导、情绪支持等手段，运动员能够积极应对伤痛和挫折，加快心理恢复的进程，从而更快地回归赛场。田径运动员的康复训练不仅是针对身体的恢复，还包括心理状态的调整和提升。康复医生通过一系列的心理辅导方法（如认知行为疗法、放松训练、心理建设训练等），能够助力运动员重建比赛前的自信和心理准备。这种全面的康复策略不仅能够帮助运动员在身体上达到最佳状态，还能在心理上达到最佳的竞技状态。

二、田径运动中的康复训练方法

避免田径运动损伤，尤其是肌肉损伤，涉及一系列综合性措施，旨在最大限度地保护运动员的肌肉组织，确保运动员在遭受损伤后能够有效地恢复。虽然肌肉组织的再生能力有限，但是科学的方法可以优化损伤后的修复过程，减少瘢痕组织形成，从而维持或恢复肌肉的功能。在损伤初期，及时、正确的"应急处理"对于缓解疼痛、减少肿胀、控制炎症反应至关重要。应急处理措施包括制动、冷敷、加压、抬高等方法，这些措施能够有效减缓损伤后的炎症反应，限制损伤区域的血液循环，从而减轻疼痛和肿胀。制动有助于防止进一步损伤，冷敷可以缩小血管、减少出血和肿胀，加压可以帮助控制内部出血，抬高则有利于减少局部血液循环，进一步降低肿胀。损伤后期的治疗措施（即功能恢复）是确保运动员能够有效恢复到比赛状态的关键环节。功能恢复的目的在于通过一系列恢复训练和治疗手段，促进肌肉修复，恢复肌肉的强度、灵活性和耐力。功能恢复手段包括但不限于物理疗法、渐进性肌肉锻炼、适当的伸展和柔韧性训练以及适度的运动负荷等。物理疗法（如超声治疗、电刺激、激光治疗等）可促进局部血液循环，加速损伤组织的修复过程。渐进性肌肉锻炼可通过逐步增加肌肉负荷的过程，恢复肌肉力量和耐力，并不引起再次损伤。伸展和柔韧性训练有助于提高肌肉和关节的灵活性，减少因肌肉紧张引起的损伤风险。适度的运动负荷可通过科学的训练安排，避免过早或过量地增加运动负荷，确保肌肉在安全的条件下逐步恢复。田径运动中常见的康复训练方法包括以下三个方面。

（一）物理治疗

物理治疗方式通过运用多种物理因子（如力、电、光、声、磁、热等），直接对人体进行刺激，能够调节、促进、维持或恢复生理功能，同时对病理过程产生影响，克制病因。物理疗法广泛应用在针对骨关节疼痛和肌肉筋膜疼痛的治疗中，并有着显著的疗效。随着医学技术的进步，近几年出现的物理治疗方法能更有针对性地应用于各种田径运动损伤的治疗，大大促进运动损伤恢复过程。物理治疗的核心目的在于活血化瘀、镇静止痛、缓解痉挛以及增强保护性抑制。通过这一系列作用机制，物理治疗不仅能够消除大脑皮层中的病理兴奋灶，还能增进受损关节肌肉的强度。对运动员来说，这意味着物理疗法能有效加快康复过程，帮助他们尽快恢复到最佳竞技状态。在田径运动损伤康复训练中，物理治疗的应用主要包括以下几个方面。

1. 运动疗法

在田径运动中，肌肉损伤是一种常见现象，其恢复过程及效果受多种因素影响，其中运动疗法起到不可忽视的作用。科学的训练方法可以显著改善肌肉力量，促进损伤肌肉的恢复，进而增强体力和运动能力。适宜强度的运动疗法被证明能引发肌原蛋白中肌动蛋白的变化。这一变化有助于肌纤维的再生和肌管的增多，同时能提高血清睾酮水平。这些生理变化共同促进了损伤肌肉的恢复过程。对于肌肉损伤的恢复，不同强度的训练具有不同的作用效果。低强度的训练对刚受伤的肌肉而言，能够在功能、形态结构等方面促进肌肉朝有利方向发展。这表明在肌肉急性拉伤后采用低强度的训练是有益的，能够在不加重损伤的前提下，促进肌肉的修复和功能的恢复。然而，当采用较大强度训练或者渐增的中等强度训练时，情况则有所不同。虽然这类训练可以使受损肌肉产生适应性变化,从而提升肌肉的极限强度、最大伸长量和断裂能密度等主要力学性能,甚至部分性能能够达到拉伤前的水平,但是这种训练方式同样会导致肌肉的弹性刚度指标明显上升,肌肉的弹性明显下降。这一变化意味着虽然肌肉力量得到了增强,但是其弹性会减弱,进而对肌肉的再次损伤构成了潜在威胁。

在田径运动中,肌肉损伤是运动员经常面临的问题,其恢复过程复杂且多样,涉及不同训练方法的应用以及这些方法对肌肉恢复的影响。理解这些训练方法的作用机制可以帮助制订更有效的恢复策略,以促进损伤肌肉的恢复,同时降低未来损伤的风险。牵张训练作为一种常见的训练方式,对拉伤肌肉的恢复具有积极的意义。这种训练方式能够显著改善肌肉的收缩性能,有助于恢复肌肉的正常功能。更重要的是,牵张训练还能够有效降低运动前的预负荷应力衰减,对预防肌肉再次受伤具有重要作用。定时定载的牵张训练可以在保护受伤肌肉的同时,促进肌肉功能性的恢复。跑台训练作为另一种训练方法,在抑制拉伤肌肉收缩力消退方面展现出一定的作用。跑台训练可以在一定程度上帮助维持受损肌肉的力量,减缓力量下降的速度。然而,跑台训练并未显示出训练效果的累积,而是使肌肉应力衰减进一步降低。这意味着跑台训练虽然对保持肌肉力量有一定益处,但对于肌肉恢复的长期效果有限,可能需要与其他训练方法结合使用才能获得更好的恢复效果。适量的静力训练对于拉伤肌肉的功能性恢复具有较好的作用,可以在不增加肌肉损伤风险的前提下,促进肌肉的力量和功能的恢复。静力训练通过增加肌肉的张力,有助于增强肌肉和肌腱的结合部位,提高肌肉的耐受能力。对于损伤早期,大运动量训练对肌肉力学特性可能产生负面影响。这是因为在肌肉尚未恢复到一定程度时,大运动量的训练可能会加剧肌肉的损伤,延缓恢复过程。然而,在损伤后期,为了恢复原有的运动能力,进行较大运动量的训练是有必要的。这一阶段的训练需要谨慎进行,确保肌肉已得到足够的恢复,能够承受较大的训练强度。

2. 磁疗

随着医学技术的发展,磁疗作为一种非侵入性治疗方法越来越受到科研机构和公众的关注。人类生存的环境本身处于地球的大磁场之中,电磁场与人体的相互作用受到广泛研究,磁疗也因其独特的治疗效果在运动医学领域得到了应用。磁疗通过利用静磁场或变化的磁场对人体进行治疗,包括静磁疗法、复合磁疗法、经络磁疗法和磁水疗法等多种方式。这些疗法的共同点在于,通过磁场的作用促进人体的自然治愈能力,改善局部或全身的生理条件。磁疗能够促进毛细血管增生,加速表皮生长,起到镇静止痛和消炎消肿的作用,使磁疗在治疗软组织损伤方面显示出了良好的效果。在田径运动员的软组织损伤治疗中,磁疗的应用能够引起生物体内一系列积极的变化。磁疗能够改善局部血液和淋巴液的循环,对加速损伤部位的恢复至关重要。血管通透性的增加及血流速度的加快,能够促进炎症渗出物的吸收,从而加速康复进程。此外,磁疗还具有明显的镇痛作用,能够有效减轻运动员的疼痛感,使运动员更快地回归训练和比赛。近年来,磁疗与其他疗法(如物理疗法、运动疗法等)的结合使用,为田径运动员的损伤康复提供了更为广泛和深入的治疗方案。这种多元化的治疗方法不仅可以针对性地解决各种软组织损伤问题,还能够根据运动员的具体康复需求,制订个性化的治疗计划,从而达到最佳的治疗效果。

3. 中医疗法

田径运动中的损伤多种多样,从肌肉拉伤到关节扭伤,再到神经疾患所引起的瘫痪或经筋痉挛,每一种损伤都会对运动员的竞技水平和职业生涯构成潜在威胁。在众多治疗方法中,针灸治疗法以其独特的治疗效果,在田径运动损伤的恢复过程中扮演着重要角色。针灸治疗是中医学康复的重要组成部分,其理论基础源于中医经筋病理论。该理论认为,筋病的治疗应遵循"筋病治筋、筋病治经、治筋求本"的原则。这些原则指出,经筋的健康直接关系到经脉的畅通,经脉如果受阻,将不能得到濡润,容易受到损伤。运动中的外伤撞击、强力扭转、牵拉、压迫、跌打、劳累过度、持续活动等均可能导致经筋的损伤。针灸通过刺激特定的穴位,可以促进经脉畅通,从而缓解经筋的紧张和痉挛,加速损伤部位的恢复。实践证明,针灸不仅能有效缓解急性及慢性疼痛,还能治疗由脊柱疾病引起的经筋僵硬、劳损后的经筋恢复等。随着对针灸治疗机制研究的深入，这种治疗方法将在田径运动损伤慢性疼痛的综合治疗中占据一席之地。灸法作为针灸治疗中的一种，包括隔姜灸、温和灸、雀啄灸和温针灸等多种方式，特别适用于治疗陈旧性、慢性软组织损伤以及比赛现场发生的急性损伤。通过局部加温的方式，灸法能够进一步促进血液循环，加快炎性渗出物的吸收，有效地缓解疼痛，加速损伤恢复。

在田径运动中，运动员往往因为高强度的训练和比赛而面临各种损伤，其中软组织损伤尤为常见。中医的治疗方法，尤其是按摩法，在运动损伤的恢复过程中占有重要地位，主要因为其提供了一种非侵入性的自然疗法来促进损伤恢复。中医理论认为，损伤后出现的臃肿主要是由气血紊乱所致。因此，在损伤的中后期，适当地使用按摩手法可以有效疏通经络，促进气血通畅，从而达到平衡阴阳、调节五行的目的。按摩法通过促进损伤部位新生毛细血管的形成和成熟，能够加速伤口愈合的进程。这一过程包括促进成纤维细胞向纤维细胞的转化，加快胶原纤维的合成，并使胶原纤维排列更加规整密集。此外，按摩还能松解损伤组织间的粘连，促进受损肌肉形态结构的恢复，从而减轻肌纤维组织的增生，改善局部血液循环，增加血流量。这不仅可以加速新陈代谢，还有助于减轻受损组织的水肿，清除坏死成分，从而加快炎症的消散。在中医中，医学按摩被称为推拿，是治疗软组织损伤的重要方法之一。推拿以其显著的疗效和无副作用的特点，在运动医学领域得到了广泛的应用。针对运动员的身体特点，推拿时所需的力度相对较大，这就要求进行推拿的医生或治疗师在施治过程中，必须注重自身的保护。中医推拿中有一句话，"力根于足跟而发于腰"，强调了施力时应从足跟发力，通过腰部传导，这样不仅可以保护治疗者自身，避免因施力不当而受伤，还能确保施力的准确性和效果，为运动员提供更为有效的治疗。

刮痧法作为中医传统治疗方法之一，在治疗田径运动中的肌肉损伤方面显示出独特而有效的治疗效果。这种方法通过使用特定的工具对皮肤进行刮擦，依托中医的理论基础（即辨证施治的原则），达到通经活络、扶正祛邪、调理气血的治疗目的。在刮痧的实践过程中，治疗者将瘀血从体内引出至体表，通过皮肤外达，使整个身体的气血流通顺畅，实现阴阳平衡，从而达到治疗的目的。在田径运动中，运动员因高强度的训练和竞赛往往容易产生肌肉拉伤、软组织损伤等问题。这些问题如果未能得到及时的、有效的治疗，不仅会影响运动员的运动状态，长期下去还可能对运动员的健康造成不可逆的影响。刮痧法在这方面提供了一种快速促进肌肉损伤恢复、改善局部血液循环的方法。刮痧可以促进受损区域的血液循环，加速瘀血及代谢产物的排出，有效缓解疼痛和肿胀，加快恢复过程。

小针刀疗法作为一种特殊的中医外治方法，在田径运动损伤治疗领域中表现出独特的治疗效果。小针刀疗法通过在治疗部位精准刺入，直达病变处，经过轻微的切割、剥离等操作，实现对受损部位的有效治疗。这种方法不仅能够疏通经络、顺畅气血，还能达到止痛祛病的目的，因而在运动医学中越来越受到重视。田径运动员由于长时间高强度的训练和比赛，因此容易出现软组织损伤、肌肉拉伤、筋膜炎症等问题。这些问题一旦发生，不仅会影响运动员的训练和比赛状态，还可能对其职业生涯造成长期的影响。因此，寻找一种快速、有效的治疗方法，对促进运动员损伤恢复、减少损伤带来的影响至关重要。小针刀疗法的治疗原理基于中医的经络理论，通过精细的操作技术，直接作用于损伤部位和病变组织。这种方法可通过物理刺激促进局部血液循环，增加气血流通，从而加快损伤组织的修复和炎症物质的消散，有效地缓解疼痛和肿胀。与传统的针灸治疗相比，小针刀具有刺激强度大、作用深度深、治疗效果快的特点，特别适用于治疗深层肌肉、筋膜和软组织的损伤。

（二）中药疗法

中药疗法深植于丰富的中医理论，提供了一种既注重病因治疗又强调身体整体恢复的方法。中药治疗运动损伤不仅包含多种外用药物（如外敷药、外搽药、膏药等），还包括内服药物（如丸剂、散剂、丹剂、针剂、胶囊等）。这些治疗手段的多样性为运动损伤的治疗提供了广阔的选择空间，使中药疗法在运动医学领域中的应用变得越发广泛和深入。中药疗法治疗田径运动损伤的原理主要基于活血化瘀、清热解毒、清热凉血等中医理论。在损伤早期，中药能够有效地保护血管，改善微循环，抑制炎性渗出与浸润，加速炎性产物的吸收及肿胀的消除，从而减轻肌纤维的变性坏死。这一过程对于减少损伤后的炎症反应和促进损伤部位的恢复至关重要。而在损伤中后期，中药可以促进巨噬细胞吞噬损伤后残留在组织间的异物，为组织的再生创造良好条件，同时促进肌纤维的再生，加快再生肌纤维的成熟，并减少纤维结缔组织的增生。这一过程不仅有助于恢复受损肌肉的功能，还可以减少因肌肉损伤导致的功能障碍。

（三）西医抗炎药物疗法

在田径运动中，肌肉拉伤是运动员常见的运动损伤之一，不仅会影响运动员的训练和比赛状态，还可能对运动员长期的运动生涯产生影响。因此，寻找有效的治疗方法以加快损伤恢复、减轻炎症反应成为运动医学领域的重要课题。在这方面，抗炎药物的应用提供了一种有效的治疗策略。抗炎药物主要在肌肉拉伤的早期阶段使用，目的是推迟炎症反应，从而减轻疼痛、肿胀等炎症症状，加快恢复进程。利美达松注射液作为一种抗炎药物，在治疗急性梨状肌损伤中展现出了高效的治疗效果，其有效率达到了 90.5%。这种药物通过减少炎性物质的渗出、改善病变部位的微循环以及抑制结缔组织的增生，能够有效缓解炎症反应，促进损伤肌肉的恢复。除了利美达松注射液，运动医学科研人员还发现，爱维治在治疗大腿肌肉急性损伤方面也显示出了良好的治疗效果。这种治疗方法不仅可以促进创伤的愈合，还可以加快肌肉组织的修复和再生，从而明显缩短治疗时间。这些抗炎药物能够为运动员提供更快、更有效的恢复路径，帮助运动员尽快回到训练场上。

第三节　运用科技手段提高伤病预防与康复训练效果

一、机器学习在运动损伤预防中的应用

（一）机器学习模型的概述与适应性

在田径运动领域，运动损伤预防一直是训练团队和医学团队高度关注的问题。随着科技的发展，机器学习技术已经成为识别和预防运动损伤的一大助力。该技术通过分析大量的运动数据和健康记录，能够揭示运动损伤背后的复杂因素，为运动员提供个性化的预防措施。机器学习的优势在于，能够处理海量的数据并从中提取有价值的信息。在田径运动中，运动员的训练数据和比赛数据（包括运动频率、强度、持续时间以及运动后的生理反应等）都可以成为分析的对象。通过对这些数据进行深入分析，机器学习模型能够识别可能导致运动损伤的模式和关键因素，如训练负荷的突然增加、不适当的训练方法或不足的恢复时间。运用决策树、支持向量机（SVM）和神经网络等多种算法，机器学习模型在处理和分析复杂数据集方面显示出了极高的效率和准确性。这些算法能够在庞大的数据集中识别微妙的模式和趋势，为田径运动员提供科学的训练建议和风险评估。例如，通过分析运动员的训练数据，机器学习模型可能会发现特定的训练强度或运动类型与运动损伤风险的增加有关，从而使教练员和运动医学专家能够调整训练计划，以降低运动员受到运动损伤的风险。

（二）数据收集和处理的重要性

机器学习模型的成功依赖于高质量数据的收集和处理。这不仅需要从多个来源综合收集数据，还需要对数据进行细致处理和分析。通过精确地分析运动强度、频率、个人健康状况等信息，机器学习模型可以有效地识别导致田径运动员受伤的潜在风险因素，从而采取预防措施，避免运动损伤的发生。运动强度是影响运动员受伤风险的重要因素之一。它可以通过监测运动时的心率或消耗的能量来进行量化。这种量化不仅能够帮助教练员和运动员了解训练的实际负荷，还能够通过机器学习模型分析，识别过度训练或训练不足的状态。这些状态都可能增加运动损伤的风险。运动频率包括每周的运动次数和每次运动的持续时间，也是影响受伤风险的重要因素之一。频繁的高强度训练或者长时间的低强度训练都可能导致过度使用伤害，如肌肉疲劳、关节磨损等。个人健康状况的详细数据对构建机器学习模型同样至关重要。这些数据包括运动员的年龄、性别、伤病历史、体重、身体质量指数（BMI）以及其他可能影响受伤风险的健康指标。这些个体差异对于预测模型来说是宝贵的信息，可以帮助模型更准确地评估运动损伤的风险。

为了发挥这些模型的最大效能，机器学习模型对数据的准确性、完整性和一致性的要求极其严格，不仅要从多元化的数据源收集信息，还需要对数据进行精确处理和分析。高质量的数据处理工作能够确保机器学习模型在分析田径运动员的受伤风险时具有高准确度和高可靠性。数据收集过程中的潜在偏差和错误可能严重影响预测模型的效果，为了减少这种影响，相关人员必须采取相应措施纠正这些问题，如在收集数据时需确保信息来源的多样性和广泛性，以避免单一来源可能带来的偏见。数据质量控制措施（如数据审核和验证程序）对发现和修正错误也至关重要。数据的清洗和处理是构建有效机器学习模型的另一个关键步骤，包括处理数据集中的缺失值、标准化不同的数据格式以及剔除异常值。例如，对缺失值的处理，采用插值或者基于模型的预测方法来填补可以保持数据集的完整性；数据格式的标准化能够确保不同来源的数据可以被有效整合和比较；异常值的剔除则是为了排除那些可能扭曲分析结果的极端数据点。对田径运动中不同类型的运动项目和不同特性的参与者而言，数据的收集和处理需要细致入微的关注。例如，在分析耐力项目（如马拉松）时，重点可能放在跑步的距离和持续时间上，因为这些因素能够直接影响运动员的耐力和体能状况；对于短跑或投掷等需要爆发力的项目，数据收集的焦点可能更倾向于测量瞬间的力量输出和快速反应能力。通过针对性地收集和处理这些多维度的数据，机器学习模型能够为每种运动和每个运动员提供量身定制的受伤风险预测。

（三）机器学习模型的开发与应用

开发机器学习模型以预测和防止田径运动中的伤病，涉及一系列精细的步骤，包括选择合适的算法，调整参数以匹配特定数据特征，以及通过连续的训练、测试和调整来优化模型性能。这一过程旨在确保模型能在实际应用场景中提供准确和实用的预测结果。验证模型的准确性和实用性需要在多样化的运动参与者中进行，从而确保模型能够在各种运动环境和不同参与者条件下保持广泛的适用性。模型的持续评估和更新十分关键，能够保证模型跟上最新的运动医学研究发现和田径运动训练方法的变化，从而维持长期的有效性和适应性。选择合适的机器学习算法是模型开发过程的初步阶段，这需要充分考虑数据的性质和预测任务的特定要求。田径运动的数据特征可能包括运动员的生理参数、训练负荷、伤病历史以及环境因素等。这些数据的复杂性和多维性要求算法能够有效处理大规模数据集，并从中提取有用的信息以预测伤病风险。机器学习算法包括决策树、随机森林、支持向量机或深度学习神经网络等。这些算法各有所长，选择哪一种算法或算法的组合取决于数据的特点和预测任务的具体需求。参数调整是机器学习模型开发过程中十分重要的一环，涉及对算法进行细致的配置以最大化其性能。通过调整参数，模型能更好地适应特定的数据集，从而提高预测的准确率。调整参数通常通过交叉验证等方法来完成，以确保模型既不过度拟合也不欠拟合。模型的训练和测试是一个迭代过程，通过不断地调整和优化，模型的性能可以逐步提高。在训练和测试过程中，模型会在一部分数据上进行训练，在另一部分独立的数据上进行测试，以评估预测效果。这种方法能够帮助开发者了解模型在处理未知数据时的性能，是评价模型准确性和实用性的重要手段。确保模型能够广泛适用于各种运动环境和不同参与者，需要在多种类型的运动参与者中进行测试，包括不同年龄、性别、训练水平和运动专项的运动员。通过在这些多样化的群体中测试模型，开发者可以识别并解决模型在特定群体或条件下可能出现的性能问题。

（四）预测模型在实践中的应用

将机器学习模型应用于田径运动伤病预防策略中，意味着技术成果需要转化为具体、实用的指导和建议。这种转化能够为教练和运动员提供一个全新的视角，使运动员能够基于对数据的分析采取预防措施，从而降低运动损伤的风险。个性化的训练计划、运动技巧的改良以及适宜的休息和恢复建议都是机器学习模型能够提供的关键输出。这些建议不仅基于运动员的个人健康数据和训练数据，还考虑了他们的风险特征，从而确保了预防措施的个性化和有效性。对于运动组织和教练员而言，机器学习模型的输出能够帮助教练员深入理解运动参与者面临的具体伤病风险。这种理解能够进一步指导教练员在制订训练计划和策略时进行针对性的调整。例如，如果模型预测某位运动员有较高的下肢伤害风险，教练员可以根据这一信息调整训练强度，增加针对性的力量训练和灵活性训练，以增强相关肌群和关节的稳定性；如果模型指出整个队伍由于过度训练而处于较高的伤病风险，教练员可以相应地调整训练计划，增加恢复时间，或者引入交叉训练以减少重复性应力伤害的风险。运动技巧的改进也是减少运动损伤的重要策略之一。机器学习模型可以识别导致伤害的技术缺陷（如跑步姿势不当或跳跃着陆技巧不佳），从而为运动员提供改进建议。通过对这些技术细节的调整，运动员可以更加有效地分配运动时的力量，从而减少伤病风险。适当的休息和恢复同样关键。机器学习模型通过分析运动员的训练负荷、比赛频率和身体反应，能够提供关于恢复时间和恢复方法的个性化建议。这些建议可能包括适宜的休息时间、恢复训练的类型（如低强度有氧训练、伸展和放松练习）以及营养和水分补充的指导。

（五）案例研究与数据分析

在田径运动伤病预防的研究中，某研究团队专注于一个中型健身中心的 100 名成员的详细数据收集，提供了一个独特的视角来探讨运动伤病的预防措施。通过 6 个月的数据收集（包括参与者的基本信息、运动习惯以及他们的健康状况和受伤记录），研究团队提供了一种全面的方法来分析运动伤病的发生模式和原因以及如何有效地预防。数据收集分为运动日志和医疗记录两个主要部分，为研究提供了基础。运动日志详细记录了参与者的运动活动，包括举重的重量、跑步机上的距离和速度、团体课程的类型和时长等，这些数据反映了参与者的运动习惯和训练强度。医疗记录则提供了受伤的详细信息，包括损伤类型、受伤部位、治疗措施和恢复时间，为识别运动伤害的高风险因素提供了宝贵信息。研究团队通过对这些详细数据进行归一化处理和缺失值处理，确保了分析的一致性和可靠性。这一过程对从数据中提取有意义的模式和关联至关重要，为构建预测模型和制订有效的预防策略打下了坚实的基础。分析这些数据不仅可以揭示特定的运动活动与伤害风险之间的关联，还可以评估不同的运动背景、年龄和性别如何影响伤病的发生。在此基础上，研究团队能够提出个性化的训练计划和运动技巧改进建议以及适当的休息和恢复指导，从而有效减少运动伤害的发生。例如，通过分析数据可以发现，某些团体课程的类型和时长与特定类型的损伤有较高的关联性，故而要求教练员调整课程内容，以降低伤害风险；对于频繁使用跑步机且受伤率较高的参与者，可以改进跑步的姿势和技巧，或者采取交叉训练以减轻对特定肌群和关节的压力。

在研究期间，22 名参与者报告了至少一次运动损伤，这一数字占到了总参与者的 22%（具体如表 6-3 所示）。这项分析揭示了受伤率与特定的运动类型及其强度之间的关系。具体而言，与那些每周只从事轻度或中度运动的人群相比，每周进行 3 次以上高强度力量训练的参与者受伤率更高。通过对这些数据进行建模，研究团队进一步预测了个体在不同运动模式下的受伤风险。这一步骤不仅为田径运动伤病预防提供了科学依据，还为运动训练的个性化设计提供了可能。这些发现强调了制订运动计划时要考虑运动强度、频率和种类的重要性，及其降低运动损伤风险的有效性。基于这些结论，田径运动员和教练员可以采取以下措施来预防运动伤害：一是对运动员进行全面的风险评估，包括运动员的运动习惯、历史受伤记录以及当前的健康状况，通过这种评估，教练员可以识别高风险个体，并为他们制订相应的预防策略；二是教练员和运动员应该重视运动强度的适度增加和多样性，对于经常进行高强度力量训练的运动员，教练员可适当降低训练频率或者引入其他类型的训练（如有氧运动或灵活性训练），以减少对特定肌群的过度使用，同时增加训练之间的恢复时间，确保运动员有足够的时间来恢复体力和修复受损组织；三是要全面加强运动技能的训练并采用正确的训练技巧，对于田径运动员而言，正确的跑步姿势、跳跃技巧和着陆方式等都是预防受伤的关键因素；四是定期进行体能评估和训练调整，随着运动员的体能水平和训练需求的变化，他们的训练计划也应作出相应调整，定期评估可以帮助教练员发现潜在的风险因素，并及时进行训练计划的调整，以避免伤害的发生。

表6-3　不同运动类型下田径运动员受伤概率分析

运动类型	参与人数/人	报告受伤人数/人	受伤率
高强度力量训练	30	12	40.0%
轻度运动	20	2	10.0%
中度运动	30	5	16.7%
其他	20	3	15.0%

在田径运动伤病预防的研究中，通过将数据集细分为训练集和测试集，研究团队能够借此构建并优化一个机器学习模型，旨在预测运动损伤的风险。利用70个参与者的数据作为训练集，模型可以学习和识别可能导致运动损伤的各种模式和指标。随后，研究团队将剩余的30个参与者的数据作为测试集，对模型的准确性和可靠性进行评估。结果显示，模型在测试集上展现了约78%的准确率，说明模型能够在实际应用中提供较为可靠的预测效果。基于模型的预测结果，研究团队提供了一系列针对性的运动安全建议，不仅有助于健身中心调整个别参与者的运动计划，还能提高特定运动项目的安全性，并优化设施布局以降低高风险活动的受伤概率。这种定制化的方法能够使预防措施更加具体和切实可行，从而有效减少运动损伤的发生。

通过细化个别参与者的运动计划，教练员可以针对参与者的具体需求和风险特征调整训练频率、强度和种类。这种个性化的训练方案不仅考虑了参与者的运动背景和目标，还兼顾了他们的健康状况和受伤风险，从而确保训练既有效又安全。提升某些运动项目的安全措施（如增加教练的监督、提供正确使用器械的指导以及强化安全意识教育）也是减少运动损伤的有效方法。这些措施能够确保参与者在进行高强度或技术要求较高的运动时采取正确的方法和预防措施。对设施布局进行优化意味着根据活动的风险等级重新安排空间和设备的配置。例如，将高风险活动区域设置在更为宽敞的空间可以减少因空间限制而发生的意外。此外，确保所有的运动区域都配备了足够的安全设施和急救工具，从而可以在紧急情况下提供快速响应。

二、运用 Pepper 机器人提高伤病康复训练效果

（一）应用于临床的 Pepper 机器人设计

1. 步态康复机器人平台的集成与实现

在田径运动伤病康复领域，采用类人机器人进行二次开发并整合多模态智能感知系统，开辟了一条创新的康复路径。这种先进技术的应用不仅能够使康复训练变得更为科学和个性化，还能通过将多模态感知与人机交互技术、姿态检测技术以及主动协同康复训练方案等关键技术进行系统集成，极大地提高康复效率和效果。多模态智能感知系统的集成使类人机器人能够准确感知运动员的运动状态和康复需求。这种系统通常包括视觉、触觉、声音等多种感知模式，通过对运动员的动作和反馈进行实时捕捉和分析，机器人能够及时调整康复训练计划，以适应运动员的具体康复阶段，满足康复需求。例如，通过姿态检测技术，机器人能够准确识别运动员康复训练中的姿态偏差并及时给出调整建议，确保训练的正确性和有效性。人机交互技术的应用则使康复训练过程变得更具互动性和吸引力。运动员可以通过语音、触摸屏等多种方式与机器人进行交流，不仅可以调节训练难度和内容，还能根据个人喜好选择不同的康复训练的游戏和活动，大大提高了康复训练的趣味

性和参与度。这种高度互动的康复方式能够有效提升运动员康复的动力和训练的主动性，从而促进康复效果的最大化。主动协同康复训练方案的实施是类人机器人二次开发中的又一亮点。通过精确控制的动作，机器人能够实现与运动员的主动协同，不仅能够帮助运动员进行正确的康复训练，还能够在必要时提供辅助支持，避免因训练不当造成二次伤害。另外，通过对运动员康复过程中的数据进行收集和分析，机器人还能够持续优化康复训练方案，使训练更加符合运动员的实际恢复情况。

2.机器人系统的有效性和安全性验证研究

在田径运动伤病康复的研究与实践中，研究团队采取了一种创新的方法，选取了伴有运动损伤的田径运动员作为研究对象进行模拟试验，旨在验证系统各模块的可靠性。接下来，研究团队着手开展了不同认知难度的步态训练及效果评定，以初步验证研发的主动认知运动康复训练的有效性。此过程中使用的技术平台是应用于临床的 Pepper 机器人，其设计框架综合了多模信息感知与交互的多个方面。Pepper 机器人的设计框架体现了在田径运动伤病康复领域应用高科技解决方案的先进思路，通过整合多模信息感知技术，Pepper 机器人能够精确地捕捉运动员的运动状态、表情和声音等多维度信息，实现与运动员的高效交互。这种交互不仅能够增强运动员的康复体验，还能够为运动员制订个性化康复训练提供可能，具体设计框架如图 6-1 所示。在模拟实验阶段，通过选取受伤的田径运动员进行针对性的康复训练，研究团队能够详细观察和分析 Pepper 机器人在实际操作中的性能，检验系统各个模块的稳定性和可靠性。这一步骤对于确保康复训练方案的科学性和有效性至关重要。在步态训练及效果评定环节，研究团队通过设置不同认知难度的训练任务，不仅考验了运动员的身体恢复状况，还锻炼了运动员的认知能力。这种主动认知运动康复训练的设计理念，致力促进运动员在生理和心理两个层面的全面康复。初步的实验结果验证了这种训练方法的有效性，为未来的临床应用奠定了基础。Pepper 机器人设计框架的成功实施，标志着田径运动伤病康复领域进入引入智能化、个性化康复训练的新时代。这种基于多模态信息感知与交互技术的康复训练方案，能够根据运动员的具体情况和康复进程，动态调整训练内容和强度，实现真正意义上的个性化康复。通过科学的数据分析和实时的反馈调整，Pepper 机器人不仅提高了康复训练的精确度和有效性，还极大地提升了运动员的康复动力和训练体验。

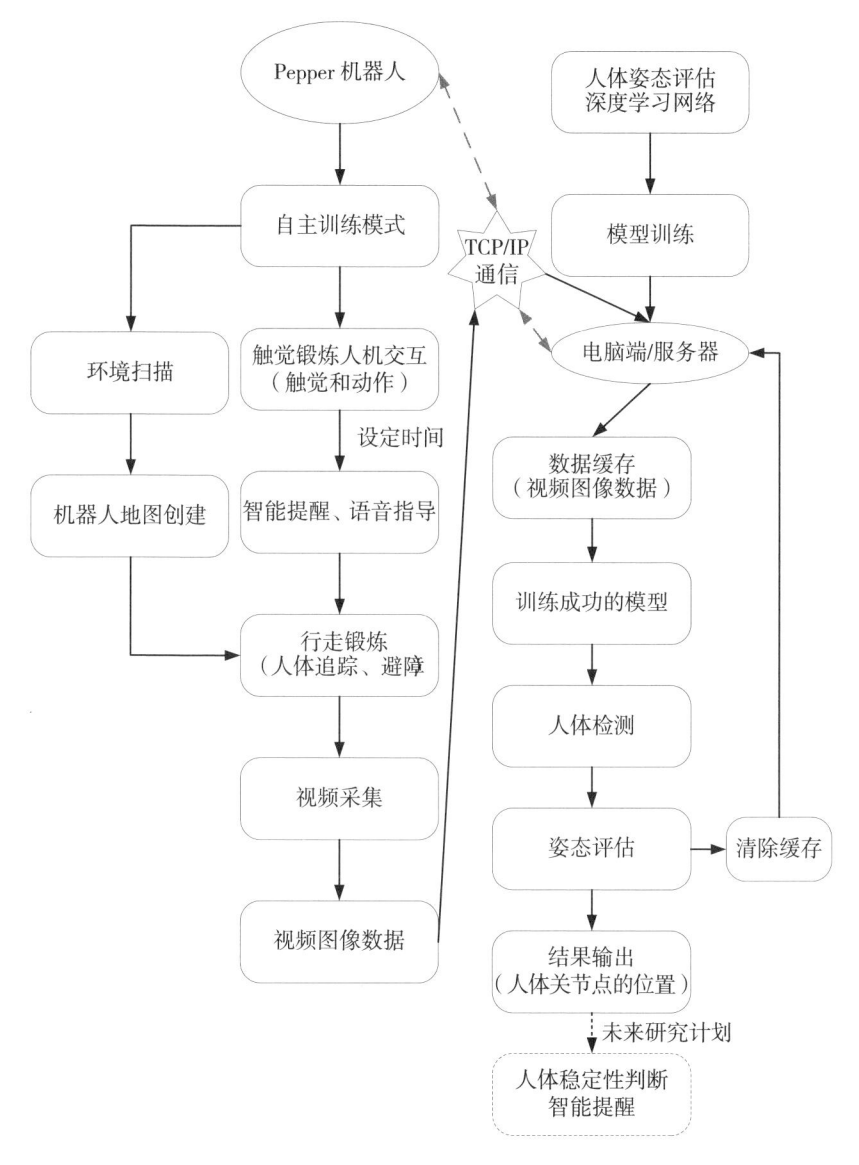

图 6-1　Pepper 机器人的设计框架

Pepper 机器人在田径运动伤病康复领域的应用展现了科技与医学的紧密

结合，为运动员提供了全新的康复体验和康复效果。Pepper机器人的设计围绕三个核心功能：自主运动模式下的锻炼辅助、环境扫描与实时跟踪陪护以及通过视频图像信息采集进行运动稳定性分析。这些功能的共同作用，为田径运动员的康复过程带来了深刻的影响。在自主运动模式下，Pepper机器人能够充当运动员的个人康复教练和生活助理，通过智能化的交互系统代替人类与患者进行身体锻炼、智能提醒用药、康复锻炼以及生活娱乐等活动。这种智能化辅助能够确保运动员在康复过程中得到持续而系统的锻炼，同时减轻医护人员的工作负担。Pepper机器人的存在，使康复训练不再单调乏味，而是变得更有互动性和趣味性，对提高运动员的康复积极性和锻炼效果具有重要意义。Pepper机器人在既定环境中的地图扫描构建和实时跟踪功能进一步扩展了Petter机器人在康复训练中的应用。机器人能够在患者行走过程中进行实时的人体跟踪，并通过语音提醒进行陪护锻炼。这不仅能够确保康复活动的安全性，还能为运动员提供及时的反馈和鼓励。这种实时跟踪和陪护对促进运动员在正确的运动轨迹上进行康复训练，防止错误动作导致的二次伤害具有显著作用。Pepper机器人通过将头部摄像头实时采集的视频图像信息，经过TCP/IP通信协议传输至电脑中进行处理，能够检测并估计患者关节的位置，进而计算出运动状态下的人体运动稳定域。这种基于视频分析的运动稳定性判断提供了一种全新的方法来评估运动员康复过程中的身体稳定性。通过对运动稳定性进行准确评估，康复训练计划可以更加精确地针对运动员的实际情况进行调整，从而有效地提高康复训练的针对性和效果。

（二）Peeter机器人的临床试用及结果

1.实验患者招募、筛选以及确定

该项目的实施为田径运动伤病康复领域提供了宝贵的实践经验和科研数据，研究团队通过招募10名遭受中度运动损伤的田径运动员（平均年龄25岁，男性、女性数量各半），构建了一个包含具体纳入标准的研究群体。这些纳入标准精细地界定了参与实验的运动员范围，确保了实验的准确性和有效性。参与者的选择标准体现了对实验对象运动损伤状况、年龄、运动能

力、自主活动能力以及行走锻炼能力的严格要求。专业医师的诊断确认了参与者具有行动障碍，确保了实验对象在科学研究中的统一性和标准化。将年龄限制在25岁及以下并对参与者的运动能力、行走能力、自主活动能力和健康状况进行明确界定，能够构建一个相对均衡且具有代表性的实验群体，以便更准确地评估康复训练方法的效果。实验前的准备工作包括确保所有参与者和家属充分理解实验过程，并在确认实验可行性的基础上自愿参与。这一过程中的知情同意环节是确保实验伦理性的关键一步。通过这样的准备工作，项目组可以通过一系列科学、严谨的康复训练，探究和验证康复训练对伴有运动损伤的田径运动员康复过程的影响和效果。在康复训练的实施中，项目组结合田径运动员具体的运动损伤特点和个体差异，进行了个性化的康复训练设计。考虑到参与者的行走缓慢及失稳风险，康复训练方案特别强调了行走稳定性的提升和运动功能的恢复，同时根据参与者的具体情况适当使用辅助装置（如拐杖），以保障训练的安全性和有效性。这种个性化和科学化的康复训练能够帮助受伤运动员在保持身体健康的同时，逐步恢复运动能力，提高生活质量。

在筛选试用对象的过程中，项目组严格遵守了中国科学院有关先进技术研究院伦理委员会的审查标准，确保了实验的伦理性和合法性。所有试用者的招募均获得了主治医生、运动员本人以及家属的同意，实验设计和筛选标准也通过了主治医生的考核。这些严格的程序保证了研究的质量和运动员的权益。这些田径运动员由于伴有中度运动损伤，因此相较于正常运动员存在更高的跌倒风险。这不仅会影响运动员的日常训练和比赛状态，还可能导致进一步的伤害，甚至是职业生涯的提前结束。因此，对于这一特定群体的康复训练需要精心设计和科学执行，以确保运动员能够安全、有效地恢复。在康复训练的设计上，考虑到运动员的具体伤病情况和跌倒风险，康复方案需要包含针对性的平衡训练、力量恢复以及协调性提升等多方面内容。平衡训练能够减少跌倒风险，通过模拟日常运动和竞赛中可能遇到的平衡挑战，帮助运动员提高控制身体的能力；力量恢复关注的是对受伤部位及其支持肌群的强化，促使其恢复原有的运动能力；协调性提升能够确保运动员在复杂运动中保持良好的身体协调性，减少受伤的可能。科学的康复训练还需要对运动员的心理状态给予足够的关注，中度运动损伤不仅会对运动员的身体造成影响，还会对运动员的心理状态产生负面影响，如焦虑、抑郁等。因此，康复过程中的心理支持同样重要。这不仅有助于运动员保持积极的康复态度，还能够提高康复效率。

2. 实验环境及实验过程

在神经内科康复室这一具有挑战性的实验环境中，项目团队充分利用了 Pepper 机器人的高度集成与智能化功能，为田径运动员提供了一个创新的康复训练平台。通过精心设计的实验步骤，这一研究项目展示了技术与康复医学的无缝结合，开启了田径运动伤病康复的新篇章。实验在某家医院的神经内科康复室内进行，场地被精心布置，以模拟田径运动员在日常训练及比赛中可能遇到的障碍和挑战。场地的大小及障碍物的设置能够测试运动员在康复过程中的空间感知能力、行动能力以及避障能力。Pepper 机器人在实验开始前对场地进行了扫描定位并绘制出场景地图，确保了康复训练的准确性和安全性。

在人机交互阶段，Pepper 机器人主动发起与运动员的语言交流，提供了一种互动式的康复体验。运动员可以通过语音或触摸的方式与 Pepper 机器人进行互动。这些活动包括人脸识别、摆拍、跳舞等功能，不仅能使康复过程更加生动有趣，还能提高运动员的参与度和康复动力。Pepper 机器人能够在设定的时间内自主唤醒并提醒运动员进行预设的康复活动（如服药、锻炼等）。这一功能的持续运用确保了康复训练的规律性和连续性。

在人体追踪阶段，运动员在 Pepper 机器人的提醒下能够沿着规定路线进行康复走路锻炼。Pepper 机器人利用其高度发达的感知系统对运动员进行实时跟踪，精确躲避障碍物，并对整个行动过程进行视频采集。这一阶段的设计能够模拟田径运动中的实际情况，帮助运动员在康复过程中提升空间定位能力、平衡能力以及避障能力。

在人体姿态估计阶段，Petter 机器人通过将二维摄像头采集的实时视频图像数据发送到电脑端，利用 GPU 进行高速处理，对视频中的人体进行关键点检测，实时估计人体主要关节的位置，并对运动状态进行评估。这一过程的实施，不仅可以精准分析运动员的运动姿态和运动效率，还能及时发现运动员的不良运动模式，为运动员提供及时的姿态调整和改善建议，从而有效预防二次伤害的发生。

3.机器人临床试用结果

（1）Petter机器人的多模态交互结果。通过对有着临床诊断中常见的运动能力障碍（肢体乏力、手脚不协调等症状）的田径运动员进行辅助康复训练，Pepper机器人展示了智能技术在运动康复领域应用的潜力和有效性。试用者在Pepper机器人辅助下的康复训练过程中，体验到了机器人对话系统的互动性，包括用语音和触摸指令控制机器人完成一系列动作。这种互动性不仅增加了康复训练的趣味性，还有效激发了运动员主动参与康复训练的积极性。研究显示，在一段时间的互动之后，参与试用的运动员都显示出愿意主动与机器人进行交流的迹象，10位参与者全程积极参与人机互动，充分展示了Pepper机器人在促进运动康复方面的巨大潜力。医生对于Pepper机器人人机交互能力的评价更是证明了机器人在运动康复中的正面作用。通过与机器人的互动，运动员不仅能够在物理层面获得康复训练，还能在心理层面获得积极的反馈和支持。这对运动员在康复过程中的动力和信心建设至关重要。机器人辅助康复训练能够为运动员提供一个安全、有趣且互动性高的康复环境，对改善运动员的运动能力障碍（如肢体乏力和协调问题）具有显著效果。另外，机器人辅助的康复训练还体现了个性化康复的重要性。Pepper机器人能够根据每位运动员的具体情况和需求，通过人机交互系统提供定制化的康复方案。这种个性化的训练方法不仅可以更准确地满足运动员的康复需求，还可以在康复过程中及时调整训练计划，以适应运动员康复进度的变化。

（2）Pepper机器人的人体追踪结果。通过对10组实验数据进行分析，项目团队可以得到一系列有价值的信息，对优化田径运动员的康复训练具有重要意义。实验结果显示，在10组实验中，有8组实验的跟踪效果达到了理想状态。这说明Pepper机器人具备较高的目标检测和跟踪能力，能够在大多数情况下准确完成康复训练中对运动员的跟踪任务。然而，也有2组实验出现了因被干扰导致目标丢失的情况。这一结果说明，在实际康复训练中，环境因素对于跟踪效果的影响不容忽视。环境干扰可能包括场地复杂性、突发性干扰物的出现等因素，并且都可能影响Pepper机器人的跟踪性能。之后，通过在三个不同点测量跟踪误差，实验揭示了Pepper机器人在不同跟踪路径上的性能差异。具体来说，在直线到曲线的转变过程中，由于需要调整运动方向，Pepper机器人的平均误差为20.04 cm。这一误差较大，暴露了在复杂运动路径上跟踪精度的不足。相比之下，在直线跟踪过程中，误差趋近于0，显示出了Pepper机器人在简单路径上的高度准确性。而在曲线跟踪时，由于Pepper机器人需要行走在较小半径内，导致了负误差的产生，意味着机器人在曲线路径上的适应性和灵活性需要进一步提高。这些实验结果对于田径运动伤病康复训练的设计和实施具有直接的指导意义：一是需要对Pepper机器人在复杂路径跟踪中的准确性进行优化，特别是在直线到曲线的转变过程中，项目团队需要通过改进算法或调整机器人的运动策略减小误差；二是考虑到环境因素对跟踪效果的影响，项目团队应在康复训练场地的选择和布局上尽量减少干扰因素，创造一个更为稳定和可控的训练环境；三是通过实时监测和调整跟踪距离，进一步提升跟踪的准确性和稳定性，从而确保康复训练的有效性和安全性。

Pepper机器人的应用展示了如何通过高科技设备辅助运动康复过程，特别是在运动追踪和障碍物避让方面的能力。Pepper机器人能够在康复训练中自动检测障碍物并实现避障，其精度达到了10 cm。这不仅保证了康复训练的安全性，还增强了训练的灵活性和适应性。此外，Pepper机器人在正常追踪情况下能够绘制与运动员运动轨迹大致相符的轨迹示意图。这表明Pepper机器人具有完成人体有效追踪的能力，能够为田径运动员提供个性化的康复支持。Pepper机器人在追踪过程中采集的视频图像数据，为进行人体姿态估计提供了必要的运行条件。这种能力对于田径运动伤病康复来说至关重要，精确的姿态估计可以帮助运动员及时纠正错误的运动姿势，预防可能导致的再次伤害，同时可以更科学地分析运动员康复进程中的运动效率和康复效果。Pepper 机器人的这些功能不仅提升了田径运动康复训练的质量，还为康复专业人员提供了重要的数据支持。通过对追踪过程中采集的视频数据进行深入分析，康复专家可以更准确地评估运动员的康复状态，调整康复计划，以实现更好的康复效果。这种基于数据和科技的康复方法，标志着田径运动伤病康复领域向着更加智能化、精准化方向发展。在田径运动伤病康复的实践中，Pepper 机器人的应用充分展示了智能技术如何辅助康复训练及如何提高康复效率。通过自动检测障碍物和精确追踪运动员的运动轨迹，Pepper 机器人不仅能够保障康复训练的安全性，还能够根据运动员的具体情况提供个性化的训练建议。此外，通过分析追踪过程中采集的视频数据，Pepper 机器人可以帮助运动员优化康复训练中的动作执行，为运动员提供科学、有效的康复路径。

第七章　总结与展望

第一节　研究总结

一、明确时代背景与挑战是研究田径运动训练理论与方法的前提

随着时代的发展，尤其是科技进步带来的变革，田径运动的训练方法和理论也在经历着前所未有的更新和演变。这种演变不仅包括技术层面的改进，还涉及对运动员身心状态综合调控的深刻理解，以及对提升运动能力策略的探索。现代科技，特别是信息技术的飞速发展，为田径运动训练带来了新的机遇。这些科技工具不仅可以用于运动员训练数据的精确测量和分析，还能帮助教练员设计更加个性化、科学化的训练计划。此外，现代科技还使远程的训练和指导成为可能，打破了地理限制，允许运动员和教练员在全球范围内分享知识和经验。然而，新时代背景也带来了新的挑战。第一，随着科技的不断发展，如何有效地将这些科技工具融入田径运动训练，以优化训练方法、提高运动能力，成为一个需要解决的问题；第二，现代生活节奏的加快和社会竞争的激烈，对运动员的心理和情绪状态提出了更高的要求，故而教练员不仅需要关注运动员的身体训练，还要关注运动员的心理健康。

二、生理和心理因素是研究田径运动训练理论与方法的基础

在训练过程中，教练员不仅要注重运动员身体能力的发展，还要对运动员的心理状态进行科学管理和调控。这种全面的训练方法为提高运动员的运动能力提供了新的视角和策略。生理基础在田径运动训练中的作用主要体现在对运动员身体条件的科学理解和有效训练上。运动生理学的研究成果（如肌肉发展、心肺功能提升、能量代谢等方面的知识）为制订科学的训练计划提供了理论支持。通过对这些生理机制进行深入理解，教练员能够设计出既能提升运动员身体素质，又能有效预防运动伤害的训练计划。心理因素在田径运动中的作用则更加多元化和复杂化。运动心理学的研究表明，运动员的心理状态（包括自信心、压力管理、动机、专注力等方面）对训练成效和比赛成绩有着直接的影响。因此，心理训练成为提升运动员竞技水平的关键组成部分。有效的心理训练策略能够帮助运动员更好地应对比赛压力，并保持良好的竞技状态，同时能够促进运动员心理健康，提高他们的训练积极性和持久性。

三、理论基础在田径运动训练研究中发挥着重要的指导作用

训练负荷理论和对运动生理学的深入探讨，为制订既科学又合理的训练计划提供了重要的理论支持。这些理论不仅加深了人们对运动员在训练过程中生理机制变化的理解，还指明了提高训练效率和运动成绩的科学路径。训练负荷理论的核心在于理解和控制训练的强度、频率和时长，以达到最佳的训练效果。在田径运动训练中，这一理论的应用尤为关键，因为不同项目的运动员对训练负荷的需求差异显著。通过科学的训练负荷管理，教练员可以有效预防过度训练，同时确保运动员能够在最佳状态下参与比赛。此外，合理的训练负荷还有助于促进运动员身体机能和运动技能的提升。运动生理学作为田径运动训练理论基础的另一重要组成部分，为理解运动员在训练过程中的生理反应提供了科学依据。通过对运动生理学的研究，教练员和运动科学家可以更好地掌握运动员能量代谢、心肺功能、肌肉疲劳等方面的知识，从而在训练中实现对这些生理参数的有效监测和调节。这种基于生理学的训

练方法，能够最大限度地提高运动员的生理能力和运动水平。

四、多样化的田径运动训练方法与技巧是研究的核心

本书明确指出，由于田径运动项目的多样性及运动员个体差异的存在，因此多样化的训练方法显得尤为重要。多样化的训练方法不仅包括力量、速度、耐力和技巧等多方面的训练，还包括创新的训练手段（如模拟训练、交叉训练等）。这些方法能够全面提升运动员的身体素质和技术水平。通过精心设计的多样化训练方法，运动员能够在各个方面得到均衡发展，同时避免单一训练模式可能导致的训练疲劳和兴趣下降。技术训练在田径运动中占据核心地位，特别是对于技术性较强的项目（如跳高、投掷等），精确的技术动作对提高成绩至关重要。本书通过深入分析各种技术训练方法，强调了技术练习的精细化和个性化。通过视频分析、运动捕捉等技术手段，教练员和运动员可以详细了解技术动作的每一个细节，及时调整和优化技术动作。这种科学的训练方式能够显著提高技术训练的效率和效果。现代科技的应用是提升田径运动训练科学化、个性化和系统化的重要途径。生物力学分析、数据统计分析等科技手段可以对运动员的训练负荷、技术动作等进行精准监测和评估，从而为每位运动员制订出更加科学和合理的训练计划。此外，利用移动应用、在线平台等科技工具，运动员和教练员可以更便捷地进行交流和信息反馈，有效提升训练的互动性和趣味性。

五、计划的制订与实施是田径运动训练深入开展的重要保障

在田径运动训练的顺利开展过程中，制订与实施科学合理的训练计划以及对训练效果进行精准的评估与反馈，成为提升运动成绩和实现训练目标的重要保障。这一过程的核心在于将理论知识与实际训练相结合，确保训练活动的系统性和连续性，同时为教练员和运动员提供一条明确的指导路径。其中，制订训练计划首先要对运动员的当前水平和潜力进行准确评估，包括运动员的生理条件、心理条件、技术水平以及训练环境等因素。其次，结合运动员的长期发展目标和近期训练目标，教练员需设计出既具挑战性又切实可

行的训练内容和训练计划。这一过程中,运用科学的训练原则和方法(如训练负荷的逐步递增、训练与恢复的平衡、技术与体能训练的结合等)对确保训练计划的科学性和有效性至关重要。训练计划的实施要求具备高度的组织性和纪律性,教练员和运动员需要紧密合作,确保训练活动按照计划执行,同时对突发情况进行适时调整。在训练过程中,现代科技工具(如运动监测设备和数据分析软件)可以帮助教练员实时跟踪训练状态,调整训练负荷,确保运动员能够在最佳状态下训练,同时避免过度训练和运动伤害。对训练效果的持续评估和反馈是训练过程中十分重要的环节,不仅包括对运动员技术、体能变化的定期评估,还包括对运动员心理状态的观察和分析。通过这些评估结果,教练员可以了解训练计划的实际效果,识别存在的问题,从而及时调整训练的内容和方法。此外,向运动员提供积极的反馈和鼓励,也是提高运动员训练积极性、增强自信心的重要手段。

第二节 研究启示与建议

一、研究启示

(一)继续深化新时代背景的重要性

随着科技,特别是信息技术的飞速进步,田径运动训练正在经历前所未有的变革。这些变革不仅带来了新的训练机遇,还带来了一系列挑战,使田径运动训练必须进行不断的创新和调整,以适应快速变化的时代需求。科技发展,尤其是信息技术的进步,为田径运动训练提供了先进的工具和方法(如数据分析、生物力学评估、虚拟训练环境等),极大地促进了训练效率和训练效果的提升。这也要求教练员和运动员必须具备相应的科技知识和操作能力,以充分利用这些新兴工具。在追求科技应用的同时,运动员的人文关怀和心理健康也不应被忽视。新时代背景下的田径运动训练不仅关注技术和体能的提升，还关注对心理素质和人文素养的培养。教练员需在训练中融入更多关注运动员心理健康和个性发展的元素。新时代背景下，田径运动训练面临的挑战不断增加，包括运动伤害的预防和康复、运动公平性的保障、运动成绩的持续提升等。这些挑战要求田径运动领域的相关人员持续进行科学研究和实践探索，不断寻求更加有效的解决方案。在面对新时代背景和科技发展的同时，教练员和运动员需要共同成长，不断更新知识体系，提升技能水平。教练员不仅要掌握最新的训练理论和方法，还要学会运用科技工具，增强与运动员的互动和沟通。运动员则需要适应新的训练模式，积极参与到科技辅助下的训练中去。

（二）重视生理与心理的双重基础

生理训练需要基于运动生理学的最新研究成果，科学地制订训练计划，包括对运动员的力量、速度、耐力和柔韧性等多方面能力的系统训练。科学的生理训练不仅能够提升运动员的体能，还能有效预防运动伤害，为运动员长期稳定的训练和比赛打下坚实的基础。因此，教练员需要不断更新相关的科学知识和训练方法，确保训练计划的先进性和科学性。心理因素在田径运动中的作用也不容忽视，运动员在比赛中面临的压力往往非常巨大，有效的心理训练方法能够帮助他们更好地管理压力、提升自信心，保持比赛中的最佳心态。心理训练应当根据每位运动员的个性特点和具体需要进行个性化设计，包括目标设定、自我暗示、放松训练以及心理咨询等多种方法。通过个性化的心理训练，运动员能够在精神上获得更多的支持，提高比赛中的竞技水平。教练员在制订训练计划时，应全面考虑运动员的生理和心理需求，确保训练计划的科学性和全面性。心理训练不应只作为训练计划的附加部分，而应与生理训练得到同等重视，贯穿整个训练和比赛准备全过程。教练员不仅是技术训练的指导者，还应是运动员心理辅导的支持者。教练员需要具备一定的心理学知识，能够在关键时刻为运动员提供心理上的支持和指导。面对运动训练理论和方法的不断更新，教练员和运动员应保持持续学习的态度，探索并尝试新的训练方法，以适应个体发展的需求和时代的进步。

（三）提高训练理论的科学性

训练负荷理论关注的是如何通过科学的方式安排训练强度、频率和时长，以促进运动员身体能力的最大化发展，同时避免过度训练带来的负面影响。合理应用训练负荷理论要求教练员不仅要了解运动员当前的身体状况，还要根据运动员的反馈信息和训练数据进行动态调整，确保训练计划既有挑战性又在运动员的承受范围之内。运动生理学为理解运动员在训练过程中的生理变化提供了科学依据，包括能量代谢、心肺功能、肌肉适应等方面。深入研究运动生理学可以帮助教练员更精准地设计训练计划。例如，通过理解不同训练方式对肌肉纤维类型改变的影响，教练员可以更科学地安排力量训练和耐力训练，以达到最优的训练效果。在提高训练理论科学性的同时，教练员需要关注运动员的个体差异。科学的训练理论应当灵活应用，根据每位运动员的具体情况进行个性化调整，以达到最大的训练效果。教练员和科研人员应持续关注运动生理学和训练理论的最新发展，将理论研究成果转化为实践指导，不断探索和验证新的训练方法和训练技巧。教练员可利用科技手段（如运动监测设备和数据分析软件）收集和分析运动员的训练数据，以数据驱动的方式进行训练决策，提高训练计划的科学性和效率。田径运动训练领域应与运动生理学、心理学、生物力学等相关学科进行深度合作，通过跨学科研究发现新的训练原理和方法，进一步提升田径运动训练的科学性和实效性。

（四）重视训练方法与训练技巧的创新

创新的训练方法与训练技巧能够针对运动员的个体差异和特定需求，设计更加科学、合理的训练计划。例如，交叉训练、游戏化训练等新型训练模式不仅可以提升运动员的体能和技能，还能有效提高训练的趣味性，提高运动员的参与度和训练动力；针对技术动作的细微调整和优化可以通过视频分析、运动捕捉等技术手段进行精细化管理，确保运动员能够在细节上不断进步。现代科技，特别是信息技术的应用，在田径运动训练中发挥着越来重要的作用。数据分析工具可以帮助教练员更准确地评估训练效果,为运动员提供个性化的训练反馈。虚拟现实、增强现实等技术可以为运动员模拟比赛环境,帮助运动员在心理和技术上更好地准备比赛。这些科技工具的应用不仅能够提升训练的科学性和有效性,还能为运动员提供更多样化的训练体验。当代田径运动训练应更加注重运动员的个体差异,通过科学的评估和分析,为每位运动员设计最适合其发展的训练计划。教练员和运动科学研究者应积极探索现代科技在训练中的应用潜力,利用科技手段提升训练的精准度和互动性。在田径运动训练中,训练方法与训练技巧的持续创新是提升运动成绩的关键。教练员和研究者应保持开放的心态,勇于尝试和验证新的训练思路和技术,通过实证研究和实践探索,不断验证和完善训练方法与技巧的科学性和有效性,确保训练理论与训练实践的紧密结合。

(五)优化训练计划的实施与评估

训练计划的科学性来自对运动员当前水平、潜力和需求的准确评估。这要求教练员不仅要有能力分析运动员的技术和体能状态,还需要理解运动员的心理状态和动机。此外,制订训练计划还需考虑外部因素,如比赛日程、气候条件等。教练员应基于这些综合因素,运用训练负荷理论、运动生理学知识以及个体化训练需求,制订出既具挑战性又切实可行的训练计划。训练计划的成功执行依赖于教练员和运动员之间高效的沟通和良好的合作。教练员需要明确训练目标、训练方法和期望成果,确保运动员对训练计划有清晰的理解和认同。运动员的积极参与和反馈对调整训练策略、应对突发情况至关重要。因此,建立一套有效的沟通机制,确保信息的及时传递和反馈是训练计划严格执行的关键。对训练效果的持续评估和及时反馈不仅可以帮助教练员和运动员及时了解训练的进度和成效,还可以发现潜在的问题,为进一步优化训练计划提供依据。这一过程应涵盖运动技能的提升、体能状态的改变、心理状态的调整等多个方面。现代科技手段(如数据分析工具、生物力学评估设备等)可以提高评估的准确性和效率。因此,在制订和实施训练计划时,教练员需要充分考虑科学训练原则和运动员的个性化需求,实现训练计划的个性化定制。优化教练员和运动员之间的沟通渠道，确保信息的及时传递和反馈，对训练计划的成功实施至关重要。教练员应积极探索和应用现代科技手段，提高训练计划制订、实施和评估的科学性和效率，根据运动员的训练反馈和评估结果，及时调整训练计划，确保训练目标的实现。

二、研究建议

（一）加强科技与田径运动训练的融合

大数据分析能够处理和分析大量复杂的训练数据，帮助教练员从中发现训练和比赛的潜在规律，从而制订更加个性化和科学化的训练计划。未来的研究应关注如何收集更全面的训练和比赛数据以及如何开发更精准的数据分析模型，从而提高数据分析在训练决策中的应用价值。

人工智能技术，特别是机器学习和深度学习，能够基于运动员的训练数据提供个性化训练建议，甚至自动调整训练计划。未来的研究应关注如何将人工智能技术与田径运动训练相结合，开发智能训练系统，为运动员提供更加精准化和动态化的训练支持。

科技不仅能够提升训练的科学性和有效性，还能通过增加训练的互动性和趣味性激发运动员的训练动力。例如，虚拟现实技术可以模拟比赛环境，增强运动员的训练体验。未来的研究应关注如何利用科技手段提升训练的吸引力，以提高运动员的参与度和训练效率。

科技的应用还能在运动伤病的预防和康复训练中发挥重要作用。通过运动监测设备和生物力学分析，教练员可以及时发现运动员潜在的伤病风险，并采取预防措施。个性化的康复训练方案也能利用科技手段进行优化。未来的研究应进一步探索科技在伤病管理方面的应用，以提高运动员的训练安全性。

（二）深化对心理训练方法的研究

鉴于运动员心理状态和心理需求的多样性，开展更多关于个性化心理训练方案的研究是有必要的。这要求教练员和心理专家深入了解每位运动员的心理特点，设计出符合运动员个性和需求的心理训练计划。研究和开发一套系统的心理技能训练体系也很关键。这一体系应涵盖目标设定、自我暗示、放松技巧、注意力控制、情绪管理等多个方面，能够灵活应用于不同训练阶段和比赛准备过程，成为运动员训练计划的固定组成部分。未来的研究还要特别关注如何通过心理训练提高运动员的心理韧性。心理韧性是运动员应对失败、挫折和压力的关键能力，对于长期的训练和运动生涯至关重要。研究应探索有效的方法和策略，帮助运动员建立积极的心态，提高逆境下的应对能力。考虑到新兴科技（如虚拟现实、生物反馈技术等）在心理训练中的潜在应用价值，未来的研究应更多地关注新技术的应用。这些技术可以为运动员提供更为真实和沉浸式的训练环境，帮助运动员更好地模拟比赛场景，提前适应比赛压力。

（三）创新训练方法与技巧

现代田径运动涵盖了广泛的项目，每一项都有其独特的技术要求和体能挑战。因此，教练员和研究人员必须深入研究每个项目的核心要素，发掘提升运动员竞技水平的潜在方法。例如，在跳远训练中，教练员和研究人员可以探索更科学的力量和速度训练程序，以提高运动员的爆发力和加速能力；而在长跑项目中，教练员和研究人员可能需要专注于对运动员耐力和心肺功能的提升。创新训练方法的开发不仅要关注运动科学的最新研究成果，还应结合高科技设备和数据分析技术的应用。通过实时监测运动员的生理状态，教练员和研究人员可以更精确地调整训练计划，实现个性化训练。这种方法不仅能够有效地提升运动员的技能和体能，还能预防训练过程中的运动伤害，保障运动员的健康。

教练员和研究人员还应该鼓励运动员参与训练方法的创新过程。运动员的直接反馈和体验对于评估新训练技巧的有效性至关重要，运动员自身的创新思维也可能激发出新的训练方法和训练技巧。这样的协作过程可以更好地确保训练方法的实用性和有效性。在推动训练方法创新的同时，教练员和研究人员还需关注方法的普及和教育工作。通过举办研讨会、工作坊以及编写和发布训练手册，教练员和运动员可以了解并掌握这些新技巧。此举不仅有助于提升运动员的竞技水平，还有助于提高教练员的专业能力，进而推动整个体育领域的发展。

（四）强化伤病预防与康复训练

伤病预防与康复训练的核心在于掌握运动员的身体状态和训练负荷，以及如何通过科技手段进行有效监测和干预。现代科技（尤其是可穿戴设备和生物传感技术）提供了监测运动员生理参数的新途径。通过实时收集数据（如心率、血压、肌肉使用率等），教练员和运动医学专家可以及时了解运动员的身体状态，从而制订更加个性化和科学的训练计划，有效降低伤病风险。大数据和人工智能技术在伤病预防与康复训练中的应用也显示出巨大潜力。通过分析大量运动员的健康和伤病数据，研究团队可以发现伤病发生的模式和风险因素，进而开发出预测模型。这些模型不仅能够帮助教练员和运动医学专家预测和识别高风险运动员，还能够指导教练员调整训练计划，以预防运动员可能受到受到的伤病。

在康复训练方面，科技同样发挥着重要作用。虚拟现实和增强现实技术能够为运动员提供模拟训练环境，不仅有助于提高康复训练的趣味性和参与度，还能确保运动员在安全的环境中进行康复练习，避免二次伤害。机器学习算法可以根据运动员康复过程中的状态调整训练计划，确保康复训练的效果最大化。为了充分利用科技手段提高伤病预防与康复训练的研究与实践效果，运动医学专家、教练员、生物工程师、数据科学家等不同领域的专家应共同参与，以确保科技应用的有效性和实用性。运动员也应积极参与相关科技设备和程序的测试和反馈，确保这些科技产品能够满足实际训练和康复的需求。

（五）持续关注训练计划的评估与反馈机制

针对训练计划执行过程中的评估与反馈机制不仅涉及对运动员训练效果的监测，还包括对训练计划本身的持续优化。其中，加强研究可以为训练活动的改进提供理论和方法论的支持，从而更好地满足运动员的发展需求。评估与反馈机制的核心在于能够准确地、及时地收集和分析训练数据,以及利用这些数据作出有针对性的调整。在当前科技迅速发展的背景下,利用先进技术来实现这一目标显得尤为重要。例如,通过可穿戴设备收集运动员的生理数据、通过视频分析技术评估运动技能的执行质量以及利用数据分析工具来综合分析训练效果。这些都是提升评估与反馈效率的有效手段。

在此基础之上,建立一个综合的数据管理和分析平台,可以帮助教练员和训练科学家更有效地处理和解读大量数据。这样的平台不仅能够提供实时反馈,还能够基于历史数据趋势进行预测,帮助制订更加个性化和科学的训练计划。此外,引入人工智能算法可以进一步增强这一平台的分析能力,实现更精准的训练负荷调整和风险预测。在提升评估与反馈机制的研究中,教练员和运动员的主观反馈也需要被重视。虽然客观数据具有十分重要的价值,但运动员的个人感受和教练员的经验判断同样重要。因此,开发有效的沟通和反馈工具,以便教练员和运动员能够方便地分享经验和感受,对于确保训练计划的全面性和综合性至关重要。

第三节 我国田径运动训练研究的成果及未来展望

一、国内田径运动训练研究的成果综述

(一)我国田径运动训练方法研究的时间分布与分析

研究文献的变化揭示了我国田径运动训练方法研究的演进历程,呈现出"波浪式"的增长趋势。这一趋势不仅反映了田径运动训练方法的发展,还映射出我国田径运动科学研究领域的整体进步和变迁(具体如表7-1和图7-1所示)。1960—2000年是田径运动训练方法研究的萌芽阶段,其间发表

的相关文献共 60 篇。这一阶段的研究虽然起步较晚，但为后续的发展奠定了基础，说明在这个时期，田径运动训练方法开始受到学术界的关注，研究人员开始探索和总结田径运动训练的科学方法和理论。萌芽阶段的研究特点是探索性强，大多聚焦于基础理论和训练原则的建立，研究内容相对广泛但不够深入。这一阶段的文献数量虽然不多，但已经涵盖了田径运动的基本训练方法（如力量训练、速度训练、耐力训练等），为后续的深入研究提供了初步的理论支撑和实践经验。这个时期的研究受限于当时科技水平和研究方法的局限性，使研究深度和广度都有待提升。然而，正是这个阶段的积累，为田径运动训练方法的发展奠定了坚实的基础，也为后续研究指明了方向。研究者开始意识到科学化训练的重要性，逐渐将更多的科学研究方法和技术手段引入田径运动训练中，以提高训练效果和运动成绩。

进入 21 世纪，我国田径运动训练方法的研究进入了快速发展阶段。这一时期从 2001 年延续到 2013 年，共计发表了 174 篇相关研究文献。这个时期，田径运动训练方法的研究不仅在数量上有了显著的增加，在质量和深度上也有了大幅提升。研究呈现出"波浪式"增长的趋势，其中两个重要的事件——2004 年雅典奥运会刘翔的夺冠与我国成功举办 2008 年北京奥运会，对这一阶段的研究产生了显著的推动作用。刘翔在 2004 年雅典奥运会上夺得 110 米栏金牌，成为亚洲田径运动史上首位奥运会短跑项目的男子冠军，极大地激发了国内对田径运动训练方法研究的兴趣和热情。刘翔的成功不仅展示了个人才华和努力，还反映了背后科学系统的训练方法和战略规划的重要性，其影响力迅速扩散到学术界，促进了对田径运动训练方法的深入研究。2008 年北京成功举办奥运会，进一步推动了国内对田径运动训练方法研究的投入和关注。北京奥运会不仅为中国运动员提供了展现自我的舞台，还使我国的体育科研工作受到了前所未有的重视。这一时期，田径运动训练方法的研究开始注重科学性和系统性，研究领域也逐渐细化，覆盖了力量训练、耐力训练、技术训练等多个方面。这一时期的田径运动训练方法研究更加注重实证分析和跨学科研究法，运动生物力学、运动生理学、心理学等多个领域的知识被广泛应用于田径运动训练方法的研究中，旨在从多个角度分析和解决训练中的问题，提高训练的有效性和科学性。信息技术的应用也为训练方法的研究提供了新的工具和手段，如使用高速摄影技术分析运动技术、使用生物反馈系统监测运动员的生理状态等。

2014—2020年，我国田径运动训练方法研究进入蓬勃发展的阶段，其间发表的相关文献共253篇。这一阶段的研究不仅在数量上实现了跨越式增长，在质量和深度上也达到了新的高度。特别是2015年北京田径运动世界锦标赛期间，苏炳添成为亚洲首位进入田径运动世锦赛男子百米项目决赛的运动员，并在随后的比赛中以9秒91的成绩平亚洲纪录，以9秒92的成绩夺得亚运会冠军并刷新亚运会纪录。这些成就为田径训练方法的研究提供了强大的动力。苏炳添的突破性成就和其他中国田径运动运动员所取得的优异成绩，充分证明了科学训练方法在提升运动成绩方面的重要作用。这一时期，田径运动训练方法的研究更加注重科学性、系统性和个性化，运用现代科技和跨学科研究法，对运动员的身体机能、技术动作和心理状态等多方面内容进行了深入分析，以寻求最优的训练模式和提高运动能力的策略。然而，2020年受不可抗力的影响，田径运动训练方法研究呈现出一定程度的下降趋势。赛事组织的暂停、训练队训练的中断、科研人员研究和教师教学活动的限制，都对田径运动训练方法的研究和实践造成了一定的影响。这一挑战迫使研究者和教练员寻找新的训练和研究途径（如利用线上平台进行理论教学和技术分析、探索居家训练方法等），以确保运动员的训练不会因特殊情况而完全中断。尽管面临挑战，但这一阶段的田径运动训练方法研究仍然取得了显著进展，推动了中国田径运动运动的快速发展。科学化、个性化的训练方法已经成为提升运动成绩的重要手段，跨学科研究法和现代科技的应用，则为解决训练中的具体问题提供了更多可能。面对新挑战，田径运动训练方法的研究和实践将继续探索和创新，以支持中国田径运动运动在未来取得更加优异的成绩。

表 7-1　国内田径运动训练方法研究的时间分布

单位：篇

年份	发文量	年份	发文量	年份	发文量	年份	发文量
1960	1	1991	3	2001	10	2011	13
1980	1	1992	3	2002	8	2012	18
1981	1	1993	4	2003	12	2013	18
1982	1	1994	2	2004	9	2014	24
1983	2	1995	9	2005	11	2015	30
1986	2	1996	5	2006	18	2016	33
1987	0	1997	3	2007	12	2017	36
1988	3	1998	3	2008	15	2018	34
1989	2	1999	8	2009	15	2019	51
1990	1	2000	6	2010	15	2020	45

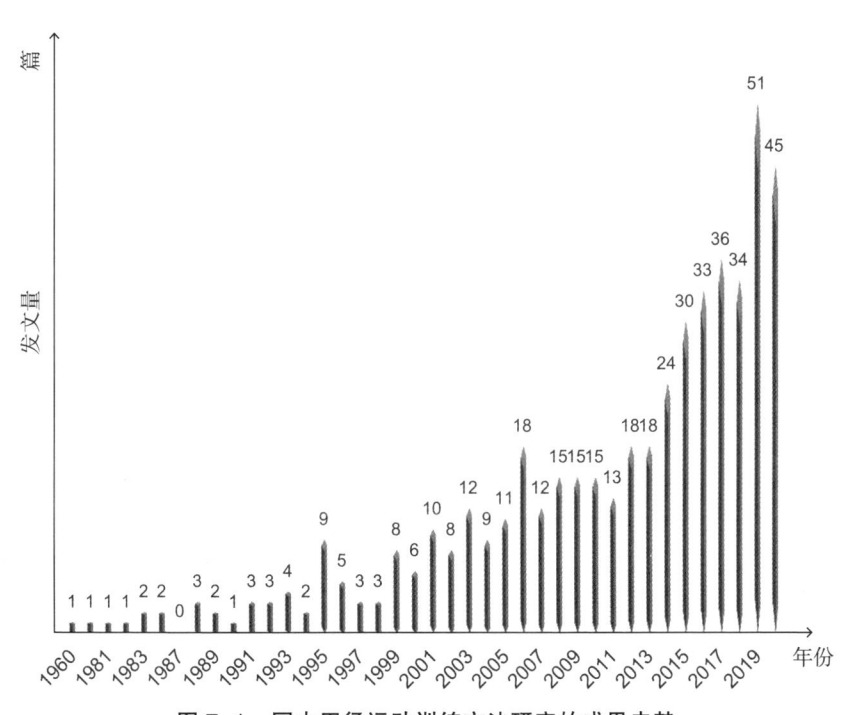

图 7-1　国内田径运动训练方法研究的成果走势

(二）期刊来源分析

中国知网、万方数据平台、维普期刊、掌桥科研等网络信息平台的数据收集结果表明，我国与田径运动训练方法有关的文献共有158篇，分布于29个期刊中，其中20个为体育类期刊，剩余9个归属于非体育类别期刊。这些数据说明田径运动训练方法研究已经成为体育科学领域内一个重要的研究方向，同时揭示了该领域研究成果的主要传播渠道。这些期刊在推广田径运动训练方法的研究成果方面发挥了重要作用，成为研究人员选择发表稿件和选取参考文献的重要指南。值得注意的是，尽管这些期刊在田径运动训练方法研究领域内具有较高的发文量，但是这些期刊中并没有一个来源于中文核心期刊。这一现象表明，尽管体育类期刊对田径运动训练方法的研究给予了一定的关注，但在更广泛的学术圈中，尤其是中文核心期刊中，田径运动训练方法研究的可见度和影响力还有待提高。为了推动田径运动训练方法研究的全面发展，更多的中文核心期刊需要重视该领域的研究，系统地发表相关文章，从而为研究人员提供更广阔的学术交流平台，增强研究成果的学术影响力和实践价值。这一现状也暗示国内田径运动训练方法研究需要在质量和深度上进一步提升，以吸引更多中文核心期刊的关注。通过深入研究和创新，发表具有理论深度和实践价值的高质量研究成果，不仅能够推动田径运动训练方法学科的进步，还有助于提升我国田径运动运动的整体水平和国际竞争力。

(三）核心研究机构分析

在田径运动训练方法领域，研究机构的共现分析能够揭示出该领域研究力量的分布、结构以及影响力。本书通过使用CiteSpaceV软件，设置节点类型为机构，并通过路径算法（pathfinder）技术，成功绘制了含有350个节点的田径运动方法领域的科学知识图谱。这一图谱不仅直观地展示了田径运动训练方法研究的机构分布，还反映了各研究机构之间的合作关系和影响力大小。基于对科学知识图谱的分析，本书进一步统计了发表文献数量不少于2篇的研究机构。这一统计结果对理解当前田径运动训练方法研究的核心力量及潜在的合作网络具有重要意义（如表7-2所示）。识别在该领域内产出较多高质量研究成果的机构，可以为新进入该研究领域的学者或机构提供重要的参考资料，同时为研究资金的合理分配提供依据。此外，通过分析文献数量较多的研究机构可以发现，这些机构往往拥有较强的研究实力和资源优势。它们在田径运动训练方法的研究领域中扮演着关键的角色，不仅在科学研究上取得了显著成果，还在推动田径运动运动科学发展方面发挥了重要作用。这些机构之间的合作关系和知识共享行为，进一步促进了田径运动训练方法研究的深入性和传播的广泛性。

表7-2 国内田径运动运动训练方法研究机构情况（发文量 ≥ 2 篇）

单位：篇

排序	机构名称	发文量	排序	机构名称	发文量
1	北京体育大学	4	8	国家体委	2
2	西安体育学院	3	9	山东省微山县第一中学	2
3	广西师范大学	3	10	山西师范大学	2
4	上海体育学院	2	11	山东体育职业技术学院	2
5	东北财经大学	2	12	广州大学	2
6	华南师范大学	2	13	阜阳职业技术学院	2
7	南京工业大学	2	14	郴州师专	2

表7-2的数据表明，我国田径运动训练方法研究的力量主要集中在各大高校，其中不乏专业体育院校、师范类院校和综合性院校，以及国家体育总局和一所中学。这种分布状况表明，田径运动训练方法研究得到了广泛的学术关注，且研究机构的背景多样，体现了田径运动训练方法研究的多元化。高校作为田径运动训练方法研究的主力军，有着强大的学术团队、优越的学术环境以及较高的研究能力。在发表论文数量排名前三的研究机构中，体育专业院校占据了明显优势，发文11篇，占总数的34.38%；综合性院校的体育学院和师范类院校紧随其后。这一结果进一步证实了专业体育院校在田径运动训练方法领域的领导地位。北京体育大学作为最大的节点，以4篇论文排名第一，显示了其在田径运动训练方法研究中的核心作用。田径运动训练方法研究机构的分布不均衡也是一个显著特点。14家机构共发表论文32篇，

占总数的 6.57%，其他机构共发表论文 455 篇，占总数的 93.43%，说明虽然部分机构发表量较大，但是大多数研究机构的发文量相对较少，反映了田径运动训练方法研究力量的集中与分散并存的现状。北京体育大学、西安体育学院和广西师范大学作为田径运动运动训练方法研究的重要基地，对提升我国田径运动运动科学研究和实践水平起到了积极的推动作用。

（四）田径运动训练方法研究的热点

在田径运动训练方法研究领域，论文的关键词不仅揭示了研究的核心内容，还映射出该领域的前沿和热点。通过分析这些高频关键词，研究人员能够发现当前田径运动训练方法研究的趋势和焦点。国内外学者在田径运动训练方法上的研究涉及多个层面，包括学校体育和竞技体育。这两个层面的研究旨在对田径运动训练方法的现状进行诊断或创新，以发现训练中的主要问题及成因，并提出有针对性的指导意见。在学校体育层面，研究主要集中在高校、中小学以及少儿田径运动训练。例如，杨杰林的研究强调了高校业余田径运动 400 米跑项目中速度素质与耐力素质的重要性。这两个因素对运动员的比赛成绩有着显著影响，速度素质关注的是快速力量和反应时间，耐力素质则着重培养学生的呼吸能力和意志品质，间歇训练法、重复训练法以及循环训练法等方法可以有效地发展学生的专项能力。这些研究表明，田径运动训练方法的创新和发展需要基于运动员或学生的身体素质特点进行深入理解。在学校体育层面，训练方法不仅要求提高运动成绩，还更加注重运动员身体素质的全面发展和运动技能的长期积累。此外，学校体育中的田径运动训练还承担着培养学生体育兴趣、提升身体健康水平和塑造坚强意志的重要任务。在竞技体育层面，研究更加专注于高水平运动员的训练方法优化和专项能力提升，通过运用科学的训练理论和先进的训练技术，最大化运动员的竞技状态。这些研究包括运动生物力学分析、运动生理学评估以及心理训练等方面的研究，目的是全方位提升运动员的竞技能力，同时减少训练中的伤病风险。

在中学及小学田径运动训练领域，教练员的角色和训练方法的选择至关重要，不仅会影响运动员技能的发展，还关乎他们身体素质的提升和运动损伤的预防。谢伟和刘松的观点深刻揭示了在不同教育阶段田径运动训练中应采取的策略和重点。谢伟强调，在中学阶段，除了技术训练，身体素质训练同样重要。在训练前，教练员需要结合训练学、运动生理学和心理学的知识，帮助运动员深刻理解身体素质训练对于健康和运动技能发展的重要性。训练过程中，教练员应依据运动员的实际情况选用科学的训练方法，旨在提高运动员的肌肉力量、速度、耐力、灵敏度和协调能力，以确保训练效果，同时预防运动损伤。刘松则从小学田径运动训练的角度出发，强调了核心力量训练对于提高运动员核心稳定性的重要性，将核心力量视为基础运动训练的必要组成部分。核心力量训练不仅能增强运动员在田径运动中的爆发力，还能提高运动的稳定性，为运动员在竞技体育中取得更好的成绩打下坚实的基础。在竞技体育训练中，训练的重点主要集中在提升高水平运动员的运动技能和体能上。这一层面的训练更加专业和细化，旨在通过科学化的训练方法和手段，发挥运动员的最大潜能，提升他们在高水平竞赛中的运动能力。

在体育竞技领域，运动员的心理状态和训练方法是影响比赛成绩的两大关键因素。汪君民与王宝华在研究刘翔110米栏运动成绩时，强调了运动员处于最佳心理状态的重要性及其对身体能力和竞技水平展示的影响。不良的心理状态会削弱体能和技术水平的发挥。这一点在刘翔的比赛中有着充分的体现，他在比赛中所展现的心理优势，是他取得卓越成绩的重要因素之一。此外，国外先进训练方法的研究与引入也被视为提升我国竞技水平的有效途径。于泽的研究提出了一种新的训练方法——通过适当控制流向肌肉的血液，对肌肉施加压力，即使在低强度力量训练条件下也能产生与高强度力量训练相同的效果。这种方法能引起肌肉横截面积的增粗并显著增加肌肉力量。这一发现为我国竞技项目的训练提供了新的思路和方法，表明探索和借鉴国际上先进的训练技术，可以在本土运动训练实践中寻找到更有效的训练手段，从而提升运动员的竞技水平。结合这两方面的研究可以看出，在提高竞技水平的过程中，创新的训练方法和心理训练的结合尤为关键。运动员的心理状态直接影响比赛中技能的发挥和身体能力的展现，因而心理训练应成为提高竞技水平十分重要的一部分。同时，研究和引入国外的先进训练方法，能够为运动员的身体训练带来新的视角和效果，尤其是在如何通过科学的方法提高肌肉力量和耐力方面有着重要的启示。

二、未来国内田径运动训练研究的方向判断

（一）我国田径运动训练未来的发展趋势

现代科技，尤其是多媒体科技的利用，在激发运动员参与积极性方面极为有效。通过声音和录像的综合应用创造出轻松愉悦的训练氛围，不仅能够达到教学相长的效果，还能促使运动员更加积极地参与田径运动训练和专业技能的练习。这种方法在训练活动中的应用能够显著提高训练效果及整体训练效益。未来，现代科技在田径运动训练中的应用将更加广泛和深入。随着技术的不断进步，增强现实、虚拟现实等新兴科技有望进一步革新训练方法。这些技术能提供更加互动和沉浸式的训练体验，帮助运动员在仿真环境下进行技能的学习和练习，从而提高学习效率和技术精准度。教练员可利用这些技术设计更加个性化和针对性的训练计划，以适应不同运动员的具体需求和能力水平，进一步减少受伤风险，提升训练成效。此外，数据分析和人工智能的应用在未来的田径运动训练中也扮演着至关重要的角色。通过收集和分析运动员在训练过程中产生的大量数据，教练员能够更准确地了解运动员的训练状态、进步速度以及技术执行的准确性。人工智能技术能够根据这些数据提供个性化训练建议，实时调整训练计划，以最大化训练的效果和效率。这种方法不仅能帮助运动员优化训练，还能预防过度训练和相关损伤。未来的田径运动训练将更加注重多学科的融合。除了科技的应用，心理学、营养学和生物力学等领域的知识也将与训练方法紧密结合。教练员和科技专家需要共同工作，综合运用这些学科的知识来设计训练计划，以确保运动员不仅在技术上得到提升，在心理层面和生理层面也都能达到最佳状态。

（二）继续使用信息技术帮助运动员直观掌握动作要领

在未来研究中，人们在探讨科技在田径运动训练中的应用时，重点将放

在如何不依赖虚拟现实和增强现实技术,而通过其他现代信息技术手段优化训练效果和提升技能掌握。随着信息技术的快速发展,多种创新方式能够有效地辅助运动员和教练员,从而在没有虚拟现实和增强现实技术的情况下也能实现训练的目标。未来研究的关注点之一是利用数据分析和机器学习技术来优化训练。这些技术能够对运动员在训练过程中产生的大量数据(包括运动员的心率、速度、耐力等)进行分析,从而提供个性化的训练建议和实时反馈。教练员可以利用这些分析结果调整训练计划,确保运动员以最有效的方式达到训练目标。利用移动应用软件和在线平台进行远程训练和监督将成为未来研究的又一个重要方向。这些软件和平台可以提供丰富的教学资源(包括专业的训练视频、技巧分析以及健康和营养指导),帮助运动员在教练员不在场的情况下也能进行有效的自我训练和学习。这些软件和平台还能促进教练员和运动员之间的交流和反馈,双方即使不在同一地点,也能保持紧密的联系。未来的研究还要将智能穿戴设备在田径运动训练中的应用作为主要研究对象。这些设备能够实时监测运动员的生理和运动数据(如步频、跳跃高度和心跳速率等),为教练员提供宝贵的信息来评估训练效果和运动员的身体状态。通过对这些数据进行分析,教练员可以及时调整训练强度和内容,预防过度训练和运动损伤,同时提高运动员的技能水平。

(三)进一步构建田径运动训练的信息化系统

未来的研究方向在田径运动训练与信息技术融合的领域中将关注如何构建和完善数字化体系,以促进运动员训练效果和技能水平的同步提升。这种体系的建立不仅能够展现运动员的全面信息,还能够确保训练内容与成绩分析的高效整合,为运动员提供个性化和针对性的训练方案。在此背景下,构建一个全面的数据库和信息系统将成为关键任务。这个系统将记录运动员日常的训练数据,包括训练频率、强度、持续时间、具体练习内容以及运动员的生理反应和训练成果。通过这种方式,教练员可以对运动员的进步和训练效果进行实时监测和分析,从而及时调整训练计划和策略,解决运动员在训练中遇到的具体问题。此外,研究方向还要将如何利用先进的数据分析技术挖掘和分析运动员的训练数据，以及识别运动员的潜在优势和改进区域作为主要研究方向。通过应用机器学习和大数据分析技术，教练员可以更准确地预测运动员的状态，发现影响训练效果的关键因素，从而提供更加科学和精确的训练建议。研究还将关注如何通过信息技术提高教练员和运动员之间的互动和沟通效率。开发专门的应用程序或平台能够使教练员和运动员在任何时间和地点访问训练数据、进行交流和反馈。这种及时的沟通机制不仅能够增强教练员对运动员训练状态的掌控，还能激励运动员更加主动地参与训练过程，积极反馈自己的训练感受和需求。

（四）加大科技投入，进一步营造信息化田径运动训练环境

未来的研究在田径运动训练与科技融合的领域中，将关注如何进一步优化和扩展科技在提高运动员训练效率和效果中的应用。这种研究不仅要探索科技如何帮助运动员更有效地掌握技能，还应致力创造一个支持性强、互动性高的训练环境，其中科技的运用应覆盖从基础训练到高级技能学习的全过程。未来的研究还需将重点放在如何通过科技手段克服自然环境对田径运动训练的限制，包括开发和使用室内训练设施的高级模拟技术，以模拟各种天气条件和特定的比赛环境，使运动员能够在接近实战的条件下练习和提升技能。这些技术的应用还将帮助运动员和教练员更好地分析技术动作，通过高速摄像和运动捕捉技术精确反馈运动员的每一次动作和步态，进而实现更加个性化的训练计划和指导。除此之外，未来研究还将着眼于信息化训练条件的建设，通过建立全面的数据库和信息管理系统，收集运动员的训练数据（如心率、速度、耐力等），为运动员提供科学的训练反馈和调整建议。此外，运用大数据分析和人工智能技术能够对运动员的训练成果进行深入分析，识别潜在的提升空间和风险因素，从而优化训练计划和防伤策略。在实现田径运动训练科技化的同时，未来研究将强调教练员在运用科技工具和方法时的培训和发展。教练员的技术素养和对新科技的适应能力将直接影响科技在训练中的有效应用。因此，开发专门的培训课程和研讨会，培训教练员如何利用科技工具进行训练规划、运动员监测和成效评估，将成为推进田径

运动训练科技化十分重要的一环。

未来研究在田径运动训练领域，尤其是在马拉松练习这一具有挑战性的运动项目中，将注重探索科技如何帮助克服自然环境条件对训练带来的限制，同时丰富训练内容并提高训练效率。未来研究将侧重开发和利用高级仿真技术，创建模拟的训练环境。这些环境能够精确模拟不同的气象条件、海拔高度以及赛道特性。这种仿真环境的设计旨在提供一个与真实条件相近的训练平台，使运动员能够在准确的赛事模拟环境下训练，提高应对实际比赛环境的能力。数据分析技术在未来研究中也扮演着至关重要的角色。通过收集运动员在训练中的数据（如心率、速度、耗氧量等），运用大数据分析技术进行深入分析，研究者可以为每位运动员量身定制训练计划。这不仅可以提高训练的个性化水平，还能够在减少受伤风险的同时，最大化训练成效。除此之外，未来研究还要探索智能穿戴设备和移动应用在田径运动训练中的应用。这些设备和应用能够提供实时反馈，监测运动员的生理状态和训练进度，使教练员和运动员能够实时调整训练强度和策略。通过这种方式，训练过程能够变得更加科学和高效，同时增加运动员训练的积极性和主动性。教练员可利用现代科技手段提升训练环境的设计，通过引入智能化训练设施和辅助工具（如智能跑道、气候控制系统等）模拟各种训练条件，从而在任何天气或地理条件下都能保证训练的连续性和有效性。

（五）依托互联网资源进一步丰富田径运动训练内容

未来研究将聚焦于如何通过信息技术，尤其是互联网和移动技术，来创新田径运动训练的方法和内容，从而提升运动员的训练效果和学习兴趣。信息技术的快速发展已经为教育和训练领域带来了革命性的变化，未来的研究将继续探索这些技术如何更有效地应用于田径运动训练中，以实现个性化训练、增强训练动态性、提升互动性。未来研究将探讨如何利用互联网资源和工具，不断地更新和丰富训练内容，以满足运动员对新鲜事物的好奇心和探索欲，包括开发和利用教学平台和应用程序，集成视频教程、专业训练指导、实时反馈和进度追踪功能。通过这样的平台，教练员能够根据运动员的具体需要，提供定制化的训练计划和内容，运动员也能够随时随地访问训练资源，进行自我学习和提升。未来研究将对如何通过科技手段，营造更加活跃和轻松的训练氛围进行深入探讨，包括开发游戏化的训练程序，通过设定训练任务、挑战和奖励来激发运动员的训练积极性。游戏化训练不仅能够提升训练的趣味性，还有助于增加运动员之间的互动和竞争，从而提高整体的训练动力。未来研究还将对如何利用互联网构建实时互动网络平台，使教练员和运动员之间的沟通更加便捷和高效进行深入探索。通过这样的平台，教练员能够及时提供反馈和指导，运动员也能够分享自己的训练经验和心得，共同探讨训练策略和方法。这种及时的交流和反馈机制不仅有助于提高训练效果，还能促进运动员之间的学习和成长。

（六）制作多媒体训练软件

未来的研究将重点关注多媒体技术如何能够更有效地服务于田径运动训练，尤其是如何通过这些技术提升训练的可视化和互动性。多媒体技术可以将复杂的动作分解展示，通过视频、图形等形式，使运动员能够更加直观地理解技术动作的每一个细节。这种视觉化学习的方法有助于运动员更快地掌握技巧，尤其是那些通过传统教学方法难以表达的复杂动作。未来的研究将加强关于多媒体训练在提高训练互动性和参与感方面的作用的探讨。通过建立的虚拟训练环境，运动员可以在一个更加生动的环境中训练，不仅能增加训练的趣味性，还能提升运动员的训练动力。例如，通过模拟赛事的多媒体课件，运动员可以在非比赛期间体验比赛氛围，增强比赛时的心理准备。在此基础上，未来研究将关注如何利用多媒体技术对田径训练的反馈和评估机制进行创新。通过集成运动捕捉和分析技术，教练员可以获得运动员训练中的实时数据，从而帮助教练员更精准地评估运动员的技术执行并提供个性化的训练建议。此外，通过在线平台，运动员和教练员可以实时交流反馈信息，即使不在同一训练场地，也能保持紧密的沟通和协作。

（七）依托信息技术做好训练全过程评价

未来研究在田径运动训练评价和方法的创新中，将致力探索和整合现代科技信息，以便更全面地评价运动员的进步与提升过程，而非仅仅关注成绩。这种方法的目标是发展一种更加人性化和动态的评价系统，该系统能够识别和奖励运动员在训练过程中的每一步进步，无论这些进步是否直接反映在成绩上。在此框架下，未来研究将关注如何利用数据分析、机器学习和传感技术来跟踪和分析运动员的每一个动作。这些技术可以提供关于运动员技术动作的细节分析，包括动作的准确性、效率以及对整体水平的影响。例如，在跳远训练中，传感器和视频分析软件可以用来详细记录运动员的起跳技术动作、空中姿态调整和着陆技巧，从而帮助教练员和运动员深入理解每项技能操作的细节，并找出改进的空间。另外，未来研究还要探讨如何通过科技手段提升运动员的参与度和积极性。移动应用软件、在线平台和社交媒体可以创造一个互动的学习和训练环境，使运动员能够分享他们的训练视频、进步故事和成就，从而激励彼此并从同伴的经验中学习。通过这些平台，教练员可以实时提供反馈和指导，帮助运动员及时调整训练策略。未来研究还应注重如何将科技信息与日常训练和生活相结合，使科技成为运动员训练的得力辅助工具。通过开发和应用专门设计的训练应用程序，教练员可以更好地规划和跟踪运动员的日常训练计划。这些应用还可以提供个性化的训练建议和营养指导，以帮助运动员在训练和生活中保持最佳状态。

参考文献

[1] 张先锋.田径运动训练理论与实践[M].长春：东北师范大学出版社，2012.

[2] 阳剑.现代田径运动训练[M].海口：南方出版社，2009.

[3] 徐绪友.田径运动训练理论与方法[M].武汉：武汉工业大学出版社，1994.

[4] 尹军.田径运动训练过程控制理论[M].北京：北京体育大学出版社，2006.

[5] 冉勇.田径运动教学与训练实践研究[M].长春：吉林人民出版社，2017.

[6] 苏海滨.田径运动项目训练原理与方法探析[M].成都：电子科技大学出版社，2016.

[7] 冯强明.中国大学生田径运动体能训练机制和方法[M].天津：天津大学出版社，2021.

[8] 袁作生，南仲喜.现代田径运动科学训练法[M].北京：人民体育出版社，1997.

[9] 苑琳琳.现代田径运动训练与竞赛[M].长春：东北师范大学出版社，2017.

[10] 任志勇.田径运动训练理论与方法[M].太原：山西科学技术出版社，2013.

[11] 祁永秀.建国以来我国田径运动研究进展：基于国内期刊论文的分析

［D］．兰州：西北师范大学，2022．

［12］郑佳．贺兰县初中课余田径训练的现状及对策研究［D］．西安：西安体育学院，2016．

［13］黄加辉．田径运动训练周期性规律研究［D］．桂林：广西师范大学，2016．

［14］赵建标．石家庄市少体校田径运动训练与竞赛体系的研究［D］．哈尔滨：哈尔滨体育学院，2015．

［15］齐迪．保定市田径后备人才培养现状及对策研究［D］．北京：首都体育学院，2014．

［16］贾三刚．山西省田径后备人才培养现状调查与分析研究［D］．太原：山西师范大学，2014．

［17］陈霞．中国田径运动耐力性项群运动训练多元特征研究［D］．武汉：武汉体育学院，2013．

［18］韩永鹏．对"群体训练原则"在田径科学化训练中的重要作用研究［D］．济南：山东师范大学，2011．

［19］杨海泉．田径运动训练主要理论与方法的初步研究［D］．桂林：广西师范大学，2009．

［20］侯仕泉．上海市田径运动后备人才培养现状调查与分析［D］．上海：上海师范大学，2005．

［21］续姜．田径运动训练中的常见损伤及预防研究［J］．鄂州大学学报，2023，30（4）：88-90．

［22］李苏颖，黄巧婷，许杰．基于cites pace知识图谱的田径运动训练学国际研究热点及趋势分析［J］．文体用品与科技，2022（16）：110-112．

［23］马若文．多媒体在田径运动训练中的应用探析［J］．科学咨询（教育科研），2022（1）：142-144．

［24］张九阳．模拟训练方法在田径运动训练中的应用探析［J］．文体用品与科技，2021（21）：24-25．

［25］于艺婕．浅析田径运动训练经典理论与方法的演变与发展［J］．当代体育

科技，2021，11（20）：47-49.

[26]桑梦礼.田径运动训练损伤的成因与预防研究[J].普洱学院学报，2021，37（3）：56-58.

[27]王立山.提升田径教学有效性的策略分析：评《田径运动训练与教学的多方位研究》[J].中国教育学刊，2021（3）：118.

[28]程雪廷.弹力带在田径运动训练中的应用[J].田径，2020（2）：3-4.

[29]梁小波，赵万新.田径运动训练中损伤的成因及预防[J].当代体育科技，2019，9（34）：9-10.

[30]陈小平，褚云芳.田径运动训练经典理论与方法的演变与发展[J].体育科学，2013，33（4）：91-97.

[31]胡文武.现代田径运动训练的主要特征研究[J].田径，2020（9）：45-46.

[32]孙世波，张宏君.田径运动训练实践综合探究[J].田径，2020（6）：35-36.

[33]李天鹏.训练负荷及训练比例对于田径运动训练效果的影响[J].文体用品与科技，2020（6）：234-235.

[34]张海浩.田径运动训练现状与管理路径探究[J].长治学院学报，2018，35（5）：90-92.

[35]王东升.关于不同训练负荷及训练比例下田径运动训练效果研究[J].当代体育科技，2018，8（3）：29，31.

[36]包云，王健.从刘翔的成功解析新时期田径运动训练的"三从一大"原则[J].首都体育学院学报，2006（3）：106-107，115.

[37]过平江.田径运动训练新理念新方法[J].田径，2005（6）：47-49.

[38]尹军，李鸿江.田径运动训练过程控制理论研究现状与分析[J].天津体育学院学报，2004（2）：70-72.

[39]龙斌.对现代田径运动训练发展趋势的再认识[J].体育学刊，2002（3）：120-122.

[40]廖爱萍.论现代田径运动训练的几个主要特征[J].广州体育学院学报，

1998（1）：75-78，82.

［41］梁树伟. 田径运动训练管理方法研究［J］. 当代体育科技，2016，6（23）：35-36.

［42］刘哲. 探讨田径运动训练中经典理论与方法的演变以及发展［J］. 当代体育科技，2016，6（20）：34-35.

［43］王莎莎. 浅析田径运动训练过程中的过度疲劳及预防措施［J］. 民营科技，2016（3）：242.

［44］彭中东. 高校田径运动训练教学中"强度与量"之间关系的处理［J］. 当代体育科技，2015，5（31）：46，48.

［45］于洋. 田径运动发展的深层次思考：评《现代田径运动训练与发展研究》［J］. 当代教育科学，2015（7）：70.

［46］王华刚. 基层田径运动训练中的科学化负荷安排［J］. 潍坊学院学报，2010，10（2）：115-117.

［47］闫瑞华. 从刘翔的成功谈田径运动训练的科学性［J］. 体育世界（学术版），2007（3）：69-71.

［48］张献忠，刘海军. 对田径运动训练中恢复性训练积极作用的探讨［J］. 太原师范学院学报（自然科学版），2005（4）：92-94.

［49］黄化礼. 全国中学教练员培训班系列讲座（三）田径运动训练原则在青少年训练实践中的运用［J］. 田径，2004（12）：20-21.

［50］尹军，李鸿江. 田径运动训练时机的概念及其变化特征的时间学研究［J］. 浙江体育科学，2004（1）：21-24.

［51］郑旭男. 现代田径运动训练中的问题及改善对策［J］. 田径，2024（2）：60-61.

［52］任喜亮. 田径运动训练经典理论与方法的演变与发展［J］. 当代体育科技，2014，4（5）：20，22.

［53］柯冼文. 提高田径运动训练效果的经验与体会［J］. 体育世界（学术版），2012（11）：100-101.

［54］李向东. 对现代田径运动训练理论发展趋势的认识［J］. 内江科技，

2010, 31（7）：168.

［55］马超，鄢先友. 浅析田径运动训练中运动员非智力因素培养［J］. 体育科技文献通报，2008（11）：33-34.

［56］林明. 田径运动训练科学研究工作发展的实践论分析［J］. 体育世界（学术版），2008（3）：21-22.

［57］张德荣. 第28届雅典奥运会田径比赛实力分析及我国田径运动训练的发展方向［J］. 体育科技文献通报，2005（1）：28.

［58］王培菊，赛庆彬. 田径运动训练和比赛中教练员对运动员的归因分析［J］. 曲阜师范大学学报（自然科学版），2001（4）：92-94.

［59］陈仁伟. 当代田径运动训练的内涵变化及发展趋势［J］. 辽宁体育科技，1996（1）：16-18.

［60］贺晓军. 田径运动训练遥测与数据处理系统［J］. 西安电子科技大学学报，1994（增刊1）：94-100.